# 戦争の日本中世史

「下剋上」は本当にあったのか

呉座勇一

新潮選書

# はじめに――「戦争の時代」としての日本中世

東日本大震災とそれに伴う福島原発事故、尖閣諸島や竹島をめぐる中国・韓国との摩擦……「日本は安全」「日本は平和」とは到底言えなくなってしまった。しかし日本の歴史を振り返った場合、「平和」であった時代はそれほど長いわけではなく、「日本は平和」という理解そのものを疑ってかかる必要があるかもしれない。

日本史を大きく時代で区切る場合、古代・中世・近世・近現代の四つに分けることが一般的である。このうち、中世とはどんな時代か。高校の教科書を開いてみると、保元《ほうげん》・平治《へいじ》の乱による平氏の台頭にはじまり、戦国大名の登場をもって中世のコーナーは終わる。ご存じのように、その間には、源頼朝《みなもとのよりとも》・義経《よしつね》らが活躍した源平合戦（最近の学界では「治承《じしょう》・寿永《じゅえい》の内乱」と呼ぶことが多い）があり、足利尊氏《あしかがたかうじ》や楠木正成《くすのきまさしげ》で有名な南北朝の動乱（同じく「南北朝内乱」）がある。

戦争ばかりしていた印象のある近代にはかなわないにしても、中世の前に存在する、いわゆる「平安時代」や、後ろにひかえる天下泰平の「江戸時代」と比べると、日本中世は戦乱が相次いだ「戦争の時代」と言っていいだろう。したがって日本中世を知ろうと思ったら、まずはこの時代の「戦争」を研究する必要がある。

昔から行われているのが合戦研究である。たとえば源義経の一ノ谷合戦での奇襲作戦（鵯越《ひよどりごえ》の逆落《さかお》とし。近年は『平家物語』による創作との説が有力）や織田信長の桶狭間合戦での奇襲作戦などは、歴史学者はもとより、旧日本陸軍参謀本部も研究している。

こういった局地戦の経過や勝因・敗因を分析する合戦研究は、現在でも在野の戦史研究者によって盛んに行われているが、日本史学界はこの分野にあまり関心を寄せていない。桶狭間奇襲説に初めて疑問を投げかけたのが在野の研究者である藤本正行氏だったことは、このことを示す端的な事例と言える。

では、日本史学界は「戦争」のどの側面に注目しているのだろうか。一言で述べるならば、個々の合戦の勝ち負けではなく、「戦争」が社会をどのように変えたか、という点を重視している。

戦後の中世史研究では、戦乱が集中的に発生した内乱期を、新興勢力の勃興によって既存の秩序が解体される社会の変革期と位置づけ、その歴史的意義を高く評価してきた。まあ平たく言えば、下の者が上の者に取って代わる「下剋上《げこくじょう》」というやつだ。

しかし、そこで展開された議論は、唯物史観に依拠したものであり、必ずしも戦争の実態を具体的に考察したものではなかった。唯物史観とは、マルクス主義の歴史観を指し、生産力の発展によって既存の生産関係との間に矛盾が生じ、階級闘争が提起されるという形で社会が進歩していくと捉えるものである。

おそらく「ちょっと何言っているか分からない」と思われる方もいるだろうから、単純化して説明する。（農業）生産力が上がると、搾取されている被支配階級の実力もアップし、取り分をめぐって支配階級に戦いを挑む。これが「階級闘争」であり、その究極の形態が、体制をひっくり返す「革命」である（私の前著『一揆の原理』も御参照いただきたい）。

現在の研究段階に立って評価すると、かつての内乱史研究は、マルクス主義という理論が先行してしまい、現実の戦争の分析が不十分であるように映る。口はばったい言い方になるが、実証的な検討をおざなりにして、「変革期」とか「革命」といった抽象的かつアイマイな言葉でごまかしてしまったように感じられるのだ。これはマルクス主義の呪縛もさることながら、先の大戦への反省から生まれた「反戦平和主義」の影響で、戦争を研究することを忌避する空気が学界において支配的だったからだと推測される。

ところが一九八〇年代以降、戦争そのものを分析対象とする研究視角が生まれた。どのようにして軍事動員が行われたのか。戦費はどのようにして調達されたのか。どのような人たちがどのような武器を使ってどのように戦ったのか。物資の補給はどのようにして行ったのか。戦争は人々にどのような被害をもたらしたのか。そういう具体的な分析から、戦争状況が常態化していた中世社会の実像を明らかにしようとしたのである。川合康氏による鎌倉幕府荘郷地頭《しょうごうじとう》制の研究や、藤木久志氏による雑兵《ぞうひょう》や「自力の村」に関する研究は、治承・寿永の内乱や戦国時代の大名間紛争に対するイメージを一新し、これに多くの研究者が続いたことで、「戦争論」が一大ブームとなった。その成果は、今や「戦争」像、ひいては中世史像そのものを変えようとしている。
そんなわけで、日本中世の「戦争論」関係の論文や著作は膨大に存在するが、その研究蓄積を一般読者に向けて、一冊の本にコンパクトにまとめて提示するという試みはなされていないように思われる。本書はその任を果たすための本である。

こう書くと「他人のフンドシで相撲を取る気か」と言われそうなので、一言弁解しておくと、本書は単に最近の「戦争論」の成果をまとめて終わり、という本にはなっていない。なぜなら私は、「戦争論」の功績に敬意を表す一方で、若干の不満を感じているからだ。

第一に、中世の「戦争」の物質的側面に関心が集中しており、「戦争」に対する当時の人々の意識・認識への着目が乏しい点である。平和な現代日本に生きる私たちは、戦争をどこか遠くの、自分とは関わりのない世界での出来事のように感じてはいないだろうか。そして、そうした心理に無自覚であることが、中世の「戦争」を考察する上での障害になっていると考える。

もちろん、昨今、日本を取り巻く対外情勢が緊迫化しつつあることは、私も承知している。しかし「人民解放軍が日本を侵略する！」と中国の脅威を説く人にせよ、逆に「日本は再び戦前のような軍国主義の道に向かっている！」と日本の右傾化に警鐘を鳴らす人にせよ、彼らが密かに武装したりシェルターを建設したり国外脱出の準備を進めているかというと、必ずしもそうではないだろう（もしかしたらそうなのかもしれないが……）。戦争をどこまでリアルに認識しているかという点で、中世人と現代人との間には雲泥の差がある（どちらが雲かは別として）。

とある学会発表で、私は「南北朝時代の武士は常に戦死の危険性を強く意識していた」と述べたことがある。すると討論の場で、さる高名な研究者の方から「現実には、南北朝時代の戦争で戦死する確率はそれほど高くないのではないか」という御批判を賜った。太平洋戦争におけるガダルカナル戦では、日本軍は約三万二〇〇〇人の兵力を投入し、二万人以上の死者・行方不明者を出した。確かに南北朝時代の史料を見る限り、当時の「戦争」において、これほど悲惨な戦死率は想定できない。

けれども生き死にの問題は、そういう机上の数字で割り切れるものではない。医療が発達していなかった当時においては、戦闘中に死ななくても、負傷が原因となって死んでしまう人も多かったと思われる（たとえば徳川家康に仕えた猛将・井伊直政は関ヶ原合戦で受けた鉄砲傷が元で二年ほど後に亡くなっている）。

さらに言えば、戦死する可能性がたとえ五パーセントだったとしても、それは武士たちに死を意識させるに十分だっただろう。福島原発事故で発生した放射性物質が原因で亡くなった方は今のところ確認されていないが、そのことを根拠に「原発は安全だ」と言われても納得できないのと同じである。（「平和ボケ」している私たちと違って）当時の人々が「いつ戦争で死ぬか分からない」という緊張感を持って生きていたという事実を踏まえないと、内乱期の社会を正確に把握することは不可能ではなかろうか。

第二に、これは第一の問題とも関わる問題だが、現在の「戦争論」が依然としてマルクス主義的な考え方を引きずっている点である。前述したように、かつての内乱期研究は、被支配階級が支配階級に立ち向かう階級闘争として「戦争」を捉えていた。この見方には、著名な武将だけでなく末端の武士や無名の民衆まで視野に入れることができるというメリットがあった。つまり、階級闘争史観の導入により、歴史シミュレーションゲーム『信長の野望』のような群雄たちの天下盗りの物語に留まらない、スケールの大きな議論が生まれたのである。

だが階級闘争史観とは、要するに、被支配階級が権力打倒のために立ち上がることを前提にした反権力の歴史観なので、どうしても「武士や民衆は内乱に乗じて世の中を変えようとしていた。いや、むしろ、武士や民衆の社会変革への熱情が内乱を生み出し激化させていったのだ！」というストーリーに帰着してしまう。言葉は悪いが、結論が先にあって、事前に決めておいたストーリーに史料を合わせていく傾向があるのだ。

実はこうした発想は、階級闘争史観に基づく旧来の内乱期研究を克服したかに見える現在の「戦争論」においても、しぶとく生き残っているのである。そこでは武士やら百姓やらの主体的・積極的な動向に焦点が当てられ、彼らの行動が社会を変えていく点が特筆される。さすがに「変革期」とか「革命」といった大仰な言葉は使わないが、議論の筋道としては階級闘争史観とさほど異なるわけではない。

これまで歴史学者が語ってきた「名もなき民衆が社会を変える！」というストーリーはとても感動的だし、現実にそういう側面もあるわけだが、最初から「民衆こそが変革者だったに違いない」と期待して、そういう事例を何が何でも探してこようという方向で研究を進めると、民衆の主体性が実態以上に強調されてしまう。本書では「人々が変革を望んでいた」といった先入観を排し、なるべく客観的な分析を心がけたい。

本書は『戦争の日本中世史』と銘打っているが、源平合戦や戦国時代の合戦については、認知度が高く解説本も充実しているので、割愛する。蒙古襲来から応仁《おうにん》の乱までの約二〇〇年間を「戦争の時代」として叙述する。

第一章では蒙古襲来について検討する。承久《じょうきゅう》の乱以降、鎌倉幕府の武士たちは大きな戦争を経験することなく所領経営にいそしむことになる。極端に言えば「平和ボケ」していた鎌倉武士たちの戦士としての意識を覚醒させたのは、モンゴル軍の日本襲来であった。本章では、この対外戦争の体験が日本社会にどのような影響を与えたかを考えてみたい。

第二章では「悪党」について論じる。「悪党」というと、現代における語義・語感の影響もあって、見るからに強面《こわもて》のアウトロー集団のイメージが強い。体制から疎外された人々が決起し、ついには鎌倉幕府を滅ぼし、南北朝内乱でも大活躍するというストーリーは、階級闘争史観とも親和性が強く、未だに根強い人気がある。ただ、「悪党」という用語は敵対者へのレッテル貼りの側面もあり、また「悪党」と呼ばれた人々は必ずしも反体制的存在ではなく権力と癒着していることも多かった。本章では「悪党」の実像を追いかけることで、南北朝内乱の前史となる鎌倉末期の社会を考察する。

第三章から第五章にかけては、南北朝内乱の実相を明らかにする。前述したように、戦後歴史学において、南北朝内乱は長らく「革命」として評価されてきた。歴史変革は一人の英雄・偉人によって成し遂げられるものではなく、民衆の力こそが原動力であるという考え方は、南北朝内乱史を単なる「公家と武家の対立」とみなしていた旧来の研究の水準を確かに越えるものだった。

だが、こういう考え方が浸透した結果、武士たちが戦乱をのしあがるための好機と捉え、勇躍して戦場に向かったかのごとき理解が定着した。最近ではそうした見方は修正されつつあるが、今なお研究者の間で根強く残っている。けれども、武士たちにとって戦争は一種の〝災難〟でもあった。命がいくつあっても足りない乱世にあって、武士たちはどのような生き残りの知恵を編み出していったのか。〝成り上がり〟ではなく〝サバイバル〟の観点から内乱を見直したい。

第六章では南北朝内乱〝以後〟を扱う。内乱が収束し「平和」が訪れると、幕府は「戦時体制」を解除していく。当然、武士たちも臨戦態勢を解き、平和な時代に適応しようと努力する。

階級闘争史観に基づく昔の研究は、内乱の展開過程において、武士たちのあり方が変わったことを力説してきた。その指摘は一面の真理をついているが、内乱期を「変革期」と位置づけているため、変化した部分が過度に強調されてしまった点は否めない。

その後の実証研究の蓄積により、南北朝内乱の画期性はさほど評価されなくなった。だが、代わりにクローズアップされたのは蒙古襲来であり、内乱が終わった後の時代＝室町時代における武士たちのあり方については、あまり関心が払われていない。南北朝内乱をくぐり抜けた武士たちが「戦後」社会をどのように生きたのか、探っていきたい。

終章では、足利義満《よしみつ》の治世から応仁の乱に至るまでの政治・軍事過程を追う。室町幕府の「平和」はいかに失われたのか。そこからは現代を生きる私たちが学ぶべき教訓も浮かび上がってくる。

戦争の時代を懸命に生きた人々の姿をありのままに描く。それは血湧き肉躍るものではないかもしれないが、十分に胸を打つものだと思う。

# 戦争の日本中世史

「下剋上」は本当にあったのか　目次

地図・図版制作　アトリエ・プラン

# 戦争の日本中世史

「下剋上」は本当にあったのか

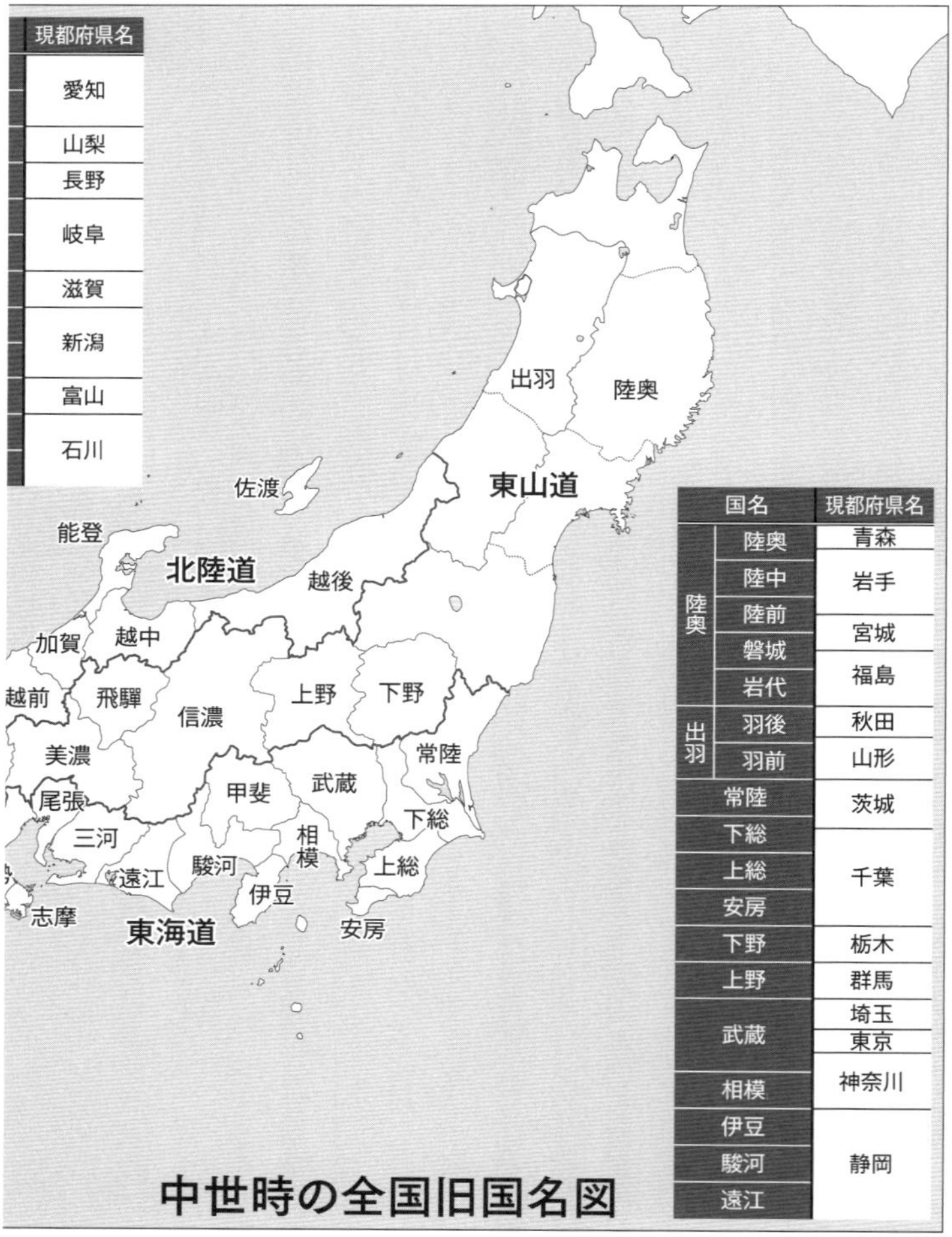


| 現都府県名 |
| --- |
| 愛知 |
| 山梨 |
| 長野 |
| 岐阜 |
| 滋賀 |
| 新潟 |
| 富山 |
| 石川 |

| 国名 | | 現都府県名 |
| --- | --- | --- |
| 陸奥 | 陸奥 | 青森 |
| | 陸中 | 岩手 |
| | 陸前 | 宮城 |
| | 磐城 | 福島 |
| | 岩代 | |
| 出羽 | 羽後 | 秋田 |
| | 羽前 | 山形 |
| 常陸 | | 茨城 |
| 下総 | | 千葉 |
| 上総 | | |
| 安房 | | |
| 下野 | | 栃木 |
| 上野 | | 群馬 |
| 武蔵 | | 埼玉 |
| | | 東京 |
| 相模 | | 神奈川 |
| 伊豆 | | 静岡 |
| 駿河 | | |
| 遠江 | | |

中世時の全国旧国名図

| 国名 | 現都府県名 |
|---|---|
| 隠岐 | |
| 出雲 | 島根 |
| 石見 | |
| 周防 | 山口 |
| 長門 | |
| 筑前 | |
| 筑後 | 福岡 |
| 豊前 | |
| 豊後 | 大分 |
| 肥前 | 佐賀 |
| 壱岐 | 長崎 |
| 対馬 | |
| 肥後 | 熊本 |
| 日向 | 宮崎 |
| 大隅 | 鹿児島 |
| 薩摩 | |

| 国名 | 現都府県名 |
|---|---|
| 伊賀 | |
| 伊勢 | 三重 |
| 志摩 | |
| 紀伊 | 和歌山 |
| 阿波 | 徳島 |
| 土佐 | 高知 |
| 伊予 | 愛媛 |
| 讃岐 | 香川 |
| 備前 | |
| 美作 | 岡山 |
| 備中 | |
| 備後 | 広島 |
| 安芸 | |
| 因幡 | 鳥取 |
| 伯耆 | |

| 国名 | 現都府県名 |
|---|---|
| 越前 | 福井 |
| 若狭 | |
| 山城 | |
| 丹後 | 京都 |
| 丹波 | |
| 但馬 | |
| 播磨 | 兵庫 |
| 淡路 | |
| 摂津 | |
| 和泉 | 大阪 |
| 河内 | |
| 大和 | 奈良 |

| 国名 |
|---|
| 三河 |
| 尾張 |
| 甲斐 |
| 信濃 |
| 飛騨 |
| 美濃 |
| 近江 |
| 佐渡 |
| 越後 |
| 越中 |
| 能登 |
| 加賀 |

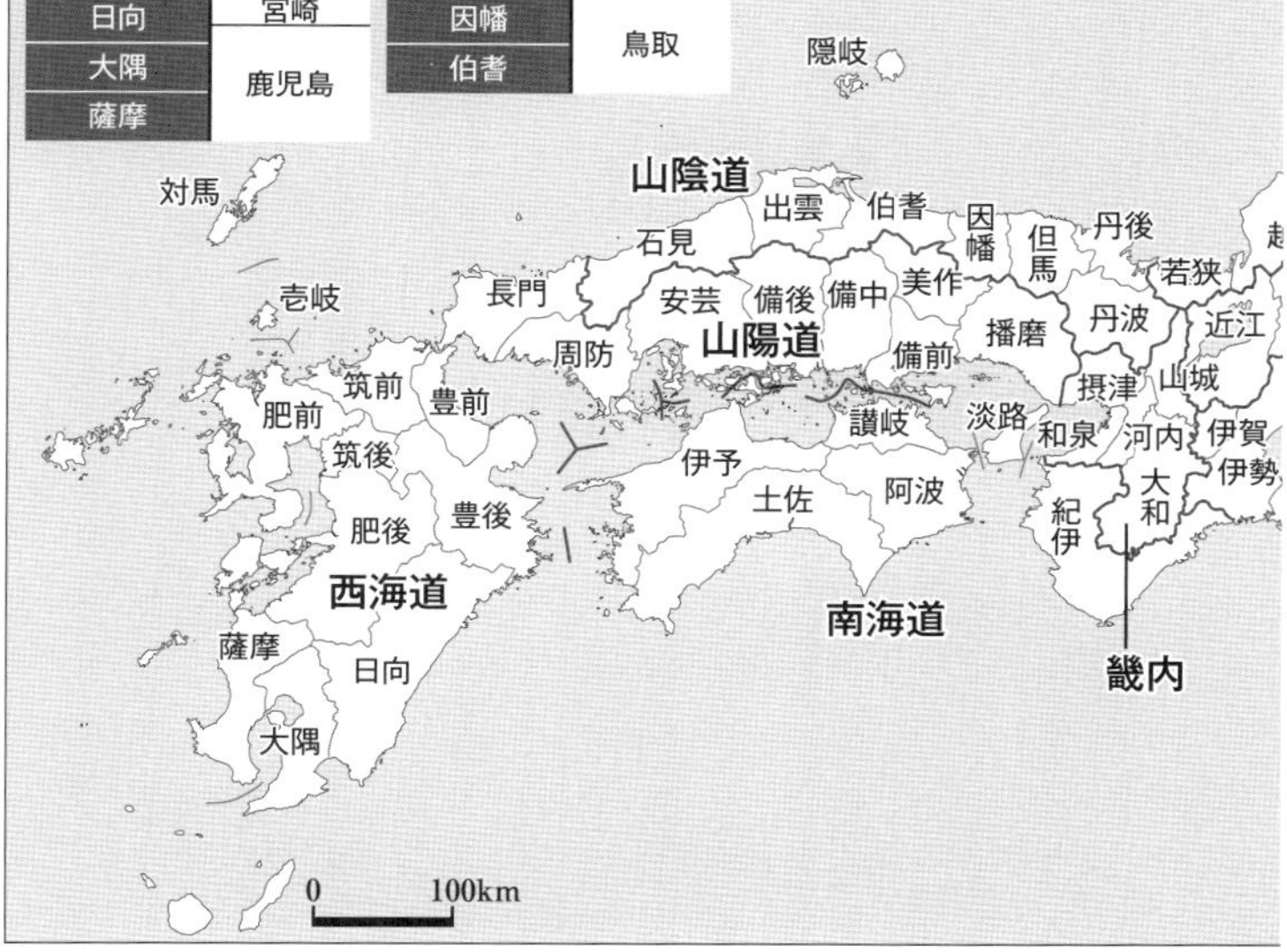

# 第一章　蒙古襲来と鎌倉武士

## 「戦争」を知らない鎌倉武士

日本史で人気があるのは、何はさておき武士である。公家が好きで好きで仕方ない人や、「日本史の中で一番尊敬する人物は一休宗純《いっきゅうそうじゅん》です！」という人は、日本史学界の外にはあまりいないだろう。ただ、一口に武士と言っても、平安末期の武士と江戸時代の武士では性格が大きく異なる。では、鎌倉時代の武士（以下「鎌倉武士」と表記する）は、どのような存在だったのだろうか。

高校の日本史教科書では、鎌倉武士が日頃から武芸に励んでいる様子が挿絵（二一頁の図版参照）付きで解説されている。また、古文の授業で『平家物語』の「能登殿最期《のとどのさいご》」（平家随一の猛将・平教経《のりつね》が壇ノ浦の戦いで奮戦の末に敵兵二人を抱えて海に飛び込む）を習い、武士たちの壮烈な死に様に思いを馳せた人もいるだろう。歴史小説や大河ドラマの影響もあり、鎌倉武士と言えば戦闘のプロ、そういうイメージは広く世間に共有されていると思う。

武士を戦士として捉える見方は、学界においても一般的である。明治期、欧米の歴史学に学ぶ形で産声をあげた日本の近代史学は、「武士道」の中に日本固有の精神を見いだすという方向に進展していった。そこでは、退廃した貴族社会、そして貴族文化に染まった惰弱な平氏政権を質実剛健な東国武士たちが打破し、鎌倉幕府の創設を通じて新しい時代を切り開いた、という歴史像が育まれていった。

こうした理解は、マルクス主義を導入した戦後歴史学において高度に理論化され、鎌倉武士を階級闘争＝社会変革の主体として位置づける歴史観が確立したのである。

しかし一九八〇年代以降、鎌倉武士を勇敢なヒーローとみなす旧来のマルクス主義歴史学への批判が学界で本格化する。乱暴にまとめると、それは鎌倉武士の暴力性を告発するものであった。彼らは残忍で、人を殺傷することに何らためらいを持たない。武力によって民衆をおどし、こき使う野蛮人である、と。本郷和人《かずと》氏はこれを「武士＝人殺し説」と呼んでいる。

鎌倉武士の〝光〟の側面に注目してきた戦後歴史学（特に「領主制論」。第二章を参照）に対し、〝影〟の部分をクローズアップした「武士＝人殺し説」。正反対の学説に見えるが、「戦う」行為の中に武士の本質を見てとろうとする発想は共通する。

確かに鎌倉武士の勇猛さ、あるいは凶暴さは際だっており、現代社会を生きる私たちの目には良くも悪くも特異なものに映る。だが「戦争論」という方法論に立った場合、そうした評価は表面的なものに感じられる。

治承・寿永の内乱はまぎれもなく中世の「戦争」であった。この「戦争」を遂行する過程で、東国武士たちは「鎌倉殿」＝源頼朝の「御家人《ごけにん》」となることで結束し、鎌倉幕府を築く。頼朝の

『男衾三郎絵巻』（部分）の笠懸の場面
（東京国立博物館、Image：TNM Image Archives）

死（一一九九）後、幕府内部では血なまぐさい権力闘争が相次ぎ、これを勝ち抜いた北条氏が幕府の覇権を握る。そして北条氏を中核とする鎌倉幕府が後鳥羽《ごとば》上皇《じょうこう》方を破り、朝廷に対する幕府の優位を確立させた「戦争」が、有名な承久の乱（一二二一）である。いわば勝ち続けることで自己の権威と権力を高めていった軍事集団、それが鎌倉幕府であった。

だが、承久の乱の後、鎌倉幕府は平和な時代を迎える。唯一の例外は、宝治《ほうじ》元年（一二四七）に鎌倉で勃発した宝治合戦（執権北条時頼《ときより》vs三浦泰村《やすむら》）である。幕府の準公式歴史書である『吾妻鏡』によれば、戦闘時間は六時間、敗れた三浦泰村方で自害した者は、主要な者だけで二七六人、それ以外の武士も含めると五百余人に上ったという。

六時間の戦闘で五〇〇人の犠牲者が出たというと、かなり激しい戦闘が行われたように思われるかもしれない。しかし、これは「自害」した人の数である。彼らは敗色濃厚となってから、敵の手によって討たれるよりはと自ら命を絶ったのであり、戦闘中に殺されたわけではない。

勝者である幕府方＝北条方の戦死者数は不明である。建保《けんぽう》元年（一二一三）、二日間にわたって鎌倉で繰り広げられた和田合戦では、幕府方の御家人五〇人が討死している（敗者である和田義盛《よしもり》方は一四二人が討死・自害、二八人が捕虜）。宝治合戦時の被害も、おそらくこの程度であろう。

もちろん、右に挙げた犠牲者数は御家人クラスに限定したものであるから、御家人の家来たち、一兵卒まで含めた場合は、多くの戦死者が出た可能性がある。だが、承久の乱終結からの五〇年間で、大規模な戦闘はこれ一回のみである。まして遠征、長期戦の経験は一度もない。

もう一つ重要なのは、宝治合戦に勝利した北条氏は、三浦氏ら反乱軍の所領を没収し、北条方の御家人たちに恩賞として分け与えているという事実である。なお、討死は当時、最大の戦功であり、戦死者の遺族に恩賞が与えられた。宝治合戦に限らず、内戦の度に〝勝ち組〟の御家人たちは所領を増やしていった。だから彼らは「合戦は勝てば儲かる」と考えて、たまに合戦が起これば「いざ鎌倉」したのである。

中世の武士は自分の財産を譲る時に「譲状《ゆずりじょう》」という文書を作成したが、自分が戦死した時のことを規定した譲状は、この時代には見られない。後述するように、そのような譲状が登場するのは、蒙古襲来以降のことである。それ以前は、鎌倉武士は戦死する可能性、言い換えるならば「戦争」が起こる可能性をほとんど想定していなかったのである。仮に「戦争」が発生したとして、それは彼らにとっては「所領を増やすチャンス」でしかなかった。

極論すれば、鎌倉武士は本当の「戦争」を知らず〝平和ボケ〟していた。しかし、彼らの太平の眠りを覚ます大事件が起こった。一二七四年の蒙古襲来（元寇《げんこう》）である。

## 蒙古襲来は避けられた戦争？

大蒙古国《だいもうここく》（一二七一年からは大元大蒙古国《だいげん》）、すなわちモンゴル帝国の大軍が日本に襲来した時、鎌倉幕府の指導者は北条時宗《ときむね》であった。戦前の軍国主義の時代には、未曾有の「国難」に敢然と立ち向かい、見事にモンゴル軍を撃退した時宗は「救国の英雄」ともてはやされた。

しかし戦後の歴史学は、軍国主義への反省もあり、モンゴルとの戦争に踏み切った北条時宗の決断を批判するようになっていった。いわく、本当に戦争は不可避だったのか。モンゴルとの通交・融和はありえなかったのか、時宗は和解の道を探ることなく戦争への道を突っ走ってしまったのではないか、と。こうして時宗は一転、好戦的な暴君として位置づけられることになったのである。

北条時宗を手放しで賞賛する戦前の姿勢に問題があるのはもちろんである。けれども、時宗イメージを反転させて暴力性を強調するのも極端な評価ではないか。こういう主張をする人たちは、どうも「全ての戦争は絶対に避けるべきものであり、また避けることができる」というある種の信仰を抱いているように思われる。そこで、細かい話になるが、モンゴル帝国と日本の外交交渉を見直してみたい。

モンゴルと日本の最初の接触は文永五年（一二六八）のことである。前年六月、モンゴルの皇帝クビライは属国である高麗に対して、日本との外交交渉を命じた。高麗は潘阜《パンブ》に蒙古国書（皇帝クビライの詔書）と高麗国書（国王元宗の啓）を持たせて日本に派遣した。潘阜ら使節一行は同年九月に高麗を出発し、文永五年正月に九州の大宰府に到着した。

幕府の鎮西奉行で大宰少弐《しょうに》（大宰府の実質的最高責任者）を兼ねる武藤（少弐）資能《すけよし》は、一行を大宰府に留めたまま、二通の国書を鎌倉に送付した（『師守記《もろもりき》』）。鎌倉幕府は京都に使者を派遣し、朝廷に国書を提出した。幕府は朝廷に外交権があると考えたのである。

モンゴルの国書は日本との通交を求める内容だったが、末尾近くには「兵を用うるに至りては、それたれか好む所ならん（戦争を起こすことを誰が好むだろうか）」という一文があった（東大寺尊勝院蔵『調伏異朝怨敵抄《ちょうぶくいちょうおんてきしょう》』）。従来の研究では、日本がモンゴルの申し出を拒否した場合は日本を攻撃するというおどし文句と解釈されてきた。だが近年、モンゴル史研究者の杉山正明氏が、蒙古国書の文面は全体的に丁重で、右の一文も「戦争は望まない」という言葉通りの意味であると論じ、威嚇説を批判した。

確かに国書の内容は、「問を通じ好を結び、以て相親睦せん」といった文章から分かるように、表面的には日本との友好を望むという以上のものではなく、それなりに敬意を表している。ただ、高麗がモンゴルに服属するに至る経緯を長々と説明していることを考慮すると、「日本国王」がモンゴル皇帝に臣従することを求めていることは瞭然だろう。

朝廷では二月六日から連日評議を行い、モンゴルに対して返書を出さないことに決めた（『深《じん》心院関白記《しんいんかんぱくき》』）。なぜ無視することにしたのかは、色々な推測が出されているが、要は日本人お得意の〝先送り〟ということだろう。公家たちはモンゴルを「蒙古国賊徒」と見下しており、積極的に国交を結ぼうとは全く考えていなかった。だが、はっきりと断るのも角が立つので、見なかったことにしてやり過ごそうとしたと思われる。

同じ頃、幕府は西国諸国にモンゴルの侵攻に備えて警戒態勢をとるよう命じている。これを幕府の武断的性格の現れと捉える研究者もいるが、外交を朝廷に任せた幕府が、専門分野である軍事面で対策を進めるのは当然のことである。

## 鎌倉幕府の〝平和ボケ〟

文永五年七月、潘阜一行は空しく高麗に帰国し対日交渉の失敗を復命した。これを受けてクビライは高麗に軍艦の建造を命じると共に、兵部侍郎《へいぶじろう》黒的《こくてき》・礼部侍郎《れいぶじろう》殷弘《いんこう》らを使者として高麗の使節と共に再度日本へ派遣した（『元史』世祖本紀）。翌年二月、彼らは対馬島に着岸したが、そこでトラブルが発生し、島民二名を拉致して高麗に戻った（『元史』日本伝）。

モンゴル・高麗の使者が対馬に上陸したという情報は、大宰府を通じて幕府・朝廷にもたらされた。使節団が六〇～七〇人という大規模なものであったことが朝廷を驚かしたようで、モンゴル側が国書を送ったのに返事がないことに疑問を持ち、実情を調査するためにやってきたようだ、という話になった。そして返書を出すことに決まった。黙殺したままではヤバいと考えたのであろう。要するに朝廷はビビったのである。だが幕府は態度を硬化させ、返事を送るべきではないと朝廷に進言したため、沙汰止みとなった（『師守記』）。

同年六月、クビライは島民二人を日本に送還すると同時に、モンゴルの中書省（現在の内閣に相当）の牒《ちょう》（文書）を日本に伝達するよう、高麗に命じた。高麗は金有成《キムウソン》・高柔《コユ》らを日本に派遣、一行は九月十七日に対馬に到着した。同月二十四日、大宰府は蒙古国書・高麗国書を朝廷に伝達した（『本朝文集』）。

この大蒙古国中書省牒の内容は長らく不明であったが、近年、張東翼《チャンドンイク》氏が牒の写しを発見した。そこには、皇帝は寛大なお方なので来年春までに日本が使者をモンゴルに派遣して臣属を誓えば高麗と同等の待遇を保証して下さるが、さもなくば将軍に出撃を命じ、軍艦によって首都を制圧することになる、と書かれている（『異国出契《いこくしゅっけい》』）。前年のクビライの国書と異なり、脅迫の意図が露骨に示されており、これこそがモンゴルの〝ホンネ〟だったと言えよう。

この時、朝廷では太政官牒の形で返答の草案を作成しているが、その概要は、服属するか否かを明言せずに、皇帝の徳を称しながら武力でおどすことは矛盾している、日本は神国なので力で屈服させようとすべきではないと主張するものであった。朝廷は明らかにモンゴルの侵攻を恐れており、服属要求をかわしつつ、とりあえず返書を送ることでモンゴルが軍事行動に乗り出すのを防ごうと考えたのであろう。だが戦闘集団たる幕府はモンゴルの高圧的な姿勢に反発し、返書の送付に反対したため（『蒙古来使記録』）、使節団はまたしても手ぶらで帰ることになった。

文永八年九月にもモンゴルの使節が来日し、十一月までに返事がなければ兵船を準備するという内容の国書をもたらした。おびえる朝廷は返書を送ることを決定したが（『吉続記《きちぞくき》』）、その後、モンゴルに送られた形跡はなく、幕府の反対で取り止めになったと推測される。

返書を送るという朝廷の決定を二度にわたって覆した幕府の姿勢は近年評判が悪く、「みずからが頼みとする武力による対応へと、策を限定していった」などと批判されている。しかしながら、モンゴルは「Ｙｅｓか Ｎｏか」と迫っているのであり、外交交渉の余地はなかった。

結局、モンゴルとの戦争を回避するには服属するしかない。もし服属していたら、その後の日本の歴史はどうなっていただろうか。この予測は難しい。モンゴルは服属した国に寛容で苛烈な支配を行わなかったという意見もあるので、日本の内政にモンゴルは干渉しないかもしれない。ただし、一つだけ確かなことは、モンゴルが日本に対し、当時モンゴルにとって最大の敵国であった南宋《なんそう》への進攻作戦に参加するよう命じたであろうことだ。それが「蒙古襲来」を招くよりもベターな選択肢であるかどうかは疑わしい。

むしろ鎌倉幕府の問題は、モンゴルとの外交交渉に応じないという強硬姿勢を示しておきながら、モンゴルの侵攻への備えを怠っていたことにあるだろう。幕府が鎮西（九州）に所領を持つ東国御家人に対して鎮西への下向を命じたのは文永八年のことであり、最初のモンゴル使節到来から三年も経っている。個々の御家人たちと同じく、鎌倉幕府も〝平和ボケ〟していたと言わざるを得ない。

### 一騎打ちは本当にあったのか

文永十一年（一二七四）十月三日、モンゴル・高麗連合軍が日本侵攻のため高麗の合浦《ハッポ》を出発した。なおモンゴル軍と言っても、モンゴル族だけで構成されていたわけではなく、内実は契丹《きったん》族・女真《じょしん》族・漢族などモンゴルが征服した地域の民族を含み込むものであった。

連合軍は対馬、壱岐に襲来し、現地の住民を殺したり生け捕りにしたりした。そして十月二十日には博多湾に上陸し、待ち構えていた日本軍と激突したのである。

さて、戦いの様子について、教科書は「元軍の集団戦やすぐれた兵器に対し、一騎打ち戦を主とする日本軍は苦戦におちいった」と記述する。一般向けの通史でも「日本の武士たちの戦い方は、源平合戦の時代と変わらず、一騎打ちであった。まずお互いが名乗り合い、相手を確認して合戦におよぶ。日本軍は個人戦であった」などと説明される。文永の役と言えば、教科書の挿絵にも使われている『蒙古襲来絵詞《えことば》』の竹崎季長《たけざきすえなが》の騎馬突撃のシーン（三六頁の図版参照）を思い浮かべる人も多いだろう。

しかし、最近の「戦争論」の進展により、治承・寿永の内乱、すなわち源平合戦の時代から、一騎打ち以外の戦法も使われていたことが分かってきた。源平合戦では騎兵だけでなく、刀や弓を持った歩兵も多く戦闘に参加したし、初めは一対一の戦闘でも、戦っているうちに敵・味方が集まってきて集団戦に移行することも少なくなかった。実際、有名な竹崎季長の突撃も姉聟《あねむこ》らと一緒に行ったものであり（後述）、小勢での攻撃ではあるが一騎打ちとは言えない。

文永の役で日本軍が一騎打ちを行ったと記すのは、『八幡《はちまん》愚童訓《ぐどうくん》』という史料だけである。これによれば、鎌倉武士が日本の戦いのルールに則って、名乗りをあげて一騎ずつ進み出ていくと、モンゴル軍がこれを大勢で取り囲んで殲滅してしまうのだという。

右に見える名乗りをあげるという行為は、自分が名乗ることで相手にも名乗らせ、それによって名のある武士を探り当てるためのものである。言葉も通じない外国人に名乗っても仕方がない。

これではまるでコントであり、およそリアリティのない話である。

蒙古襲来の説明で必ず引用される『八幡愚童訓』という史料は、鎌倉時代末期に、石清水八幡宮の関係者が、祭神である八幡大菩薩が霊験あらたかであることを説いた布教用の本である。不正確・不自然な記述が多いため、戦場となった博多付近の地理に無知な人間が後世に作成したもので、信用するに足りない、と戦前から指摘されてきた。しかし、文永の役に関する史料は乏しく、それなりにもっともらしい部分もあるので、日本史研究者は危ないと思いながらも、ついついこの本を活用してきた。

だが、他の史料には見えず、『八幡愚童訓』にしか載っていない情報については、疑ってかかるべきだろう。この本は、モンゴル軍を撃退したのは八幡大菩薩であると述べている。これは要するに、強大なモンゴル軍を全滅させるほど八幡大菩薩は凄い神様だから、帰依した方がいいよ、と宣伝しているのである。そして八幡神《はちまんしん》の霊験を強調するためには、鎌倉武士が活躍していては、困るのだ。頭の固い鎌倉武士はモンゴル軍の戦法に右往左往するばかりで何の役にも立たなかった、モンゴル軍を倒したのは八幡神である、というのが『八幡愚童訓』の主張である。こんなヨタ話を私たちが信じてしまっては、懸命に戦って散っていった鎌倉武士が浮かばれないだろう。

## 鎌倉武士の装備

では、日本側の迎撃が非常に優れたものであったかと言うと、必ずしもそうではない。幕府軍は軍事編制上の問題点を抱えていた。

文永の役に参戦した肥後国（現在の熊本県）の御家人・竹崎季長は、どのくらいの家来を引き連れていたのだろうか。『蒙古襲来絵詞』によれば、竹崎季長部隊の構成・装備は次のようなものであった。

竹崎五郎兵衛尉《ひょうえのじょう》季長　乗馬・弓矢・兜・大鎧
姉聟　三井三郎資長《すけなが》　乗馬・弓矢・兜・大鎧
郎党　藤源太《とうげんた》資光《すけみつ》　乗馬・弓矢・烏帽子・腹巻
郎党　氏名不明　乗馬・弓矢・烏帽子・腹巻
旗指《はたさし》　三郎二郎資安《すけやす》　乗馬・旗・烏帽子・腹巻

竹崎季長と三井資長が装着している大鎧とは頭も含め全身を完全に防護する鎧のことで、敵の騎射から身を守る目的を持つ。非常に重いので（現存する鎌倉前期の大鎧は二十キログラム以上）、これをつけて動き回るのは難しい。当然、馬に乗って移動することになる。つまり、大鎧は騎射戦に特化した甲冑である。

当時、馬を走らせながら弓を引く武芸を「馳射《はせゆみ》」と言い、騎馬武者同士が「馳射」で戦うことを「馳組戦《はせぐみのいくさ》」と呼んだ。既に治承・寿永の内乱の時点で「馳組戦」は流行らなくなっていたのだが、大鎧はその後も存続した。それは、大鎧を身につけることが、武士にとってステータス・シンボルだったからである。だが、「馳組戦」が発生するはずもないモンゴル軍との戦いにおいて、このような装備が有効に機能したかどうかは疑問である。その意味で鎌倉武士は、やはり〝平和ボケ〟していたと言えるのではないか。

一方、郎党・旗指が装着している腹巻とは、今の腹巻とはもちろん異なり、胴だけを防御する簡易で活動的な甲冑である。本来は徒立《かちだ》ちの従者、つまり歩兵用の甲冑なのだが、鎌倉後期（鎌倉時代の後半）になると騎兵も腹巻をつけるようになった。この結果、オプションで袖（肩を防護）や兜をつける事例も見られるようになり、南北朝期以降は最初から袖や兜がついた全身防御の腹巻が制作された。事ここに至っては、腹巻はもはや兵卒用の胴甲ではない。大鎧の軽量版とでも言うべき高級甲冑である。よって、室町幕府の将軍など身分の高い武将も腹巻を装着するようになる。ただし、季長の郎党たちの腹巻には袖はついておらず、代わりに杏葉《ぎょうよう》という小さな防具を腹巻の肩の部分に取り付けている。要するに古いタイプの腹巻である。

旗指とは、その名の通り、旗を持つ人である。「季長ここにあり」と周囲の味方に示し、戦功を認めてもらうために、旗は不可欠であった。旗指は大きな旗を手にしているので、目立つ上に自身は弓矢を持てないため、敵の攻撃を受けやすい非常に危険な役割であった。

## 武士団の構成

竹崎季長の部隊は全員騎兵である。これだけ見ると「日本軍はやはり騎馬軍団だったのではないか」と思うかもしれないが、季長隊の構成は例外的なものである。

実は季長は、所領をめぐる一族との裁判に敗れ、所領を失っていた。季長は自分のことを「無《む》足《そく》」と言っているので、所領を一切持たない困窮状態であったことが分かる。このため季長は若党（家来のこと。郎党・郎従と同義）を引き連れてくることができなかったという。つまり、本来なら歩兵も率いてくるところだが、それだけの経済的余裕がないため断念したのである。

では、歩兵にお供をさせられないほど貧乏だった竹崎季長が、四名もの騎兵を率いているのはなぜであろうか。この謎に関して、石井進が興味深い推定をしている。郎党の藤源太資光と旗指の三郎二郎資安は、季長の姉聟である三井三郎資長と同じ「資」の字を名乗っている。とすると、資光と資安は、季長の従者ではなく、三井資長の従者ではないか。つまり、自分だけでは独立した部隊を作れない貧乏な季長のために、姉聟の資長が郎党・旗指と一緒に加勢してあげたのではないか。あるいは、氏名不明のもう一人の郎等も資長が連れてきたのかもしれず、その場合、実態としては三井資長の部隊に季長一人が参加しただけ、ということになる。

他の御家人たちは、どんな部隊を率いて蒙古合戦に臨んだのだろうか。文永合戦時の史料ではないが、その二年後の建治《けんじ》二年（一二七六）、幕府が高麗出兵計画を立てて西国の武士に動員可能兵力を報告するよう命じた際に、筑前国（現在の福岡県）の中村続《つづく》という御家人が提出した報告書が残っている。その要点は以下のようなものであった（「広瀬文書《もんじょ》」）。

続　　　　　　　　乗馬・鎧
舎弟《しゃてい》三郎三郎並《ならぶ》　乗馬・腹巻
若党五郎太郎　　　乗馬

歩兵　又二郎　源三　法蓮入道　源藤次　源藤四郎　又太郎　散大郎　犬二郎

惣領（一家の主）の続と弟の並、そして若党の計三名が騎兵、八人が歩兵という構成である。何とも頼りないが、これでも多い方で、同時期に肥後国の定愉《じょうゆ》という武士が申告した兵力は、自分と郎従一人と所従三人であった（「石清水文書」）。馬は一頭しかないとのことなので、騎兵は定愉一人ということになる。また、弓も二張しかないので、定愉と郎従の二人しか装備できない。したがって所従三人は戦力としてはほとんど期待できず、主人である定愉の馬の口を取ったり、定愉が倒した敵にトドメを刺して首を取ったりする程度のことしかできないだろう。

## 日本軍の弱点

幕府軍の中には竹崎季長隊のような小武士団が多数含まれており、全軍を有機的に動かすことは難しかった。そのことは他ならぬ季長の行動に良く表れている。

二十日朝、箱崎《はこざき》（次頁の地図参照）の陣にいた竹崎季長は、モンゴル軍が上陸して博多方面に迫っていると知り、博多の息《おき》の浜《はま》に向かう。ここには肥後国の武士たちが集結していた。武藤資能の子で、この方面の大将である武藤景資《かげすけ》は「モンゴル軍が陣を張る赤坂《あかさか》（現在の福岡市中央区赤坂）の辺りは干潟が多く馬での進軍は難しいから、ここ息の浜に待機して、敵が攻め寄せてきたところを射撃する」と武士たちに命じた。

だが季長は「我らはわずか五騎、ここでの合戦ではお役に立てません。先駆けの軍功を挙げさ

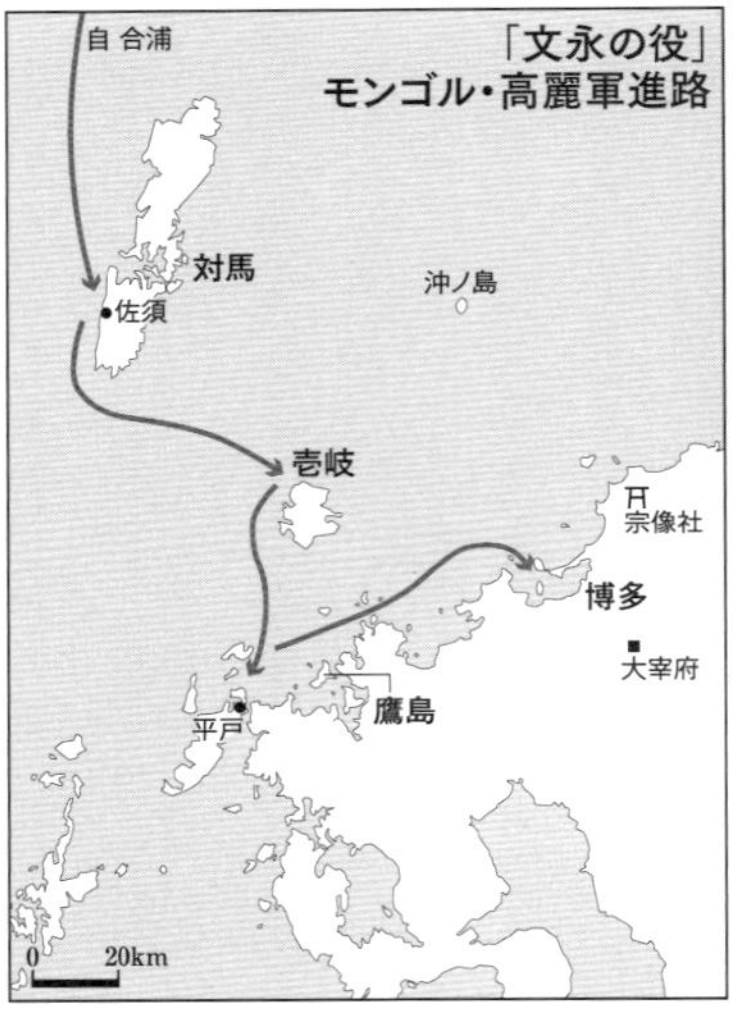

せて下さい」と景資に訴え、景資の許可を得て、息の浜を離れて更に前進する。途中、季長は、意気揚々と博多へ引き上げようとする菊池《きくち》武房《たけふさ》率いる百余騎とすれ違う。武房は太刀と薙刀を部下に持たせており、それぞれに敵の首が刺さっていた。

菊池隊は赤坂の陣の敵軍を蹴散らしていた。敵は二手に分かれ、軍勢の多い方は本営のある麁原《そはら》（現在の福岡市早良区祖原。祖原山という小高い丘がある）に撤退、小勢の方は南下して別府《べふ》の塚原（現在の福岡市城南区別府）に退いた。この小勢が塚原から鳥飼《とりかい》の潮干潟（現在の大濠《おおほり》公園の辺り）を通って本隊に合流しようとしたところに季長は追いついた。しかし（景資が言っていた通り）干潟に馬の脚を取られ思うように進めず、敵を取り逃してしまう。

だが、ここまで来れば、敵の本隊が陣を構える麁原はもはや目前である。直ちに突進しようと逸る季長に対し郎党の資光が「味方が追いついてくるでしょうから、それを待ち、我々の軍功を証明してくれる人を確保してから合戦しましょう」と進言する。

この常識的な忠告に対して季長が言い放った名言が「弓箭《きゅうせん》の道、先を以て賞《しょう》とす。ただ駆けよ」である。現代語に訳すと「武士の戦いでは、ともかく敵陣に一番に切り込むのが尊ばれる。理屈はいいから馬を走らせろ」といったところか。

で、季長一行は突撃を敢行する。この場面を描いたのが次頁の図版である。教科書にも載っているので、見たことのある人は多いだろう。「さすが季長！　おれたちにできない事を平然とやってのける。そこにシビれる！　あこがれるゥ！」と賞賛したいところだが、これはいかにも無謀である。季長たちがわずか五騎であることに気づいたモンゴル軍は陣から出てきて、鹿原と「鳥飼潟の塩屋の松」の間で合戦となった。

まず旗指が馬を射られて落馬し、季長以下三騎も負傷し、矢を射られた馬が跳ね上がった。季長は振り落とされまいと必死である。とても前進する余裕などない。

全身を鎧でガードして突進してくる武者に矢で致命傷を負わせるのは至難の業だが、馬に矢を当てるのはさほど難しくない。図版からも分かるように、射られた馬は暴れるので、騎手は跳ね落とされることになる。そして立ち上がろうとする武士を狙い撃ちすれば簡単に倒せる。まさに「将を射んと欲すれば先ず馬を射よ」である。ちなみに、馬の腹を射るという戦法は日本でも源平合戦の頃から行われており、モンゴル軍がことさらに卑怯なわけではない。

季長隊が絶体絶命の危機に陥ったところに、肥前国（現在の佐賀県）の白石通泰《しらいしみちやす》が百余騎を率

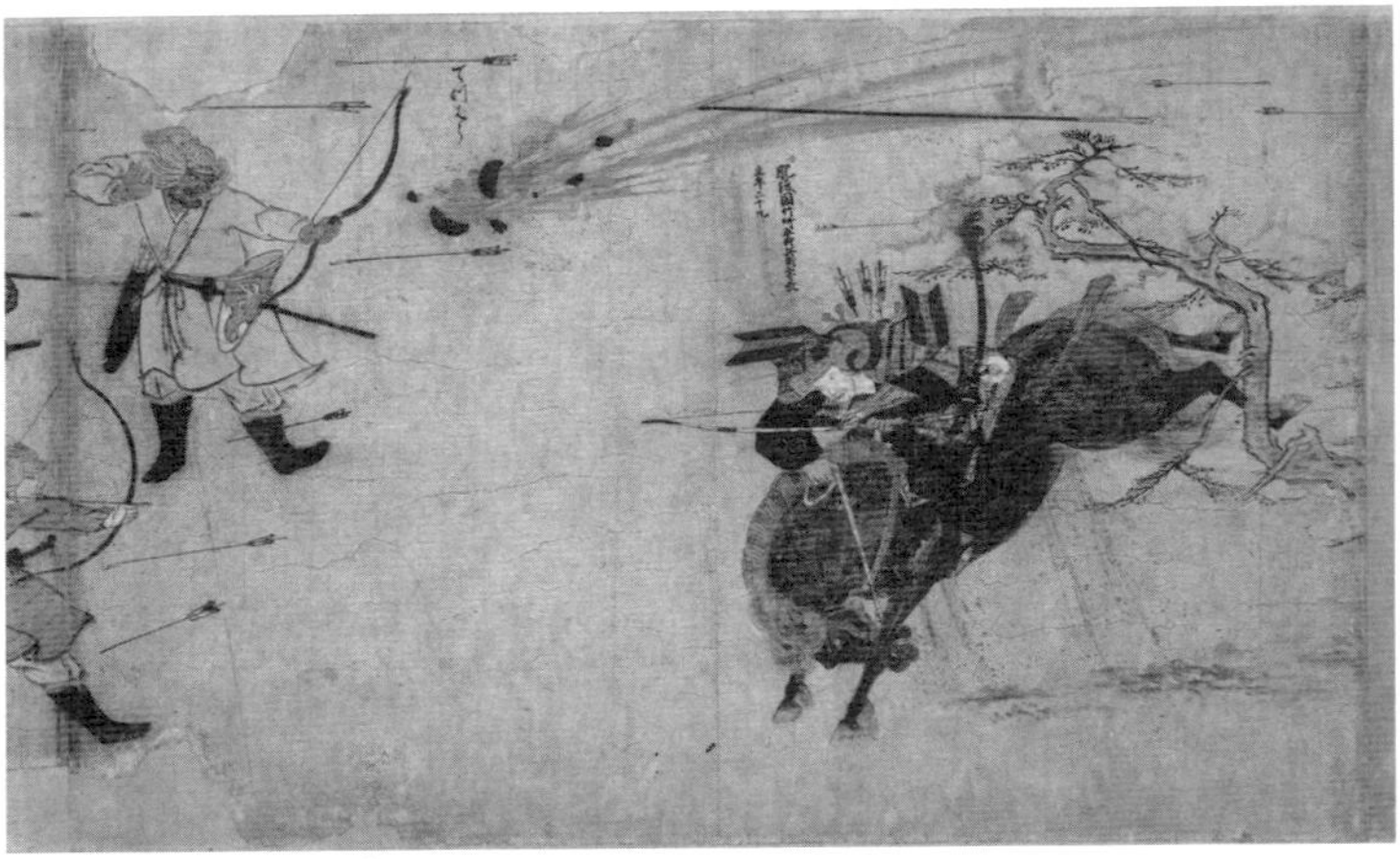

『蒙古襲来絵詞』（部分）竹崎季長、騎馬突撃の場面（宮内庁三の丸尚蔵館）

いて駆けつけたので、モンゴル軍は退却し麁原の陣へと登っていった。『絵詞』の詞書にあるように、通泰が後に続いてくれなかったら、季長はここで討死していた公算が大である。

加えて、季長も『絵詞』の中で認めているが、モンゴル軍に馬を射られたのは、結果的にはラッキーだった。馬を射られて足止めを食らったからこそ白石隊の加勢が間に合ったのであり、そのまま季長たちだけでモンゴル軍の陣営に突っ込んでいったら、やはり戦死していただろう。

結局、戦局に影響を与えているのは、菊池氏や白石氏など大部隊を率いる有力御家人である。騎兵の集中的運用が功を奏し、モンゴル軍を突き崩せたのであろう。一方、季長のような小武士団の単独行動は一見すると勇ましいが、連係攻撃を難しくし、かえって指揮を乱すことにつながった。

全体の勝利など考慮せず自身の武功を最優先する季長の行動は、『平家物語』に見える宇治川合戦の佐々木・梶原の先陣争い（佐々木高綱《たかつな》が先行する梶原景季《かげすえ》に対し「馬の腹帯がゆるんでいますよ」とウソをつき、梶原が腹帯に気を取られているうちに佐々木が抜き去り、敵陣に一番乗りしたという逸話）を想起させる。この時代の鎌倉武士の戦い方は、治承・寿永内乱期とさして変わらなかったのである。ただ私は、日本軍の統率の不備をいたずらにあげつらうのではなく、このような弱点を抱えつつも幕府軍が善戦したことを評価したい。

## 「モンゴル軍優勢」という虚構

以上、『蒙古襲来絵詞』に沿って戦闘の経過を示してみた。ここから分かるように、文永十一年十月二十日の博多湾岸攻防戦で、日本側はかなりの苦戦を強いられたものの、終始攻勢に出ている。モンゴル軍は日本軍の予想外に頑強な抵抗を受けて、後退していった。

だが、巷にあふれる蒙古襲来の概説書を見ると、そのほとんどが「モンゴル軍が軍事的に優勢だった」と、モンゴル側に軍配を上げている。これはいったい、どうしたことだろうか。

右の「モンゴル軍が勝っていた」説の根拠は、例の『八幡愚童訓』である。それによれば、日本軍は敗走を重ね、その日の夕方には博多・箱崎など博多湾岸の要所を放棄、内陸部にある大宰府の前面に築かれた水城《みずき》（三四頁の地図参照）にまで撤退したという。これが史実であるならば、確かにモンゴル軍の圧勝である。

けれども、『八幡愚童訓』は右の記述に続けて、夜中に八幡大菩薩の化身である白衣の軍勢、すなわち「神軍」が筥崎《はこざき》八幡宮から出陣して、たちまちのうちに弓矢でモンゴル軍を撃退したと叙述している。そして「もし日本の武士が一騎でも残っていたら、その武士は『モンゴル軍を追い払ったのは八幡大菩薩ではなく、私の手柄だ』と吹聴しただろう」と鎌倉武士の不甲斐なさと図々しさを皮肉っている。

鎌倉武士が全員退却してしまい、日本が滅亡の危機に瀕したところ、八幡大菩薩のお力で一発大逆転した、というのが『八幡愚童訓』の語るところであるが、どう見てもこれは作り話だろう。前述したように、八幡神の偉大さを宣伝するためには、鎌倉武士がモンゴル軍に勝っていては都合が悪いのであり、鎌倉武士が惨敗していたというストーリーが必要なのだ。

これに対して「末端の戦闘員である竹崎季長は戦況の全てを把握していたわけではない。季長がいたところでは日本軍有利だったが、他の戦線ではモンゴル軍が押していたのだ」と反論する人がいるかもしれない。実際、赤坂方面に進出していたのは高麗軍であり、主力であるモンゴル軍は博多・箱崎一帯の海岸に上陸したのではないか、と推定する有力な学説がある。しかしモンゴル・高麗側の史書によれば、三ヶ所に分かれて上陸していた全軍が日没と共に博多湾内の軍船に戻り、司令官たちが戦闘継続か撤退かを議論したという。モンゴル側の第一の戦略目標は博多湾岸を橋頭堡として確保することにあったはずで、博多・箱崎の占領に成功していたとしたら、わざわざそれらの陸上拠点を放棄して博多湾内の船団に戻る必要はない。

竹崎季長が自分の戦功を強調するために、『蒙古襲来絵詞』において日本側の勇戦を誇張した、と推理する人もいるかもしれない。しかし、前項で説明したように、季長は自らの苦戦を正直に描写しており、「八幡大菩薩がモンゴル軍を打ち破った」とのたまう『八幡愚童訓』よりは、ずっと信頼できる。やはり近年、服部英雄氏が提唱したように、「初戦は蒙古軍の事実上の敗北」と見るのが順当である。

## 「神風」は吹いたか

文永の役でモンゴル軍はなぜ敗れたか。通説はもちろん「嵐」である。モンゴル軍が上陸した夜、博多湾内の船団を暴風雨が襲い、モンゴル軍は一夜にして全滅したという。同時代人はこれを「神風」と呼び、日本は神に守られた国であるという神国思想が普及する大きな要因となった。太平洋戦争中、大日本帝国の敗色が濃厚になる中、「いつか必ず神風が吹く」という言説が広まり、神風特攻隊という悲劇も生まれた。結局、神風が吹かないまま敗戦となったが、大暴風のおかげでモンゴル軍を撃退できたという考え方は戦後も続いた。

だが一九五八年、気象学者の荒川秀俊が「文永の役の終りを告げたのは台風ではない」という論文を発表し、一大センセーションを巻き起こした。荒川は過去五〇年間の台風経路の分析に基づき、文永十一年十月二十日は現代の暦に換算すると一二七四年十一月二十六日であり、「統計上、どんな考え方をしても、十一月二十六日に北九州が台風のために大荒れになるとは、ほとんど考え得ない」と断ずる。文永十一年に台風によってモンゴル軍船が壊滅したという記述は弘安の役での台風襲来と混同したものではないか、というのが荒川論文の結論である。

しかし、日本側・高麗側双方の史料に大風雨があったことは明記されており、中村栄孝《ひでたか》ら当時の代表的な日本史研究者は、台風ではないにせよ大風雨はおこったのではないか、と批判した。

これに対して荒川は「元と高麗の連合軍は軍議にもとづいて冬の季節風が強くならないうちに予定の撤収を自発的に行ったものである。（筆者註・博多湾内での）撤収作戦中に少しの風雨はあったかも知れないけれども、撤収は奇蹟的といい得るほど旨くいった」と反論している。

現実に、弘安の役の際に台風で沈んだモンゴル軍船の遺物が、現在の長崎県松浦市鷹島《たかしま》（三四頁の地図参照）周辺の海底から多数引き揚げられているのに対し、博多湾内から沈船は発見されていない。よって、文永十一年に博多湾内でモンゴル軍船が台風に遭って沈没したという説は成り立ちがたい。ただ、高麗側の史料によると、高麗の合浦にモンゴル軍が帰還した時、一万三千五百余人の兵力を失っていたというから、やはり暴風雨の被害を受けたのではないか、という気もしてくる（荒川は遠征につきものの疫病の流行によるものと推定している）。

そこで生まれたのが、波が穏やかな博多湾内ではなく帰路に外海で嵐に遭ったという見方で、通説と荒川説の折衷案と言えよう。撤退以前には嵐は発生していないと考える点は荒川説と共通しており、「神風」がモンゴル軍の敗因と捉える研究者は今や存在しないと言っていい。

## モンゴル軍撤退の真因

となると、撤退の理由は何であろうか。これに関しては近年、文永の役はモンゴル側にとって日本軍の実力を瀬踏みするための「威力偵察」であって、日本を征服する意図がなかったという説が学界で有力になっている。もともと上陸地に留まって長期戦を展開する用意はなく、モンゴル軍は当初の予定通り、早々に撤退したにすぎない、というのである。

また服部英雄氏は、台風ではないが寒冷前線の通過によって嵐は発生しており、冬将軍の到来に気づいたモンゴル軍が北西の季節風に妨害されて高麗に帰還できなくなることを恐れて撤退を決めたのではないか、との推論を提出している（ただし荒川も、「季節風の強くならない十一月末のうちに引上げようという意見がでたのにちがいない」と推測している）。

とはいえ、冬の玄界灘は荒れるので航海が難しくなるなどということはモンゴル軍も侵攻前から分かっていたはずで、服部氏も「予測範囲内での自主的撤退」「早期の撤退は出発時点で宿命づけられていた」「蒙古・高麗は、日本人の意識に十分なだけの打撃を与えうれば、帰途についても差し支えなかった」と述べている。したがって服部説も「威力偵察」説の一種と理解できよう。

では「威力偵察」説について検証してみよう。この説を唱えている研究者は、果たして「威力偵察」という軍事用語の意味を理解しているのかどうか、他人事ながら心配になる。参考までに、現在の陸上自衛隊の定義によれば、威力偵察とは「敵の勢力・編組及び配置を暴露させるとともに、その反応を見るために行う、限定目標の攻撃による偵察」を指す。もう少し分かりやすく説明すると、ある程度の戦力をもって敵戦力と交戦して、相手の反撃の度合いから、目標地点の敵戦力（兵力数や戦闘能力）を割り出すための、戦闘を伴う偵察活動のことである。

すなわち威力偵察とは、大規模作戦の直前に行う、敵布陣の実地調査である。弘安の役は一二八一年の出来事なので、文永の役が「威力偵察」だとすると、モンゴル軍は「威力偵察」の七年後に本格侵攻作戦を実施したことになる。そんな間の抜けた話があるはずがない。事実、鎌倉幕府は、文永の役の教訓から博多湾岸に石築地《いしついじ》（国指定史跡「元寇防塁」として現存）を築き、これが弘安の役の際に大いに役立った。モンゴルにとって文永の「威力偵察」は完全に裏目に出てしまったのである。

この「威力偵察」説の変形として、文永の日本侵攻は、日本に対してモンゴル軍の戦闘力を見せつけることで日本側の継戦意欲を挫き、日本と南宋の連携を阻止することが目的であり、その目的を達したためにモンゴル軍は撤退した、という見解もある。いわば「威嚇」説である。

けれども、モンゴルの服属要求を拒絶し続けた数年の間、日本は南宋と連携してモンゴルに対抗するといった動きを全く見せていない。実は一二七一年、高麗内部の反モンゴル勢力である「三別抄《さんべつしょう》」から日本に対して同盟の申し出があったのだが、朝廷では「高麗はモンゴルの属国になったはずなのに、なぜ今回はモンゴルと戦うなどと言っているんだ？」と疑問に思うばかりで、何のリアクションも起こさなかった。結果、一二七三年、三別抄はモンゴル軍によって滅ぼされる。文永の役が起こる一年前の出来事である。

当時の日本は（今も？）国際情勢に疎く、南宋や三別抄と反モンゴル戦線を結成するなどという壮大な戦略構想を持っていなかった。三別抄を見殺しにした日本が南宋を支援するとモンゴルが想定していたとは到底思えない。鎌倉幕府が海外派兵を検討するのは、文永の役後の「異国征伐」（高麗侵攻）計画からであり、もし文永の日本侵攻が「威嚇」だったとすると、これまた完全に逆効果で、「藪をつついて蛇を出す」愚行であったと言えよう。

右に見える「威力偵察」説や「威嚇」説の前提には、「モンゴル軍が優勢だった」という事実認識がある。モンゴル軍が博多・箱崎地区の占拠に成功していたとしたら、そして「神風」が吹いていなかったとしたら、モンゴル軍がわずか一日の戦闘で撤退する理由は何か。この謎を説明するために苦心してひねり出したのが、「威力偵察」説であり「威嚇」説である。モンゴル軍の早期撤退は当初から予定されていたから勝っているのに退いたのだ、という理屈だ。

だが既に触れたように、「モンゴル軍が勝っていた」というのは『八幡愚童訓』の捏造と考えられる。加えて、一夜明けたらモンゴルの軍船が一隻もいなくなっていた、という話も『八幡愚童訓』が唯一の根拠であり、事実かどうか疑わしい。服部氏は他の関連史料を分析し、十月二十日の合戦以後もモンゴル軍と日本軍の戦闘が継続していた可能性を指摘している。『八幡愚童訓』はモンゴル軍の侵攻と撤退をドラマティックに演出するために、一昼夜の出来事に作り替えたと推定される。

事の経過を素直に解釈すれば、モンゴル軍が撤退した最大の理由は「日本側の抵抗が予想以上に強力だった」ということになるはずだ。モンゴル軍は日本の戦力を過小評価しており、「一撃を加えれば日本は屈服する」と思っていたのだろう。

日中戦争の発生当初、日本陸軍では短期決戦の見通しを持つ者が少なくなかったという(いわゆる「対支一撃論」)。そういう敵情に対する誤断によって戦端を開いてしまう例は、世界の戦史において珍しいことではない。

さて『元史』日本伝は「(至元《しげん》十一年)冬十月、其国に入り、これに敗れる。官軍(モンゴル・高麗軍)整わず、また矢尽く」と記している。矢を本当に射尽くしたかどうかは分からないが、日本軍の猛烈な抵抗によってモンゴル軍が戦線を維持することが困難になっていたことは確かだろう。また、軍議で決戦案を唱えた司令官もいたにもかかわらず総司令官が撤退を決定したというから、所期の目的・目標を達成できていないが犠牲の拡大を恐れて撤退したと見るべきである。早期撤退は実質的にモンゴル軍の「敗北」であった。

### 戦後日本の「平和主義」

そもそも「自主的撤退」という表現を用いるのは妥当だろうか。日本軍の圧倒的攻勢を受けてモンゴル軍がほうほうの体で逃げ帰ったなどと考えている研究者はいないのだから、わざわざ「自主的」と言う必要はないと思う。要するに「モンゴル軍は負けていなかった」と強調したいのだろうが、そこまでモンゴルの肩を持つ意図は分かりにくい。

既に紹介したように、服部氏は鎌倉武士が奮戦していたことを認めている。その服部氏でさえ荒川説に引きずられ、頑なに「モンゴル軍の自主的撤退」という構図を維持しようとするのだ。論理的には理解しづらいが、蒙古襲来（元寇）に関する研究史を踏まえると、何となく分かるような気がする。

実は戦前には、「神風」だけでなく「鎌倉武士の奮闘」も文永・弘安の役の勝因として広く喧伝されていた。だが戦後になると、こうした「大和魂」を賞賛する姿勢が軍国主義につながった、という反省がなされるようになった。その結果、「鎌倉武士は勇敢だった」「日本軍は強かった」と主張することが憚られる風潮が生まれたのではないだろうか。鎌倉武士の実力をなるべく低く見積もりたいという気持ちが研究者たちの中で無意識に働いていると仮定すると、昨今の「自主的撤退」説の隆盛にも合点がいくのである。

私は何も「鎌倉武士は国を救った英雄だ。我々も彼らを見習って、尖閣諸島を守るために中国と一戦交えよう」と言いたいわけではない。鎌倉武士に「愛国心」などという観念は存在しない。竹崎季長は恩賞目当てで突撃しただけである。だが、動機はともあれ、彼らがモンゴル軍を撃退したことは間違いないのだ。

鎌倉武士は勇戦し、相手の戦力が思っていた以上に強力であることを知ったモンゴル軍は被害の少ない内に撤退した。その事実を認めることは軍国主義でも何でもない。「日本軍は負けていた」と言い募ることが「平和主義」の発露だとも思わない。なお海上自衛隊教官出身の太田弘毅《こうき》氏は、「遠征中の戦闘の過程の最中に決断された撤退」と冷静に論評しているが、氏の議論をほぼ黙殺しているのが日本史学界の現状である。

## 遺言状を書いて出陣

鎌倉武士は蒙古襲来に接して、戦士としての意識を覚醒させた。かといって、みんながみんな、蒙古襲来を「恩賞を獲得するチャンス到来!」と積極的に受け止めたわけではない。ついつい竹崎季長の張り切りぶりに目を奪われがちだが、彼の場合「所領ゼロ」という特殊事情があり、単純に一般化できない。

文永の役の二年前にあたる文永九年、幕府はモンゴル軍の上陸が予想される筑前・肥前両国の警備体制を強化することにした。具体的には、九州に所領を持つ東国御家人が九州に下ってくるまでの間、九州在住の御家人たち（当時の言葉で「鎮西御家人」という）に輪番で沿岸部を警備させることにしたのである（なお、この施策が後に「異国警固番役《いこくけいごばんやく》」に発展する）。

薩摩国（現在の鹿児島県西部）の御家人成岡氏の場合、当主の息子である忠俊《ただとし》が代官として大宰府に赴き、警固役を勤めることになった。その際、忠俊は息子の熊寿丸《くますまろ》に対して譲状（二二頁を参照）をしたためている（「延時文書」）。その中には、興味深い一節が見える。

且《か》つは海路の習いなり、且つは軍庭《いくさば》に赴く間、若《も》し忠俊自然《しぜん》の事もあらば、件の名《みょう》の田畠《でんぱく》・山野《さんや》・狩倉《かりくら》においては、忠恒《ただつね》の譲りを相副《あいそ》えて、熊寿丸を嫡子として、子々孫々に至るまで、他の妨げなく、知行せしむべきなり、

（航海に危険はつきものであり、また戦場に赴くので、私、忠俊に万一のことがあるかもしれない。もしそうなった時は、この譲状に記した田畑・山野・狩猟場については、私が父・忠恒からもらった譲状を添付して、熊寿丸を嫡子として彼に譲るので、熊寿丸の子々孫々に至るまで、他の人から妨害されることなく、これらを知行すべきである）

これは自らの死去を予想して、嫡子が財産をきちんと相続できるよう出陣前に用意した、いわば遺言状である。未曾有の対外戦争に臨む御家人の悲壮感がうかがえよう。

弘安の役の直前、幕府からの動員命令を受けた豊後国（現在の大分県）の御家人都甲《とごう》氏も同様

の措置をとっている。すなわち、当主惟親《これちか》は嫡子である惟遠《これとお》に所領を譲ったが、惟遠が出陣することになったので、惟遠にもしものことがあった場合は嫡孫の「さかはう」が所領を相続するということを、惟親が定めている（「都甲文書」）。

このような緊迫感が漂う御家人の譲状は、それまではほとんど見られなかった。異国合戦という未曾有の状況は、久しく忘れていた「戦死」の恐れを鎌倉武士に思い起こさせたのである。

## 幕府権力の変質

話を少し過去に戻すが、文永九年、幕府が御家人たちに軍役を賦課しようとして大田文《おおたぶみ》（一国内の荘園・公領すべてについて、その田地の面積や所有者を網羅した土地台帳）の提出を命じたところ、大田文が失われている国が少なくなかった。大田文がなければ御家人たちの所領の規模も分からず、ゆえにどれだけの軍役を勤めさせるかも決まらない。そこで幕府は慌てて全国の守護に対し、大田文を改めて作成し提出するよう命じた。完全に泥縄であり、これも一種の〝平和ボケ〟と言えるだろう（もっとも中世の権力はおしなべてルーズでアバウトだが）。

翌年には幕府は、更に徹底した御家人領の調査を実施した。すると、御家人領が本来の名義人の手から離れているケースが少なくないことが発覚した。これは戦争遂行という観点に立った場合、非常に大きな問題であった。

高校の授業で習った（はずの）「御恩と奉公」という言葉を覚えているだろうか。幕府は御家人に御恩を与え、その見返りとして御家人は幕府に奉公する。こういう仕組みを学界では「封建制」と呼ぶ。「御恩」の最も一般的な形は所領の給与であり、「奉公」の中核は幕府の軍役（平時においては番役）を勤めることである。つまり御家人は御恩として与えられた所領を経済基盤として、いざという時には幕府のために戦わなければならないのである。

ところが御家人がその所領を誰かに売ったり質に流したりして、所領ゼロになっていたとしたら、どうであろうか。こういう貧乏な御家人を「無足の御家人」というが、竹崎季長を見ても分かるように、戦争の時には大して役に立たない存在である。

それなら御家人から所領を買った人に代わりに戦ってもらえばいいじゃないか、と思うかもしれないが、事はそう単純ではない。御家人から所領を買う人が御家人とは限らないからだ。実は、御家人所領の少なからぬ部分が、御家人ではない者に流出していた。封建制の原則に従えば、幕府は御家人にしか軍事動員をかけることができない。御家人ではない武士に戦ってもらうわけにはいかないのだ。

御家人所領を入手した非御家人の中には、京都大番役など幕府への奉公を通じて御家人身分の獲得を目指した者もいるが、元からの御家人の反発もあり、正式な御家人にはなれず、御家人に準ずる立場に留まった。高橋典幸《のりゆき》氏はこのような〝非正規雇用者〟に「御家人予備軍」という呼称を与えている。御家人所領の権利移転は、スムーズな軍事動員を妨げるものであり、幕府にとって決して望ましいものではなかったのだ。

こうした状況を解決するための政策が徳政令であった。徳政令というと永仁《えいにん》の徳政令（一二九七）が有名だが、実は文永年間から徳政令がしばしば出されている。徳政令は御家人が処分してしまった所領を一定の条件に基づき取り戻すことを認める法令であり、一般には御家人救済の文脈で語られる。だが、たとえば文永十年の徳政令は、幕府の軍事上の必要から発令されたと考えられる。無足の御家人を軍事動員しても仕方ないので、御家人の所領取り戻しを認めて彼らが軍役を負担できるようにしたのである。事実、幕府は徳政令を出す一方で、御家人の所領処分に制限を加える法令を出している。つまり、所領が戻ってきた御家人が再びそれを売ることはできないのだ。あくまで御家人に軍役を勤めさせるための措置であり、困窮している御家人を救うという〝温情〟に基づくものではない。

だが、対馬・壱岐にモンゴル軍が侵攻したことを、武藤資能からの急報によって知った幕府は、御家人のみを動員するという従来の防衛方針を転換した。文永十一年十一月一日、西国守護に対し国内の御家人のみならず「本所一円地《ほんじょいちえんち》」の「住人」を動員、指揮する権限を与えたのである。

この「本所一円地」とは、鎌倉幕府の地頭が置かれておらず、本所＝荘園領主（公家・寺社）が一元的に支配している荘園のことである。「本所一円地」に幕府は介入しないということは、幕府創設以来の大原則であった。

そして「本所一円地」の「住人」というと、何やら弱そうなイメージがあるが、単に荘園に住んでいる人という意味ではなく、荘園の預所《あずかりどころ》や公文《くもん》といった荘官（荘園の現地管理人）を指す。大ざっぱな理解になるが「武士」と考えてもらって差し支えない。高校の授業であまり詳しく教えないので、鎌倉武士＝鎌倉幕府の御家人と誤解されがちだが、御家人でない武士も少なくない。御家人は幕府から地頭に任命されるが、彼ら非御家人は荘園領主から預所や公文に任命され荘官として活動する。したがって将軍との主従関係はなく、本来は幕府の命令に従う必要はない。

先に見たように、鎌倉で法令が出た十一月一日より前に、九州ではモンゴル軍が撤退しており、「本所一円地住人」が文永の役に参戦することはなかった。しかしその後も、幕府は御家人以外の武士に対する軍事動員を繰り返し行った。建治二年（一二七六）の高麗出兵計画の際に肥後国の定愉という武士にも動員がかかったことは既に述べたが、彼は窪田荘の預所、すなわち「本所一円地住人」であった。まさに総動員体制である。

幕府は荘園領主の頭越しに「本所一円地住人」を動員したわけではなく、荘園領主に圧力をかけ、荘園領主を通じて動員をかけていたようだが、それにしても幕府権力の大幅な拡張であることは間違いない。これを「戦時」を口実にした強権発動、専制体制の構築と見ることもできようが、幕府にそのような意図があったと断定するのにはためらいを感じる。「本所一円地住人」への指揮権を獲得したことで、幕府は彼らに恩賞を与える責務を負うことになった。更には彼らを御家人として認めるか否かといった難問を突きつけられるに至ったのである。

蒙古襲来によって、幕府は初めて全国の武士を漏れなく掌握することに成功したが、それは飛躍ではなく滅亡への序幕だったのかもしれないのである。

## 「戦時体制」と鎮西御家人

文永の役でモンゴル軍を撃退した鎌倉幕府だったが、承久の乱や宝治合戦といった今までの合戦と違って、「勝ったから、これで一安心」とはいかなかった。幕府はモンゴル軍の再侵攻を予想して九州防衛体制の構築を進める。その要となるのが、有名な異国警固番役である。

異国警固番役とは、博多湾岸を中心とする九州北部の要地を、鎮西御家人が守護の指揮下に入り一ヶ月～三ヶ月交代で警備するという任務である。史料が乏しいのではっきりしないが、御家人だけでなく「本所一円地住人」にも異国警固番役は課せられていたようだ。博多浜が筑前・筑後、箱崎が薩摩といった具合に、国ごとに担当範囲が決められ、併せて石築地の建築が命じられた。水際撃滅作戦に基づく警戒態勢と言えよう。

このシステムは、弘安の役においてモンゴル軍の博多湾岸からの上陸阻止に大きな効果を発揮したので、以後も継続され、石築地の修理・増築も行われた。モンゴルの三度目の襲来が想定されたからである。現実にクビライは三度目の遠征を計画していたが、国内での反乱発生などにより果たせぬまま病没した。

幕府が異国警固体制を構築する中で、軍事動員される鎮西御家人の側でも戦闘要員を重視する傾向が現れる。たとえば、肥後の相良永綱《さがらながつな》（当時は出家して「西信《せいしん》」と名乗っていた）には二人の娘がいたが、自分の代わりに異国警固番役を勤めてくれた婿に嫁いだ方の娘を所領譲与において優遇している（「相良家文書」）。薩摩の斑目重松《まだらめしげまつ》（出家して「行蓮《ぎょうれん》」）も、自分の代官として異国警固番役を勤めてくれた弟に所領を譲与している（「斑目文書」）。

また、異国警固番役は鎮西御家人の一族内部の関係に波紋を投げかけていた。原則として、幕府が御家人に御家人役を課す場合は、まず惣領に賦課して、惣領が庶子たちに割り当てるという流れをとる。しかし異国警固番役に関しては、兵力の確保を最優先するため、御家人の庶子が惣領を介さずに直接番役を負担する（惣領の指揮下ではなく守護の直接指揮下に入る）ことを幕府は容認した。

これは庶子にとって大きなチャンスであった。惣領の指揮下で番役を勤めた場合、仮に合戦となり軍功を挙げたとしても、惣領の手柄になってしまう恐れがある。しかし惣領の指揮下から離れて独自に戦功を立てれば、確実に幕府から恩賞に与《あずか》ることができる。

前項で非御家人が京都大番役などの奉公を通じて御家人になろうとしたという話をしたが、そこから分かるように、「御恩」と「奉公」は基本的に対応しており、「奉公」すれば「御恩」を得られる可能性は高い。御家人身分を持つ惣領の下で戦う庶子は御家人にはなれないが、異国警固番役という御家人役を直接勤めて戦功を挙げれば、独立した御家人として惣領と対等の位置に立てるかもしれないのである。実際、建治二年、豊後国の御家人である志賀禅季《ぜんき》は、兄である志賀泰朝《やすとも》からの独立を画策し、「大功があった時に幕府に報告してもらい、自分の名を記録してほしい」という理由を掲げて、志賀氏の本家筋にあたる守護大友頼泰《おおともよりやす》に直属する形での異国警固番役の勤仕を訴えたのである（「志賀文書」）。

このような弟の独立心に苦しめられた志賀泰朝は、二〇年余り後、自分の所領を子供たちに譲るに際して兄弟の融和を説いた。すなわち末子袈裟鶴丸《けさつるまる》に対しては「合戦の時は惣領の貞朝《さだとも》に従い、別の旗を立てないように」、そして嫡子貞朝に対しては「弟の袈裟鶴丸を子息と思うようにと申し置いたのである。

同様の事例として、延慶《えんぎょう》四年（一三一一）、肥後の相良長氏《ながうじ》（当時は出家して「蓮道《れんどう》」と名乗っていた）は、「（庶子の）三郎二郎・九郎・十郎は兄の頼広《よりひろ》を父である私だと思って、その命令に背いてはならない。また（嫡子の）頼広は弟たちを自分の子供と思って面倒を見なさい」と置文《おきぶみ》（将来にわたって遵守すべき事項を子孫に示した文書）に記している（「相良家文書」）。

加えて、この時期には鎮西御家人たちの間で平時と戦時を区別する認識が生まれ、「戦時」、つまり「非常時」においては平常時よりも強固な一族結合を形成することが、譲状や置文で規定されていく。ついさっき取り上げた蓮道の置文では、平時の番役では九郎と十郎が交替で頼広の供をすれば良いのに対し、戦時には庶子が全員で頼広の供をするよう定められている。供をする場合、馬一匹は連れて行くべきだが、馬や具足を持っていない庶子には頼広が貸してやれとも書いてあり、窮乏する庶子への配慮が見て取れる。

庶子が貧しいのは、嫡子に比べて父親から譲られる所領が少ないからであり、ゆえに庶子は嫡子に反発しがちである。前掲の志賀泰朝・禅季兄弟の対立も、そうした〝兄弟格差〟が背景にあると考えられる。庶子たちの不満を抑えるために、蓮道は置文の中に次のような規定を盛り込んでいる。

> 合戦等したらん時は、勲功をば離して申さすべし、身狭き物ハ、左様の時こそ広くもなる事なれ、我が分に籠めんとすべからず、構えて弟共は、あて兄を親と思い、兄ハあて弟を、子と思いて、互いに憐れみを致さるべし。

（合戦の時は、兄弟別々に勲功を申請すべきである。所領が狭い者にとって、そういう時こそ所領を広げるチャンスであるから、頼広が弟たちの手柄を横取りしてはいけない。くれぐれも弟たちは兄の頼広を父親と思い、兄の頼広は弟たちを子供と思い、互いに慈しむべきである）

以上のように、蒙古襲来以降、鎮西御家人の間では一族の結束を強めようとする動きが見られる。近年の研究は右の動向を、「家」内部の和を重視しながら家長権の強化を図ろうとする意識の現れとして積極的に評価している。だが、御家人たちが内部事情から自発的に行っているのではなく、「戦争」への対応として否応なく一族結合の強化を迫られているという点に留意すべきだろう。前著『一揆の原理』でも論じたように、緊迫した「非常時」においてこそ、絆が強調されるのである。

## 鎌倉後期は「戦争の時代」か

前述の通り、鎌倉幕府はモンゴルの三度目の襲来を警戒していたため、異国警固体制を継続した。したがって以後の幕府は滅亡に至るまで「戦時体制」を解除しなかったのである。幕府内では一層、北条一門、特に北条氏の家督である得宗《とくそう》への権力集中が進むが、これも「非常時特権」の性格が強い。

最近の研究では、鎌倉後期の「戦時体制」を重視し、南北朝時代の戦争状況に連続させる見解が支配的である。思い切って単純化して説明すると、蒙古襲来以来、世の中は物騒になっており、南北朝内乱もその延長でしかない、という議論である。

確かに鎌倉幕府はそれなりの緊張感を持ってモンゴルの来襲に備えていたと思う。だが、その感覚が全国の武士にどこまで共有されていたか、はなはだ疑問である。結局、モンゴル軍と戦ったのは九州の武士だけだし、異国警固番役も九州限定である。高麗出兵計画は西国諸国の武士を総動員しようとするものだったが、計画倒れに終わった。

鎌倉後期に一族の団結を唱える譲状や置文が登場するが、これも先に見たように、おおむね鎮西御家人に限定される。臨戦態勢を整え、「戦時」「非常時」を強く意識したのは、九州武士だけだったのである。

また同時期には、モンゴル帝国のサハリン侵攻の余波で、エゾ（北海道および本州北部）で動乱が相次いだ。これを近年の学界では「北からの蒙古襲来」と呼んでいる。「北からの蒙古襲来」が鎌倉幕府、特にエゾを直轄支配していた北条得宗家に衝撃を与えたことは間違いないが、一般の鎌倉武士が危機感を持った徴証はない。

日本史学界が南北朝内乱よりも蒙古襲来を重視するのは、一つには一九八〇年代以降の「一国史観」批判の影響があると考えられる。「南北朝内乱」という言葉には、南朝と北朝の争い、もっと卑俗に表現すれば天皇家の内輪もめ、というイメージがどうしても付きまとう。もちろんマルクス主義歴史学はもっと積極的な意義づけを試みており、その根底に「階級闘争」があると指摘したが、日本国内における生産力の発展を背景として想定している以上、どうしても「一国史観」になってしまう。

これに対し、国内的な要因だけで日本史を語るみみっちい歴史観は止めて、モンゴル帝国によるアフロ・ユーラシア世界の統合という地球規模の大変動を踏まえた上で蒙古襲来、ひいては日本史の展開を評価しようではないか、という提言がなされるようになった。

モンゴルという世界帝国の出現によって、人類は初めて本当の意味での「世界史」を手にしたと言われる。その「世界史」の中に「日本史」を位置づけるという構想はたいへん魅力的に映る。しかしながら、「国内の社会変化よりも外からのインパクトの方が重要だ！」と決めつけてしまうと、かえって平板な歴史理解に陥る恐れがある。

蒙古襲来が列島社会に及ぼした影響を過小評価するつもりはない。しかし、それでもなお、南北朝期との違いを強調したい。全国どこに行っても見かけるような、ごく普通の武士たちが本格的に「戦争の時代」を体験したのは、やはり南北朝時代からであったと考える。この点については第三章以降で詳しく論じたい。

# 第二章 「悪党」の時代

## 楠木正成は悪党？

戦前の日本で最も人気のあった歴史上の人物の一人は、楠木正成である。後醍醐《ごだいご》天皇のもとにいち早く馳せ参じ、寡兵をもって鎌倉幕府の大軍を散々に苦しめ、後醍醐の倒幕に多大な貢献を果たした名将である。足利尊氏が後醍醐の建武政権に反旗を翻した後も楠木正成は後醍醐のために懸命に戦い、湊川《みなとがわ》の戦いで壮烈な最期を遂げた。

軍記物『太平記』がその機略縦横ぶりをいきいきと描いたため、江戸時代には庶民レベルでも人気が高かった。明治末年に南朝が正統と決定されると楠木正成は「大楠公《だいなんこう》」と呼ばれるようになり（息子の楠木正行《まさつら》は「小楠公」）、後醍醐天皇に忠義を尽くした「忠臣」とたたえられた。

ところが、その後の研究の進展により、鎌倉末期の元弘元年《げんこう》（一三三一）、「悪党楠木兵衛尉《ひょうえのじょう》」が臨川寺《りんせんじ》の荘園である和泉国若松荘（現在の大阪府堺市）に乱入していたということが判明した（「臨川寺文書」）。この「悪党楠木兵衛尉」とは楠木正成その人と考えられている。この年、楠木正成は倒幕のため挙兵するので、右の行動は挙兵準備として兵粮米を強制的に徴収したものと見られている。

　忠臣と悪党とでは、ずいぶんギャップが大きいと感じるかもしれないが、戦後歴史学においても「悪党」楠木正成の評判は決して悪いものではなかった。

　石母田正《いしもだしょう》が戦時中に執筆し、戦後に発表した『中世的世界の形成』は、奈良の東大寺が伊賀国名張郡（現在の三重県名張市）に持っていた黒田荘という荘園を舞台に、古代から中世への転換を論じた「戦後歴史学のバイブル」だが、この本のメインは鎌倉後期に登場する黒田荘の「悪党」である。学界では以前から黒田悪党《くろだあくとう》の存在は知られていたが、その実態に関する研究はさほど進んでいなかった。せいぜい、落ちぶれた武士たちが徒党を組んで略奪や放火を行うようになった、といった程度の認識しかなかった。

　この〝盗賊団〟的イメージを払拭し、黒田悪党に歴史的意義を与えたのが石母田正であった。石母田によれば、中世社会の変革の担い手は荘園現地に根を張り百姓を駆使して農業経営を行う「在地領主」（世間一般がイメージする「武士」におおむね該当する）である。この学説を「領主制論」という。しかし黒田荘には古代的な専制支配者である東大寺が「荘園領主」として君臨しているため、頭を押さえられた在地領主は健全に成長することができず、強盗山賊的なものへと「頽廃」してしまう。この堕落した存在が黒田悪党であるという。

　この石母田の本における東大寺は「天皇制」の暗喩であり、黒田悪党は石母田自身を含む日本の知識人、荘民（荘園の住民）は日本の一般人民を暗示している。戦前の共産運動が結局、天皇制を打倒することができず敗れ去ったという事実と、黒田悪党が東大寺に抵抗しつつも最終的には屈服してしまい中世社会を切り開くことができなかったという歴史理解が、重ね合わされているのである。「黒田悪党は自分自身に敗北したのである」という同書の主張は、一般大衆から孤立し日本の軍国主義化を押しとどめることができなかった無力な知識人たちに向けられたものであり、何よりも自己批判であった。

戦時中の石母田の深い絶望が反映された結果、「悪党」像はかなり暗いものになり、黒田悪党の東大寺への屈従によって幕を閉じる同書は、黒田荘という小世界の「蹉跌と敗北の歴史」を語る重苦しい本となった（もっとも、そこが魅力であると業界では言われている）。だが、戦後になって共産革命の可能性が現実味を帯びてくると、「悪党」に対する評価がより肯定的なものになり、松本新八郎を筆頭に、彼らを鎌倉幕府滅亡・南北朝内乱を主導した「革命的勢力」とみなす研究者も現れた（ただし「悪党」ではイメージが悪いと思ったのか、松本は「党的・一揆的勢力」という言葉を採用し、彼らが新興勢力であることを強調している）。

石母田の悪党評価は、大胆に要約すると、

① 悪党は変革の主体になることを期待されていた

② しかし悪党はその役割を十分に果たさなかった（果たせなかった）

というものだが、石母田以後の領主制論者（永原慶二が代表格）は①の要素を重視したと言える。日本史研究者が日本の未来を楽観していた時期には「悪党」像は自ずと〝明るい〟ものになり、黒田悪党の物語も〝楽天的〟なものに読み替えられていった。したがって戦後歴史学の文脈では、「悪党」とは〝反体制のヒーロー〟を意味する名誉な称号であり、走木《はしりぎ》を使い飛礫《つぶて》を打つなどの楠木正成の特殊な戦法や神出鬼没の機動力も「悪党的」と賞賛されたのである。

一九六〇年代になると、在地領主を中世社会の主人公とみなす領主制論に対する批判が本格化する。その議論は多岐にわたるが、平たく言えば、在地領主は体制への反抗者ではなく、むしろ荘園領主と共に民衆を抑圧する支配者だ、という話である。当然、悪党への評価も低くなり、鎌倉末期（十四世紀初頭）社会の構造的矛盾の現れにすぎない、と片づけられてしまう。「ただの犯罪者でしょ?」というわけだ。

当該期の鎌倉幕府が抱えていた最大の問題は、対外的にはもちろんモンゴルの襲来であるが、対内的には「悪党」問題であった。鎌倉幕府は「悪党」によって滅びた、と主張する研究者もいるぐらいだ。よって、この時代を理解する上で「悪党」を知ることは避けては通れない。

けれども、私のおおざっぱな研究史整理からも分かるように、「悪党」研究は理論が先行している側面が大きい。「悪党」を肯定的に捉えるにせよ否定的に捉えるにせよ、研究者の思い入れが強く、結果的に「悪党」像を歪めているように感じられる。

近年の研究はこの点を反省し、当時の史料の中で「悪党」という言葉がどのような意味で用いられているのか正確に把握しようと試みている。ただ、研究が進むにつれて、「悪党」という言葉が色々な意味で使われていたことが明らかになり、皮肉なことに「悪党とは何か」という問題がますます難解になってしまった印象を受ける。次項以降では、「悪党」に関する種々の学説をざっくりと紹介した上で、私なりの「悪党」論を提示したい。

## 『峯相記』に描かれた虚像

悪党の実像を伝える史料として必ず登場するのが『峯相記《みねあいき》』である。これは南北朝時代の貞和《じょうわ》四年（一三四八）十月十八日、姫路の峯相山鶏足寺《けいそくじ》を参詣した一人の旅僧が同寺の老僧と問答した記録という体裁をとった歴史書で、仏教問答や播磨の地誌としての性格も持つ。

数ある問答の中に「全国どこでも悪党が蜂起していますが、播磨国では特に悪党が盛んに活動しているようです。いつ頃から活動を始めたのでしょうか」という旅僧の問いがあり、これへの老僧の回答が、播磨国の悪党の歴史になっている。

『融通念仏縁起絵巻』（部分）異類異形の者たち。誤解されがちだが、これは「悪党」を描いたものではない（京都・清涼寺）

それによれば、正安《しょうあん》・乾元《けんげん》（一二九九〜一三〇二）以降、悪党の動きが目に余り、耳に満ちて聞こえるようになり、海賊・強盗・山賊などが所々で絶え間無く行われるようになったという。彼らの「異類異形」な様子はおよそ人間の姿とは思われず、柿帷《かきかたびら》（柿色の帷子）に六方笠《ろっぽうがさ》（女の日傘）を着て、烏帽子・袴を着けず、人に顔を見られないよう覆面をして、矢の数も不揃いな竹矢籠《たかしこ》（竹の筒に矢を入れて背に負う道具）を負い、柄も鞘も剝げた太刀を佩《は》き、竹長柄《たけながえ》（竹の長い柄をつけた武具）や撮棒《さいぼう》（先を丸くしてくびれをつけた棒）、杖を持つだけで、鎧・腹巻などのような兵具は持っていなかったという。彼らは一〇人二〇人で徒党を組んで、合戦に加勢するがすぐに寝返るような存在で、バクチを好み、こそ泥をしていたという。

こういう連中が日を追うごとに増えていったので、元応《げんおう》元年（一三一九）に山陽道・南海道の一二ヶ国で悪党取り締まりが行われ、播磨でも数年間は悪党の活動が静まった。

ところが、取り締まりの担当であった大仏維貞《おさらぎこれさだ》が異動すると、播磨悪党の活動が再開される。正中《しょうちゅう》・嘉暦《かりゃく》（一三二四〜二八）の頃の悪党の様子は以前とはうって変わって、良い馬に乗って五〇騎、一〇〇騎の行列を作り、兵具に金銀をちりばめ、鎧・腹巻は照り輝くばかりであったという。人目をはばかることなく略奪行為や合戦を繰り返し、彼らを取り締まるべき守護や武士たちも悪党の威勢に恐れをなしていたので役に立たない状態だったという。老僧はこの様子を「武家政道の過失」と批判し、このために鎌倉幕府は滅びたと説く。

この『峯相記』は悪党のビジュアルを伝えてくれる希有な史料なので、研究者は「これをそのまま悪党の実体とみなすことは危険」などと断りを入れつつも、結局これを使う。特に一般向けの通史では必ず用いる。「悪党ってどんな人たちですか？」と聞かれた時に、「こういう変な格好をしているコワイ人です」と答えるのが一番簡単だからだ。抽象的な議論ではピンとこない人でも、具体的なイメージを提示されれば何となく分かった気になれる。

しかし『峯相記』の記述はあまりにも分かりやすくて、それゆえに疑わしいと思うのである。見るからに悪者っぽい風体をしたごろつき連中が暴れ回り、勢力を拡大し富をたくわえ、キンキラキンの派手な格好をするようになり、警察機構も手を出せないほどの力を持つに至る。これは現代人が抱く「悪党」イメージそのものである。私の目には、戦後の闇市を縄張りとした愚連隊が暴力団へと成長していく様とダブるのだが、いかがであろうか。はるか後世の人間が違和感なくスンナリ理解できる史料というのは、逆に怪しいと私は考える。

貞和年間から数十年前を振り返るという同時代史的な構成や「正安・乾元」「正中・嘉暦」「飯尾兵衛大夫為頼」といった具体的な年号・人名の提示によって、『峯相記』の記述はリアリティのあるものとして受け止められがちだ。しかし『峯相記』の語る悪党発達史は、犯罪組織の発達史としてはかなりありきたりのもので、実録的な迫真性が薄いように感じられる。

暴力団でもマフィアでもいいが、その種の反社会的勢力が台頭していく様を、通り一遍の知識しかない者が語る場合、おそらく右のような陳腐なストーリーをでっちあげるのではないか。実際、『峯相記』の記述から『水滸伝』を連想する研究者もいる。もちろん全くの作り話ではないだろうが、断片的な情報を想像で繋ぎ合わせていった可能性は否定できないと思う。

『峯相記』の作者は僧侶と考えられ、宗教者であるだけに「悪党」への嫌悪感が強い。柿帷は「非人」と呼ばれた被差別民の衣装であり、烏帽子・袴は一人前の成人男子が必ず着用するものであった。『峯相記』の「悪党」たちの貧相で奇妙なコスチュームからは、作者の「悪党」への差別感情が透けて見える。ある種の偏見が作用して、「悪党」をことさら醜悪なものとして描いたであろうことは容易に想像できる。

この悪党の話に限らず、『峯相記』には、どこまで本当か良く分からない説話めいたものが多く収録されている。中世人にとっては伝説や物語も「歴史」であるが、現代人から見れば客観的事実を記した「歴史」とは言えないのであって、その区別は必要である。

正真正銘のリアルタイムの史料である古文書からは、一見して悪者と分かるような「悪党」の姿を見いだせない。渡邊浩史氏が指摘するように、『峯相記』を唯一の例外として、(絵画史料も含めて)同時代史料は悪党を「異類異形」なものとして描いていないのである。後述するように、れっきとした御家人が「悪党」と指弾されることも少なくなく、彼らの身なりが奇抜なものだったとは考えにくい。食いつめ者が傭兵集団＝盗賊武士団に成り上がっていくという、『峯相記』に寄りかかった説明は、いわば正規の武力集団である武士団連合が「悪党」と呼ばれているという事実との整合性をきちんと検討していない点で問題がある。

実は、『峯相記』の悪党物語は反体制を賛美する「階級闘争史観」とも合致するため、日本史研究者は深く考えずに受容してしまったという経緯がある。かつて黒田俊雄は「まさに「悪党」というよりほかに呼びようのない人間集団が、特異な姿で特殊な存在として出現するようになった」と説いたが、本当にそう言えるかどうか疑問である。誇張や脚色を多く交えているであろう『峯相記』の説明をあまり額面通りに受け取らない方が良いと思う。

## 訴訟用語としての「悪党」

戦後歴史学は基本的に「悪党」がお気に入りだったため、史料に「悪党」と出てこなくても、鎌倉後期の社会において何やら暴れている連中を「悪党」と規定して、その反体制的性格を強調してきた。そのため、何でもかんでも「悪党」に認定してしまう傾向があり、そのことが議論を混乱させてきた。議論を整理するためには、史料用語としての「悪党」の意味を確定する必要がある。

中世史料に現れる「悪党」という言葉が、一定の身分・職制を示すものではなく、他者からの呼称であることは割と前から知られていた。しかし、誰が誰に対して、どのような場面において、どのような意図に基づき「悪党」という言葉を用いるのかをきっちり調べなかったので、結局は反社会的集団というイメージが定着してしまったのである。こうした見方に対して学界で本格的に見直しの動きが起きたのは一九七〇年代後半になってからである。その概要を以下に示そう。

鎌倉後期になると、「悪党」に関する史料が飛躍的に増加するが、その多くは訴訟関係の史料である。そして、自己への敵対者の逮捕を朝廷なり幕府なりに要請する文脈において、「悪党」という言葉は使われる。要するに「あいつは悪党なので捕まえて下さい」と訴えるのである。寺院での内部抗争において、主流派が反主流派を「悪党」と呼んで、彼らの断罪を朝廷・幕府に訴えるケースもある。「オレは悪党だ!」と自称する者はいないし、誰が見ても「悪党」と分かるような特定のアウトロー集団が存在していたわけでもないのである。

実際、訴状に出てくる「悪党」の不法行為というのはパターン化されていて、どこの地域でも略奪、放火、不法占拠など、同じような悪事を働いている。慣用表現も多い。宣旨《せんじ》を破り捨てるとか院宣《いんぜん》を泥土に踏みつけるとか、朝廷の命令書をないがしろにしているという主張もしょっちゅう出てくるが、いかにも〝できすぎ〟のお話で、レトリックと見るべきだろう。敵対者がいかに悪い奴かということを強調するための表現なので、全くのウソではないにせよ、鵜呑みにはできない。

山陰加春夫《やまかげかずお》氏によれば、承久の乱後、鎌倉幕府は法律・判決書などで「悪党」という用語を使うようになるという。山賊・強盗・謀叛など国家的犯罪をなした（あるいはそのように訴えられた）者を指し示す言葉であった。その後、紆余曲折を経て、正嘉《しょうか》二年（一二五八）の幕府法によって、「悪党」の内容は夜討・強盗・山賊・海賊にほぼ限定される。これは承久の乱後、幕府が全国の軍事・警察権を掌握したことによる措置であり、日本国の治安を守る権力として「悪党」の鎮圧を自らに課したわけである。

ただし、幕府がやる気満々で治安活動を行っていたわけではない。朝廷が自前の武力を失い治安維持の役割を果たせなくなった結果、幕府が仕方なく引き継いだ側面もある。渡邊浩史氏は、本所が敵対者との紛争において、幕府の武力を自己の側に引き込むために敵対者を「悪党」すなわち刑事犯と呼んでいる事例を重視している。幕府は西国における本所一円地同士の堺相論《さかいそうろん》（境界争い）の裁定は朝廷が行うべきとの考えから不介入の構えを取っていたが、境界争いが双方の武力衝突に発展した場合、幕府―守護が警察権を行使する義務が（理屈の上では）あるからだ。

本所＝荘園領主の側が荘園内の悪党を逮捕するよう幕府に求めるケースが多くなるのは一二七〇年前後からで、本所の要望に応える形で幕府も「悪党」訴訟の手続きを整備していく。この手続きを解明した近藤成一《しげかず》氏は「悪党召し捕りの構造」と命名している。

本所が上皇＝院に対して悪党を告訴すると（この場合、「悪党人交名《あくとうにんきょうみょう》」という悪党メンバーのリストを添付することが多い）、院は六波羅探題《ろくはらたんだい》（幕府が京都六波羅に設置した西国を管轄する行政・司法機関）に対し院宣という命令書を出す。この院宣を特に「違勅院宣《いちょくいんぜん》」と呼ぶ。

この「違勅」とは何か。本所はいきなり「悪党」の告発をするのではなく、最初は朝廷＝公家政権に対し訴訟を提起する。しかし訴えられた側が法廷への召喚命令に従わなかったり判決を拒否したりすると、本所は「違勅」すなわち朝廷の命令に従わない罪で被告を告発するのである。つまり「悪党」とは、朝廷に対する反逆者、国家的犯罪人なのである。

違勅院宣を受理した六波羅探題は守護もしくは両使《りょうし》（六波羅が派遣する二人の使節）に対し衾御教書《ふすまのみぎょうしょ》という悪党逮捕命令書を発給する。これを受けて守護または六波羅使節が荘園現地に乗り込み、「悪党」を召し捕るのである。

前章でも述べたように、「本所一円地」への幕府不介入は幕府創設以来の大原則である（四九頁）。それは刑事事件についても言えることで、幕府の警察権は本所一円地には及ばなかった。本所一円地に逃げ込んだ犯罪者を幕府が勝手に捕らえることはできず、荘園現地を管理する沙汰人《さたにん》らに犯人の引き渡しを要求できるにすぎなかった（断られることもある）。衾御教書は本来禁止されている荘園現地への立ち入りをあえて命じるものであり、そのような特別措置を認める文書が違勅院宣だったのである。

この時期に、従来は自主自立を望んでいた本所側が積極的に幕府の介入を求めるようになったのはなぜか、というのは、なかなか難しい問題である。「幕府の軍事力に頼らざるを得ないほど、本所の荘園支配が動揺していたのだ」というのが良くある解答だが、残された史料を見る限り、公家や寺社の荘園支配は、中世を通じていつでも動揺している。

これは前近代史、特に中世史を研究していると常に悩まされることだが、何事もなく順調であるということを示す史料というのは、なかなか残らない。何かトラブルがあるからこそ、人は訴状を作成したり記録を残したりするのであって、後世の歴史家が〈今に伝わった史料〉から歴史像を組み立てると、「トラブルだらけでたいへんだった」という結論に陥りがちである。

これに民衆が権力を打倒するために決起するという「階級闘争史観」や、経済発展が階級間の矛盾を生み出すという「唯物史観」が結びつくと、体制の動揺・混乱ばかりが語られるはめになる。実際、昔の通史を読んでいると、どの時代の叙述にも「農民層の台頭」や「貨幣経済の浸透」によって支配が動揺した、という似たような説明が出てくる。ぶっちゃけた話、こういう決まり文句は何も言っていないに等しい。

とはいえ、鎌倉後期に荘園制が鎌倉前・中期と比べても相当に動揺していたのは事実であろう。ただしそれは、「農民層の台頭」や「貨幣経済の浸透」が根本的要因ではないと思う。では何か、ということは後で述べることとして、ここでは本所側が幕府の警察権行使を求めるようになった直接的契機を指摘しておきたい。これは前章で指摘した、蒙古襲来対策として幕府が本所一円地住人を軍事動員するようになったことが大きいと考える。どうせ幕府の軍事介入を避けられないのであるならば、無理に自立性を保とうとするよりも幕府の軍事力を利用した方が賢い。幕府としても、本所に軍役負担をお願いしている関係上、本所の要望をむげに断ることはできなかったのだろう。

蒙古襲来という共通の〝外患〟を前にして、幕府と本所の協調関係が生まれ、手を携えて「悪党」という〝内憂〟を解決する道が模索されたのである。

## 宗教用語としての「悪党」

ただ、「悪党」を告発する本所の多くが寺社であるという点は見逃せない。「悪党」行為として、荘園内での木々の伐採、狩猟、漁撈などがしばしば挙げられる。現代人の感覚では「悪党」とののしるほどの大罪かという気がするが、寺社領荘園は原則として「生き物を殺すべからず」、つまり殺生禁断の地なのである。勝手に生き物を殺すことは聖域を汚す悪行であり、仏教的な意味での罪を犯した者を寺社が「悪党」と断罪しているという構図が見て取れる。

ただし荘園内全域での殺生禁断というルールが厳守されていたわけではない。薪を集めたり魚を取ったりしなければ、武士も荘民も生活できない。当然、寺社から許可をもらう必要が出てくる。「殺生禁断」は口実であり、荘民の生殺与奪を握ること、そして外部勢力の侵入を排除することが、彼らの真の目的であった。そして「殺生禁断に違反すると仏の罰が当たるぞ！」とおどかすことを専門用語で「殺生禁断イデオロギー」という。要するに、人々の信仰心を利用した宗教的支配、マインド・コントロールのことである。話はそれるが、「悪人こそが救われる」という親鸞の有名な悪人正機説は、殺生を生業とし旧来の仏教では罪深い存在として差別された狩猟民などを救済するという意味合いも持っていた。

鎌倉後期には叡尊《えいそん》や忍性《にんしょう》ら西大寺流の律僧が鎌倉幕府のバックアップを受けつつ教線を拡大していた。彼らは僧侶の堕落によって形骸化しつつあった戒律の復興を唱え（戒律を守らない僧は「悪僧」と非難された）、殺生禁断も重視した。こうした殺生禁断強化の動きと鎌倉後期の「悪党」問題を関連づけて論じる研究者もいる。

以上で述べた、国家的犯罪者としての「悪党」と宗教的な意味での「悪党」を結びつけて、国家の敵＝仏神の敵として強制的に排除される存在として「悪党」を位置づけたのが海津《かいづ》一朗《いちろう》氏である。海津氏は「悪党」を実体として捉えるのではなく、弾圧のためのレッテル貼りと考える。それだけなら、山陰氏や近藤氏の発想とあまり変わらないが、海津説の特徴は、「悪党」弾圧政策を蒙古襲来の直接的影響によって生じたものと評価する点にある。

前章で紹介したように、当時、日本の神仏がモンゴルの大軍を撃退したと考えた人は少なくなかった。寺社の側もここぞとばかりに「うちの神様が活躍したから勝てたのだ」と盛んに宣伝した。鎌倉幕府にしても、モンゴル降伏の祈禱を諸寺社に命じていた手前、寺社からの恩賞要求に応えないわけにもいかなかった。

そこで蒙古襲来以降、幕府がたびたび立法したのが神領興行法《しんりょうこうぎょうほう》である。これは武士や庶民などに所有権が移っていた寺社の所領を無償で当該寺社に返還させるというもので、幕府はこれを「徳政《とくせい》」と称した。この時代、寺社への援助は善政と考えられていたからである。だが、この「徳政」は武士などの既得権を否定するものであるから、強い抵抗を招き、幕府・寺社はこうした〝抵抗勢力〟に「悪党」の烙印を押して徹底的に弾圧した（鎌倉幕府滅亡後は建武政権がこの政策を引き継いだ）。日本の神仏の偉大なパワーに熱狂していた民衆もこれを支持した。海津説を乱暴にまとめると、以上のようになる。

非常にダイナミックかつクリアな議論ではあるが、それだけに「そんな単純に割り切れるものなのか」という批判も多い。まず、海津説の土台は、モンゴルの侵攻におびえる民衆が寺社の巧みな宣伝にからめとられて日本の神仏にすがるようになり（三九頁でも触れた「神国思想」である）、「敬神の世」が出現したという主張にあるが、実はこの部分は実証できていない。海津氏は当該期の様々な宗教運動を検出しているが、渡邊氏らが批判するように、それが蒙古襲来の恐怖に起因するものかどうかは不明であるし、そもそも民衆の広範な支持を得ていたかどうかもはっきりしない。

この時代は史料が少ないので、武士や貴族や僧侶といったそれなりにエラい人たちが何を考えていたかということは辛うじて分かるが、一般民衆の心の内など解明不可能なのである。だから、右の理解は正しいかもしれないが、間違っているかもしれない。要するに、民衆の神仏に対する畏怖が強まったという命題は誰にも論証できず、そこから議論を出発させている海津説には疑問符がつく。

もう一つの問題点として、神国思想の高揚によって全国的に寺社造営のブームが巻き起こり、殺生禁断の聖地が広がっていったと海津氏は説くが、仏神領の興行は地域的に濃淡があることが挙げられる。幕府の武力を背景に神領興行を推進した寺社として、海津氏は高野山金剛峰寺《こんごうぶじ》、伊勢神宮、宇佐八幡宮などを検討しているが、これらはむしろ例外ではないかという疑念もぬぐえない。たとえば黒田悪党の場合、蒙古襲来や神領興行法が活動の契機となっている様子はうかがえない。また神領興行をめぐる争いは〈寺社vs武士〉という構図で展開されるとは限らず、寺社同士の抗争になることも多い。仏神の敵＝「悪党」というレッテル貼りが切り札たり得るとは言えないのではないか。

海津氏が一九九〇年代から、徳政と悪党との関係について精力的に研究を進めたそもそものきっかけは、自身が述べるように、中曾根行革以降の民営化路線への批判にあった。「改革」の美名の下に公的分野で過度のリストラが進み、それを一般大衆が歓迎するという現在進行形の動きに違和感を持ち、そこから権力側が「徳政」への反抗者を「悪党」として弾圧し、それを（愚かな？）民衆が支持するという議論を組み立てたのである。

悪党は「異類異形」の人でなしであるというイメージは体制側の宣伝にすぎず、特定の反社会的暴力集団が存在していたわけではないという事実認識を学界内に広く浸透させた海津氏の功績は大きい。ただ、右の問題意識が背景にあったため、海津説では体制による弾圧の側面が著しく強調されている。氏が提示する図式は、鎌倉幕府から弾圧された人々が結集して倒幕に立ち上がるというものであり、結局、従来の「階級闘争史観」による説明と大差ない。

## 「悪党」論の限界

海津説に典型的に見られるように、悪党の研究史においては、専《もっぱ》ら鎌倉後期〜南北朝期の悪党に注目が集まっていた。けれども「悪党」という言葉じたいは、もっと昔から存在する。「悪党」という語の史料上の初見は平安時代初期に編纂された朝廷の公式歴史書『続日本紀《しょくにほんぎ》』であるが、その後、長い間、史料上から消えている。

渡邊浩史氏によると、悪党という言葉がひんぱんに使われるようになるのは十二世紀半ば、ちょうど中世的な荘園が一般化する時代であるという。「中世的な荘園」とは何かと問われると、非常に答えるのが難しいのだが、思いっきり単純化して説明すると、国家的な土地制度の単位として公認された荘園のことである。

古代においては、日本の土地は原則として全て律令国家の土地であり（いわゆる「公地公民制」）、貴族の荘園は例外的に私的所有が認められた土地、という扱いだった。だが結果として荘園は増え続け、その領域も拡大していった。こうした荘園の増加と拡張に歯止めをかけるため、十一世紀後半以降、摂関家から政治の実権を取り戻した天皇家（学界では「王家」と呼ぶ）の主導によって荘園整理令がたびたび出された。

だが荘園整理令は一定の基準の下に荘園の存続・廃止を判断する法令であったから、荘園整理令で定められた条件を満たした荘園は国家によって公認されることになった。また荘園整理政策を推進する王家が自らの荘園を新たに立ち上げる（これを「王家領荘園」という）という矛盾もあり、荘園の存在を前提とした国家的な土地制度が構築される。これを学界では「荘園公領制」と呼んできたが、近年は「中世荘園制」と呼ぶべきとの意見もある。この辺りの論争は非常に複雑であり、本書のテーマとも直接には関わらないので省略する。

十二世紀の中後期、鳥羽院政期・後白河院政期が中世荘園の成立のピークであり、新しい荘園が次々と生み出された。この時期に「悪党」という言葉が急増したことに、渡邊氏は注意を喚起する。

新しく荘園を設立する（「立荘《りっしょう》」という）際には、その領域を確定する必要がある。それは土地の〝囲い込み〟を意味する。標識を打って「ここから先は○○荘」とやるわけだ。当然、隣接する勢力との摩擦は避けられない。このため寺社は荘園の神聖性を強調し、荘園を外部から侵略・侵害した者を「悪党」として非難した。渡邊氏はこれを荘園「外部」の悪党と呼び、この時期の悪党問題の特徴として堺相論（境界争い）に関わって発生していることを挙げる。

しかし十三世紀末になると状況は一変し、本所に対して年貢を納めるべき荘官の反抗（学界ではこれを「本所敵対行動」と呼ぶ）が目立つようになる。渡邊氏はこれを荘園「内部」の悪党と呼び、それ以前の「外部」の悪党と区別すべきだと主張している。つまり、「外部」の悪党から「内部」の悪党へ、という変化が見られるのである。

渡邊説は今のところ、悪党研究の中で最も精度の高い研究であると思う。特に鎌倉後期〜南北朝期の「悪党」だけを取り上げる従来の研究と異なり、「悪党」の出現期である十二世紀半ばから検討を開始し、その性格変化を明らかにしたのは重要である。しかし渡邊氏の研究は、一面では南北朝内乱、あるいはそれに向かう鎌倉末期の社会変動を「悪党」という分析概念で説明しようとする研究手法の限界を示したとも言えるのではないか。

小泉宜右《よしあき》氏は、鎌倉後期から南北朝期にかけて登場する「悪党」を「当時代固有の悪党」と規定し、社会的落伍者である「超時代的悪党」と区別した。つまり、鎌倉後期〜南北朝期以外の時代に登場する「悪党」は時代を代表するような存在ではなく、歴史学の研究対象としての価値は低いと判断したのである。このような考え方は現在の学界でも支配的であり、渡邊説はこれを批判するものであった。

だが、社会変革の担い手にせよ、社会矛盾の体現者にせよ、他の時代にはいないからこそ、「悪党」は時代を象徴する存在とされてきたのである。「悪党」が「当時代固有」ではない以上、「悪党」をキーワードに鎌倉後期の社会を読み解くことは難しい。この章のタイトルに反するようで恐縮だが、鎌倉後期〜南北朝期を「悪党の時代」と位置づけるこれまでの研究には疑問を感じる。

## 有徳人＝ヒルズ族の登場

では、この時代を象徴するのは、どのような存在であろうか。私は「有徳人《うとくにん》」だと考える。前著『一揆の原理』でも簡単に説明したが、「有徳人」とは要するに金持ちのことである。鎌倉末期〜南北朝期に兼好法師が執筆したとされる随筆『徒然草』に登場する「大福長者」は「貧しくては生きていても意味がない。富める者だけが人なのだ」とうそぶいている。数年前に一世を風靡した「ヒルズ族」（今は「ネオヒルズ族」というのがいるらしいが）を彷彿とさせる。

この時代の感覚では、「徳」＝「得」であった。拝金主義の流行という側面もあろうが、財産を築くには、勤労・節約・信用などが必要であるから、人格陶冶につながる、という理屈だと思

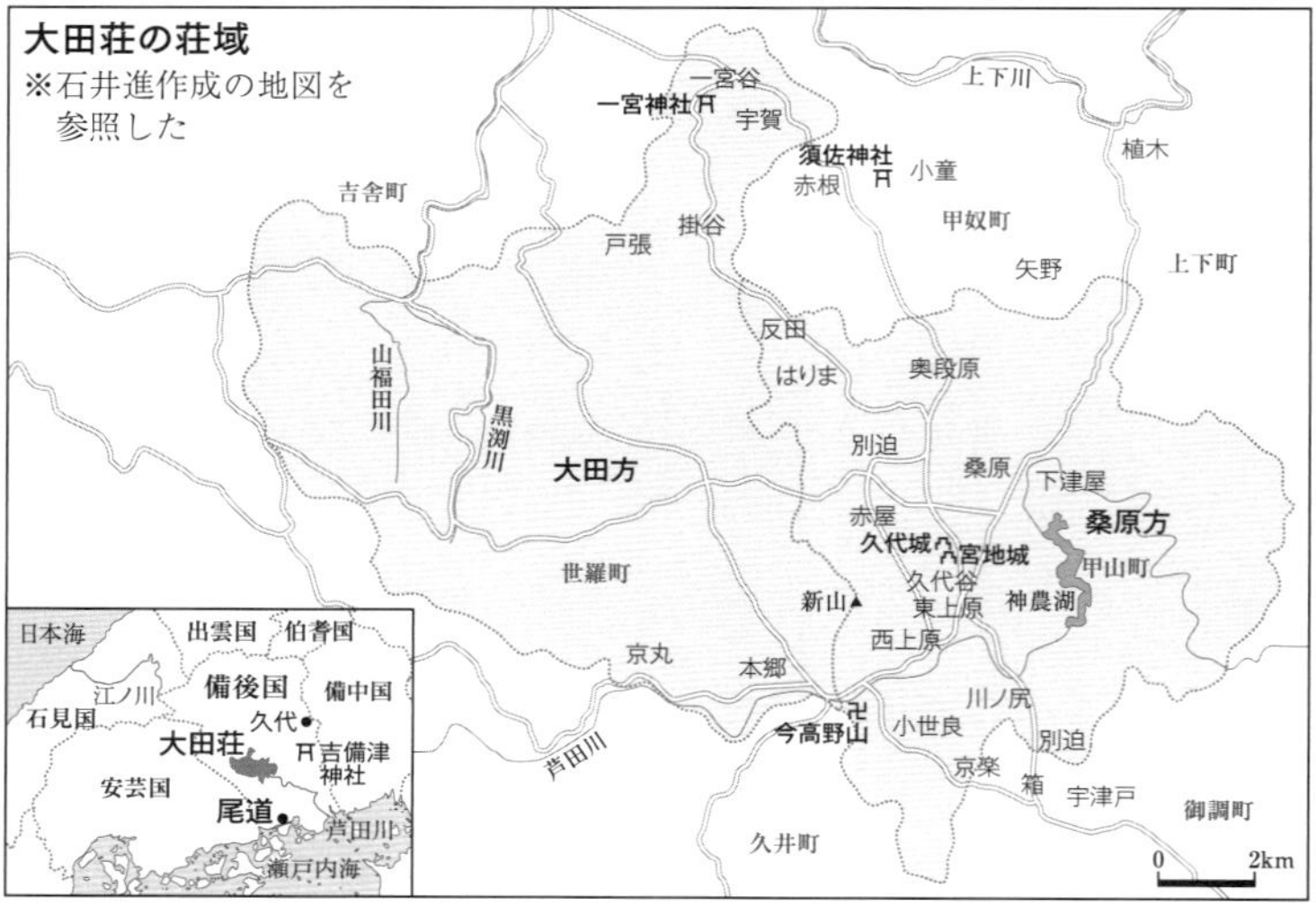

**大田荘の荘域**

われる。現在でも大金持ちの手による成功指南書には「金を稼ぐことばかり考えるのではなく、人のために働けば自然とお金が増えていく」みたいなキレイ事が書かれていることが少なくない。

ただ、現実にはあくどい手法で儲ける「有徳人」も結構いた。その典型として（学界的に）有名な「有徳人」が、高野山金剛峯寺から備後国大田荘《おおたのしょう》（現在の広島県世羅郡世羅町）の雑掌《ざっしょう》（現地の管理人）に任命された高野山の僧侶、和泉法眼淵信《いずみほうげんえんしん》であった（「高野山文書」）。

大田荘は大田方《かた》と桑原方の二つの地域に分かれており、もともと淵信は桑原方の預所であった。だが正応三年（一二九〇）、淵信は鎌倉に下り、桑原方地頭を務める御家人の大田氏の年貢未納を幕府に対して訴えた。本所の高野山はこの訴訟での功績を認め、永仁五年

（一二九七）、淵信に大田方の預所も兼ねさせた。

ところが、大田方の荘官・百姓は淵信の支配に反発し、正安二年（一三〇〇）四月、高野山に対し淵信の解任を要請した（「高野山文書」）。それによれば、淵信は大田方において厳しく年貢を取り立て、少しでも未納分があると百姓の農牛・乗馬を数百匹も質に取って私腹を肥やしたという。また、大田荘の預所は戒律をきちんと守っている高潔な僧侶が務めることになっているのに、淵信は大勢の女性をはべらせてゼイタクをしている。そして桑原方においても、年貢を横領し莫大な富を築いたとのことである。

ちなみに大田荘に在住し実際に百姓たちから搾取していたのは淵信の子息、範方《のりかた》であった。淵信自身は瀬戸内海沿岸の尾道に拠点を置いていたようである。大田荘は山間部の荘園であり、年貢は河川を利用して尾道まで運び、尾道に設置されていた倉庫に集積、保管し、そこから海路を利用して輸送した。淵信は大田荘の他にも東大寺領の伊予国新居荘《にいのしょう》や石清水八幡宮領の長門国位《い》佐荘《さのしょう》の経営も委託されており、水陸交通の要衝である尾道に居を構えるのが最適だったのである。

淵信は尾道に出入りする際には、五、六張の輿、騎馬の女性数十人、家の子郎党百余騎を従え、さらには二、三〇〇人が前後左右を護衛しており、一国の守護でもかなわないほどの羽振りの良さだったという。むろん誇張はあるだろうが、これほどの絶大な経済力は農民からの単なる収奪によってのみ築かれたものではあるまい。先行研究が指摘するように、建設・流通・金融業まで手がけて、多角経営の相乗効果によって資産を膨らませていったものと思われる。

正安二年七月以降、淵信は史料上から姿を消す。他の人物が雑掌として活動していることから考えると、淵信は訴訟に敗れ、雑掌を解任されたのだろう。嘉元四年（一三〇六）に淵信は再登場し、奈良西大寺の僧侶である定証《じょうしょう》によって再興された尾道の浄土寺に寄進を行っている。

この事実は一見すると、淵信が信仰に目覚めて心を入れ替えたかのように映るかもしれない。だが当時の西大寺流律宗《りっしゅう》は単なる教団ではなく、道路・橋・港湾施設などの建設・修築・管理を鎌倉幕府から請け負う集団でもあった。淵信は〝公共事業〟の利権に食い込むために西大寺に接近したのであろう。転んでもただでは起きないというか、実にしたたかな男である。

ところで、こういった「悪代官」的な有徳人を「悪党」と結びつけて、「有徳人と悪党は表裏一体」と主張する研究者もいる。建設・流通・金融業に関与する「遍歴する非農業民」を、農本主義（農業中心主義）という既成の価値観に挑戦する「悪党」と評価した網野《あみの》善彦《よしひこ》は、その代表格と言える。

確かに有徳人と、「悪党」と呼ばれる存在は、現実問題として重なっている。本郷恵子氏は「両者の活動の基盤は荘園経営や年貢物資の運送・換金等の請負、そのための条件整備等で、社会事業家としてあらわれれば有徳人、紛争を招けば悪党」と述べている。ダーティーだが金儲けが上手な実業家で、社会に貢献することもある。たとえるなら、時代の寵児から一転、犯罪者として糾弾されたホリエモンこと堀江貴文氏あたりだろうか。

寺社から「悪党」と糾弾されるような存在は大きな経済力を有しているはずだし（貧弱な存在なら相手にされない）、有徳人が巨大資本を築く過程では違法行為に手を染めたり危ない橋を渡ったりしたのではないかと勘ぐりたくもなる。だが、全ての有徳人が「悪党」と呼ばれていたわけではないし（実際、高野山は淵信の豪腕を買っており、「悪党」だなどという非難はしていない）、金持ちかどうかは「悪党」認定の基準ではない。

私が有徳人を「悪党」と呼ぶことに反対なのは、「悪党」という言葉のインパクトが強すぎるからだ。有徳人の登場を「悪党」の台頭という形で説明してしまうと、新興勢力が既存の秩序に反旗を翻すという「階級闘争史観」から逃れられない。右で述べたように、淵信の動きは「本所敵対行動」というよりは、むしろ権力との癒着による蓄財であった。

この時代の有徳人として、もう一人有名な存在が安東蓮聖《あんどうれんしょう》である。彼は瀬戸内海水運を利用して西国各地の荘園経営を手広く請け負い、一方で金融業も営んでいた。その豊かな財力を背景に、蓮聖は当時荒廃していた和泉国久米田寺《くめだでら》（現在の大阪府岸和田市に所在）を復興し、西大寺の叡尊《えいそん》の高弟、行円房顕尊《ぎょうえんぼうけんそん》を招いている。そして行円上人が播磨国福泊（現在の姫路市的形町《まとがたちょう》福泊）の港湾整備に着手すると、蓮聖は経済援助を行った。この工事によって福泊は兵庫島《ひょうごじま》にも劣らぬ良港となったという。

実はこの蓮聖は御内人《みうちびと》（北条得宗家に仕える武士）であり、彼の活動の背景には瀬戸内海水運を掌握しようとする得宗家―西大寺律宗の意向があったものと考えられている。つまり、モロに権力中枢に連なる人物なのである。そんな彼が「悪党」的存在とみなされたのは、一つには、鎌倉幕府の正規メンバーは御家人であり、御内人はイレギュラーな存在であるという認識が学界内にあったからだ。

しかし、近年の細川重男氏の研究によって、御内人とは、御家人でありながら得宗の従者になった者のことであり、御内人になったからといって御家人の身分を失うわけではないことが明らかにされた。したがって御家人と御内人を対立的なものと捉え、前者をメジャー、後者をマイナーと位置づけるのは間違いである。その意味で蓮聖を「悪党」と見ることにも、私は反対である。

## 有徳人はなぜ僧侶なのか

次に問題となるのが、なぜこの時期に有徳人が出現したのか、ということである。その答えは、基本的には「貨幣経済が進展したから」である。

戦後歴史学は何かというと「貨幣経済の発達により格差が拡大」式の説明を行うので、私はイマイチ信用できなかった。鎌倉時代も室町時代も戦国時代も江戸時代も、いつも貨幣経済が発達しているという話になっていたからだ。とはいえ、本章で問題にしている十三世紀後半に限って言えば、貨幣流通が一挙に活発化し、飛躍的な経済成長を遂げたことは確実である。その大きな根拠が年貢の代銭納《だいせんのう》制の成立である。

代銭納とは、年貢を米・塩・材木などの現物で納めるのではなく、現地で売却・換金し、銭として中央に納める方法のことである。生産物をそのまま運ぶより銭に替えてから運ぶ方がだんぜん楽であり、効率的な年貢輸送が可能になった。だが、それ以上に重要なのは、現地から年貢として中央に運ばれるだけだった各種の物産が、商品として全国各地に回るようになったのである。これに伴い、全国で地方市場が発達した。つまり貨幣の普及が物流を増大させ、日本に本格的な市場経済を生み出したのである。

絹や麻布など繊維製品の代銭納化は一二二〇年代、年貢の中核である米の代銭納化は一二七〇年代の出来事とされる。なぜ、この時期なのか、という問題は長らく謎で、従来は「国内経済が一定の発達を遂げ、貨幣需要が高まった」といった漠然とした説明がなされてきた。生産力に至上の価値を置くマルクス主義歴史学が、「農業生産力が高まると余剰生産物ができて、余剰生産物同士の交易が盛んになり、その媒介として貨幣需要が高まる」という考え方を採用していたことも、代銭納普及の原因を解明する上で妨げになってきた。

だが、大田由紀夫氏の研究により、代銭納制成立の背景には、中国国内情勢が深く関わっていることが明らかにされた。それまで中国で貨幣として使用されていた銅銭に代わって紙幣を流通させることを目的として、前者の一二二〇年代には金朝支配下の北中国で、後者の一二七〇年代にはモンゴル支配下の江南（金朝は一二三四年に、江南に拠った南宋は一二七六年に、モンゴルによって滅ぼされた）で、銅銭禁止政策が推進された。中国内での銭貨の需要が激減した結果、だぶついた銅銭が日本や東南アジア諸国に大量に輸出された。この渡来銭＝中国銭の大量流入を機に日本では年貢の代銭納制が一気に普及したのである。

貨幣の流通量を増やせば景気が良くなるとは、まるでアベノミクスのような話だが、ともあれ、こうした経済構造の変化を追い風に登場したのが前掲の有徳人である。有徳人は荘園の代官として年貢の輸送を請け負ったが、彼らは年貢として徴収した生産物をどこかの地方市場で売って銭貨を中央に送るのであり、ここに有徳人が大儲けするチャンスが存在した。なぜなら、生産物の市場価格は地域や時期によって異なるので、船や倉庫を有する有徳人は、各地・各時期の相場を見極め、安く買って高く売ることで大きな利益を上げることが可能だったのである。

ここまで来ると、もはや相場師であり、鎌倉後期の好景気が良くも悪くも有徳人たちのマネーゲームによって支えられていたことは、もっと留意されて良い。

さて、この時代の有徳人の特徴として、僧侶が多いことが挙げられる。なぜ、僧侶なのか。第一に、寺院社会には金融業に練達した人が多かったからである。鎌倉末期、京都には三三五軒の土倉《どそう》（高利貸し）があったが、そのうち山門（比叡山延暦寺）の影響下にある土倉は二八〇軒にも上ったという。山僧《さんそう》（延暦寺僧）・神人《じにん》（日吉社の神人）による金融活動は鎌倉前期から有名で、鎌倉幕府は彼らの不法な取り立てをたびたび取り締まっている。

現代人は「坊主が金儲けなどケシカラン！」と考えがちだが、中世寺院と金融活動は切っても切れない関係にある。中世寺院の財産の多くは檀家から寄進された土地や金から成り立っているが、檀家は何の見返りもなしに寄進を行うわけではない。檀家が寺院に望むのは何はさておき先祖の永代供養であり、そのための費用として財物を寄進することが多い。したがって寺院が供養を永続的に行うためには、提供された資金を増やしていく資産運用のスキルが不可欠だったのである。

また中世社会においては、寺院の財産は仏のもの（「仏物《ぶつもつ》」という）というタテマエがあるため、寺院から借りた金を踏み倒すのは、当時の人々にとっては心理的抵抗感があった。そういう意味でも寺院が金貸し業を行うのは合理的であった。さらに地方の場合、ある程度まとまった資金がプールされている所といえば、地域の有力寺院ぐらいしかなく、寺院が人々に融通を行うことは地域社会の側からも期待されていた。結果として、寺院内部から金融活動に携わる人物が生み出されていったのである。

第二に、荘園経営に必須の読み書きや計算の能力を持つ者が寺院社会には豊富に存在したからである。この時代には公的な教育機関は存在しない。貴族の場合は子弟教育が行われるが、武士や庶民の場合、体系的な教育を受ける機会を得られる者は少ない。よって、中世社会において教育機関として機能していたのは専ら寺院なのである。寺院で書類作成や財務処理の技能を身につけた者が、そのような人材の乏しい地方において、代官として活躍する。そして年貢の保管・輸送・販売などの業務を通じて、流通業や金融業も手がけるようになるのだ。

第三に、人脈と情報を獲得するには、寺院に身を置くことが最も手っ取り早かったからである。現代でもそうだが、商売や訴訟で成功するには人脈と情報は不可欠である。そして片田舎の小寺院でも、本寺・末寺の関係によって中央の大寺院と関係を持っているところは多い。淵信や蓮聖の事例で見たように、京都や奈良で活動していた高僧が地方寺院に招かれることも少なくなかったのである。中央と地方を往来し、両者を結びつけることで富を築く有徳人にとって、中央とのコネを作りやすい僧侶身分は非常に有効であった。

このように地方寺院は、人・財物・情報が集まる地域社会のセンターであった。有徳人は僧侶の立場で地方寺院に関与することで、〝地元の名士〟として多彩な経済活動を展開することができたのである。

## 坊主の姿をした武士たち

ただし、金持ちは人々の標的になりやすい。そこで有徳人は、前出の淵信がそうであったように、自前の武力を持つことで自衛し、さらにはその武力を荘園支配に活用した。

逆に、武士出身の僧侶というタイプの有徳人もいる。僧侶になってからも武士としての属性を捨てていないので、正確には「坊主の姿をした武士」と言うべきかもしれない。学界では、このような存在を「僧形《そうぎょう》の武士」などと呼んでいる。

その一例として、鑑厳《かんげん》という僧侶を見てみよう。京都醍醐寺の出身の親玄《しんげん》という僧侶は、鎌倉に下向し、幕府のための祈禱を行う「武家護持僧」になった。元亨《げんこう》二年（一三二二）、死期を悟った親玄は、弟子たちに自分が別当を務めている寺を譲ろうとした。ところが幕府の安堵《あんど》奉行《ぶぎょう》である摂津《つ》親鑒《のちかあき》が、自分の息子に鎌倉の久遠寿量院《くおんじゅりょういん》を譲らなければ弟子たちへの他の寺の譲渡を認めないとゴリ押しをしてきた。親玄は仕方なく親鑒の息子を自分の弟子とし、久遠寿量院の別当職を譲った（「宝菩《ほうぼ》提院《だいいん》文書」）。これが鑑厳である。

摂津《つ》氏は朝廷の下級官人の家柄であったが、鎌倉幕府に仕え、法律・行政に詳しい官僚的な武士として活躍した。北条得宗家との関係を深めることで幕府内での地位を高めていき、摂津親鑒に至っては、鎌倉幕府の最高幹部の一人というべき立場にあった。摂津氏は都市鎌倉に居住しながら全国各地に多くの所領を有しており、安東蓮聖のような有徳人的な側面を持っていた。

鑑厳は久遠寿量院の別当を務める、れっきとした僧侶であったが、南北朝内乱では、後醍醐方として足利尊氏方と戦っている。摂津親鑒・高親《たかちか》父子が鎌倉幕府滅亡に殉じた後、親鑒の弟の親《ちか》秀《ひで》が摂津氏惣領となり足利氏に接近したので、これへの反発と思われる。鑒厳は建武三年（一三三六）八月の山城国八幡での戦いでは後醍醐方の「大将」の一人として出陣するも敗北し、生け捕りにされている。

足利方では赤松律師則祐《そくゆう》が有名である。則祐は赤松円心《えんしん》の三男で、出家して比叡山に入っていた。つまり山僧である。当時の天台座主《ざす》（比叡山延暦寺のトップ）は後醍醐天皇の皇子である尊雲《そんうん》法親王《ほっしんのう》で、則祐は尊雲に側近として仕えた。やがて尊雲は還俗して護良《もりよし》親王と名乗り、倒幕活動を開始し、則祐は父・円心に護良親王の令旨《りょうじ》を送って倒幕の挙兵を促す。円心・則祐父子は倒幕に大きく貢献するが、建武政権下で護良が失脚すると、赤松氏も冷遇され、不満を感じた円心は足利尊氏に接近していくのである。赤松氏は鎌倉時代末期には瀬戸内海水運の要衝である尼崎を拠点に活動しており、やはり有徳人的な存在であったと考えられる。

このような「僧形の武士」は地方にもいた。常陸国（現在の茨城県）の御家人、長岡氏の庶子であった了珍房妙幹《りょうちんぼうみょうかん》は僧侶でありながら、金融業などによって蓄積した経済力を活かし、南北朝初期に一時は長岡氏の惣領に成り上がっている（「真壁長岡古宇田《こうだ》文書」）。

妙幹は南朝方という〝負け組〟についてしまったため、最終的には没落してしまったと考えられるが、成功例もある。近江国甲賀郡柏木御厨《かしわぎのみくりや》の宇田《うつた》（現在の滋賀県甲賀市水口町《みなくちちょう》宇田）を本拠とする橘姓宇田氏の出身、弁律師道俊《どうしゅん》である。橘姓宇田氏は代々、伊勢神宮領である柏木御厨を管理する荘官だったたが、土地柄もあって延暦寺との関係も深かった。道俊も延暦寺に連なる僧侶だったと思われる。

道俊は金融業によって富を蓄え、荒野や河原を開発することで所領を拡大していった。そして、同族の溝端為顕《みぞばたためあき》と共に、山中村（現在の滋賀県甲賀市土山町山中）を本拠とする鎌倉幕府の御家人で当時困窮していた山中氏俊《うじとし》（系図によれば道俊の母方の叔父にあたるという）の養子となり、南北朝期には道俊と為顕が山中「両惣領」として各地を転戦した（「山中文書」）。有徳人的性格を持った「僧形の武士」の成り上がりの典型と言える。

悪党を変革の担い手と捉える戦後歴史学においては、鎌倉後期の流通経済の進展が有徳人の旺盛な経済活動を促したことを強調してきた。それは一面の真理ではあるが、彼らは必ずしも好きで金融や流通に携わっていたわけではない。彼らの中には、止むに止まれず金融・流通分野に進出したものも少なくなかったのである。この問題については項を改めて論じよう。

## 「一円化」というサバイバル

さて、話を「悪党」問題に戻そう。今までの説明から分かるように、「悪党」問題とは、反社会的勢力が台頭して治安が乱れた、という話ではない。境を接する荘園同士の小競り合いも幕府法廷で「悪党」事件として審理されることもあったのだから、「悪党」問題とは、荘園制の変質・動揺に起因する諸々のトラブルに他ならない。だから大事なのは、誰が「悪党」なのかとか、「悪党」が何をしているか、とかではなく、この時代の荘園制の変質という問題の大本は何か、ということである。

この問題を説明するためのキーワードが「一円化」である。これは一九七〇年に網野善彦が提起した概念で、以後、学界の定説となった。その概要を説明しよう。十三世紀前半までの中世荘園においては、一つの土地に無数の権利が設定されていた。

中世荘園の究極の領有者を「本家《ほんけ》」といい、王家や摂関家の人物がこの「本家」の地位につくが、彼らは自分で荘園を経営するわけではなく、下位の「領家《りょうけ》」（貴族や寺社）に経営を委託する。「領家」はさらに下の「預所《あずかりどころ》」に委託し、「預所」は「下司《げし》」（幕府の御家人が就任している場合は「地頭」と呼ばれる）に委託する。より厳密には、下司の下に公文や田所《たどころ》がいるが、煩雑になるので、この辺でやめる。現代風に表現すれば、下請け、孫請けといったところか。

本家・領家・預所・下司・地頭はそれぞれ荘園から何らかの収入を得ており、この取り分のことを「得分《とくぶん》」といった。職務と引き替えに「得分」を得る権利のことを「職《しき》」と呼び、それぞれ本家職・領家職・預所職・下司職・地頭職という。したがって一つの荘園には「本家職―領家職―預所職―下司職」といった形で重層的に権利が設定されており、これを学界では、永原慶二の命名に則《のっと》り「職の体系」と呼んでいる。

この「職の体系」論に対しては、近年、図式的な理解だという批判が提出されている。確かに「職の体系」論が提示する中世荘園のイメージはあまりにも整然としすぎている。荘園の成立当初は上下関係のかっちりとした非常に整ったシステムだったが、時代が下るにつれて、だんだん崩れていってしまった、という説明になりがちなのだ。実際には、一つの荘園に本家・領家・預所が全て揃っているとは限らないし、おのおのの「職」の職務や権利は最初からアイマイであり、権限が競合することは少なくなかったと思われる。

とはいえ、一つの荘園に無数の権利が設定されていたという事実までは否定できない。そして、この複雑な権利関係を整理しようとする動きが鎌倉後期に顕著になる。有名なものとしては、教科書にも載っている「下地中分《したじちゅうぶん》」が挙げられよう。本所《ほんじょ》（本家もしくは領家）と地頭との権利争いを解決するため、本所が現地の土地を地頭に分け与え、相互の排他的な支配権を認め合う、というアレである。この場合、本所の側に残った土地には地頭の権限は及ばなくなるので「本所一円地」ということになる。一方、地頭が手にした土地は、本所の権限が及ばない地頭一円領、すなわち「武家領」となる。

右に見たような本所と地頭との間でのトラブルだけでなく、本家と領家、本家と預所の間での訴訟も、この時期には多く見られる。争点は、本家の人事権の有無である。つまり、本家が領家や預所を自由に解任できるのか、それとも領家や預所は本家の恣意によって解任されることはなく、後任も自分で決められるのか、ということである。荘園ごとに事情が異なるので、どちらが勝つかはケース・バイ・ケースだが、いずれにせよ、片方の権利が圧縮され、その分、もう片方の権利が伸長するので、権利関係は単純化される。こうした諸々の現象を、中世史研究者は「一円化」と総称しているのである。

この「一円化」は、下地中分のように（一応は）平和的に行われる場合は良いが、一方的・強制的に「一円化」を進めた場合、激しい摩擦は避けられない。この結果、表出するのが「悪党」問題である。

実は前出の海津説も、この「一円化」の議論に乗っかっている。「徳政」の名の下に寺社本所が「一円化」を進め、それによって既得権益を侵害された者たちが本所に敵対してきたら、「悪党」として弾圧する、という流れになっているわけだ。

ただし、この時代に「一円化」を進めていたのは寺社だけではない。地頭や預所も「一円化」を志向したのであり、寺社による宗教イデオロギーの問題に関心を集中させる海津氏の議論は、「一円化」という社会動向を矮小化する恐れがある。徳政や神領興行にこだわらず、鎌倉後期の諸矛盾に幅広く目配りするべきだろう。

ともあれ、ここまでは、学界でもほぼ共通認識が得られている。問題は、この先だ。この時期に「一円化」が各地で進行したのは、どうしてだろうか。網野の議論は要するに、「職の体系」が崩れ、「一円領」が成立する、というものであった。だが今や、網野が前提とした「職の体系」論じたいが批判にさらされている。

現在、荘園制の評価をめぐっては議論百出し、定説を見ない。そのような研究段階において「一円化」の要因を探るのはなかなか難しい。そのためか、近年は目先を変えて、蒙古襲来に伴う鎌倉幕府の軍制改革の影響を指摘する意見もある。高橋典幸氏によれば、「本所一円地」という表現は鎌倉末期に成立したものであり、非御家人を軍事動員するために案出された法的用語であるという。幕府が全国の所領を「武家領」と「本所一円地」とに弁別する過程で、土地の権利関係が整理されていくという可能性は確かに想定される。

ただ本書では、そうした〈上からの契機〉とは異なる要因を考察してみたい。その際、重要な手がかりとなるのが、相続法の変化である。鎌倉時代の武士の家では、親の所領を複数の子女が分け合って相続した。これを分割相続といい、所領を得た庶子たちは次々と新しい家、つまり分家を立てて独立していったのである。ところが鎌倉後期になると、嫡子が親の所領のほとんど全部を相続し、庶子は嫡子＝新惣領に従属するようになった。これを嫡子単独相続という。この事実は昔から知られており、教科書にも載っている。

実は、このような変化は武士の世界でのみ起こっていたのではない。市沢哲《てつ》氏によると、鎌倉後期になると貴族の世界でも分割相続から単独相続へと移行し始めるという。

この変化の背景については色々と議論があるが、根本的には何代にもわたって分割相続を続けた結果、個別の家の財産が少なくなり、分割相続が不可能な状態に陥ったことが挙げられよう。この時代の最大の財産は不動産、つまり所領であるが、耕地に関しては一定の規模がないと農業経営が不可能であるというネックがある。

特に水田を耕作する場合、同じ用水を使う家々が団結して水を配分・管理することが必要であり、水利を軸に農作業の協同組織が自然と生まれる。一般的にはこれが「村」に該当するのであって、武士や貴族などの領主の所領は、実質的には村の集合体と言える。つまり経営の最小単位は村であり、村を分割して相続するというのは基本的には難しい。したがって、ここで分割相続はストップすることになる。

新しい荘園が次々と立荘された十二世紀中後期には、王家や摂関家が潤沢な資金によって大規模な土地開発を行った。鎌倉時代にも在地領主（武家）が荘園領主（公家・寺社）の下で未墾地の開発や荒野の再開発を営々と続けていくが、そうした開発が限界に達するのが鎌倉後期だった。

むろん大規模な灌漑工事を行えば、低湿地などで新田開発を展開することも可能であるが、当時の技術では難しかった。簡単に開発できるところは開発し尽くしてしまったのが十三世紀後期の状況だったのである。

武士の場合、戦争で手柄を立てて新しい所領を恩賞地として獲得するという方法もあったが、第一章で説明したように、宝治合戦以降、武士が恩賞を得る機会は激減した。無謀に思える高麗出兵計画（三二頁を参照）も、おそらく困窮する御家人に新領土を提供するという意図があったのだろうが、これも未遂に終わった。領主たちは新しい家の分立を認めない嫡子単独相続によって家産の減少を防ぐ道を選択した。

家の存続を最優先するためには仕方ないのかもしれないが、ロクに土地をもらえなくなった庶子にとっては、たまったものではない。農業経営という〝本業〟での成功を諦めた次男三男たちの一部は寺に入って〝財テク〟に走った。結果、運良く儲かった連中が「有徳人」だ。

もともと、複数の子息の中から誰かを寺に入れて、一族の菩提を弔わせるということは、中世の武家・公家では一般的に見られることではある。ただ十三世紀末から十四世紀にかけて、赤松則祐や長岡妙幹のような、庶子ゆえに武士の家を継げず寺に入ったにもかかわらず、惣領を上回る力を持つに至った「僧形の武士」が現れた。

他方、農業生産に依拠する本家や領家、地頭といった領主層は、これ以上の耕地の拡大が見込めない中、耕地面積あたりの収穫量を増やすべく二毛作などの工夫を進めていく。しかし、限られた面積の土地に資本と労働力を集中投下することで生産高を増やすという方式を採る場合、一つの土地に複数の権利保有者が並存する「職の体系」的な領有体系は甚だ不都合である。領家が「これからはここの土地を二毛作にしよう」と言った時に、地頭が「私に断りもなく勝手に新しいことを始められたら困りますね」と横やりを入れてくるかもしれない。

粗放的な農業経営ではなく、限られた農地をきめ細やかに利用しようとした場合、権利を声高に主張する他者を淘汰していかなければ話が前に進まない。これが「一円化」現象の本質ではないか、と私は考えている。要は限られたパイの奪い合いであり、この熾烈なサバイバルが刑事事件に発展すると、幕府や朝廷から「悪党」問題として認識されることになるのである。

## 「都鄙名誉の悪党」寺田法念

鎌倉後期から南北朝初期にかけて猛威をふるった「悪党」は、その後パタリと姿を消す。そのため「彼らはどこへ行ったのか」という問題が悪党論の主要なテーマの一つであった。

昔ながらの理解では、反体制的運動を展開したものの倫理的退廃により民衆から孤立し滅びていく、ということになるだろう。海津説では、幕府などの権力によって荘園＝仏神領から強制的に排除されるという構図だが、「悪党」が消滅するという点では古典学説と似ている。

これに対して、「悪党」は滅びたのではなく発展的に解消されたのだ、という理解もある。たとえば小林一岳《かずたけ》氏は「悪党から一揆へ」という見取り図を示し、自立的な性格を残しながらも体制の中に組み込まれていったと論じている。また高橋典幸氏は、荘園制と対立的であった悪党が内乱の終焉と共に形を変えて荘園制を支える側に回ったと述べている。

両者は正反対の学説に見えるが、武士団結合、在地領主連合を「悪党」と捉える基本線は共通している。特定の属性、特定の身分の人々が「悪党」と呼ばれているわけではないと分かっていても、研究者はなぜか石母田以来の〈悪党＝在地領主〉というイメージに引っ張られる。武士が大勢集まって荘園を荒らし回っている印象がどうしても抜けないらしい。

そもそも「彼らはどこへ行ったのか」という問いの立て方が間違っているのであり、実体のあるアナーキー集団としての「悪党」の存在を前提にすべきではないと考える。それをやっている限り、私たちは「階級闘争史観」から脱却できない。

では、「悪党」という言葉を使わなければいいのか。鎌倉後期に一つの荘園の中に収まらない広域的な在地領主連合が形成され、それが南北朝期の一揆の前提となった、という議論ならばOKかというと、そういう考え方にも私は同意できない。以下では、実例に沿って私見を述べたい。

数多《あまた》の「悪党」の中でも、大規模武力集団のリーダーとして研究者から特に注目を浴びてきたのが、「都鄙《とひ》名誉の悪党」（京都でも地元でも有名な悪党）と呼ばれた寺田太郎入道法念《ほうねん》である（「東寺百合《ひゃくごう》文書」）。

彼が活動した播磨国矢野荘（現在の兵庫県相生市）は初め、鳥羽院の后《きさき》である美福門院《びふくもんいん》得子《とくし》の荘園として成立し、彼女の没後、娘の八条院暲子《しょうし》内親王に譲られたが、この時に約四割の田地が分割され歓喜光院《かんきこういん》領となった。これが別名《べつみょう》であり、正安《しょうあん》二年（一三〇〇）に亀山上皇が南禅寺に寄進している。

残る例名《れいみょう》部分も後に歓喜光院領に編入され、美福門院の乳母《めのと》・伯耆局《ほうきのつぼね》が領家職を獲得、以後はその孫である藤原隆信《たかのぶ》の一族が代々支配した。寺田法念はこの例名の公文であった。寺田一族は矢野荘重藤名《しげふじみょう》を代々本拠としてきた地元の人間であり、鎌倉幕府の成立により、半ば便宜的に御家人に組み入れられた。ただし、挙兵当初から源頼朝に付き従って戦った東国武士の末裔である東国御家人と比べると扱いが低く、寺田法念も幕府から地頭に任命されることはなかった。こういう法念のような西国土着の武士で、東国御家人よりワンランク下の御家人を「国御家人《くにごけにん》」という。

永仁五年（一二九七）、法念の尽力により、例名のうち浦分《うらぶん》と呼ばれる海岸部を除いた地域が、領家藤原氏と地頭海老名氏との間で下地中分された。一方、法念は例名のうち重藤名における排他的支配権を認められた。藤原氏【例名西方】・海老名氏【例名東方】・寺田氏【重藤名】は、いわば所領の「一円化」をおのおの進めたのである。しかし今度は例名の領家である藤原氏と例名の公文である寺田氏の利害が衝突、互いにさらなる「一円化」を求めて争うことになった。これが、後の寺田法念蜂起の伏線となる。

## 「悪党」は強かった？

正和《しょうわ》二年（一三一三）、後宇多上皇によって領家藤原氏は解任され、例名領家方は東寺《とうじ》（教王護国寺《きょうおうごこくじ》）に寄進された。かくして矢野荘は、例名西方―東寺領、例名東方―海老名氏領、別名―南禅寺領という構造となる。すると法念は正和三年から翌年にかけて、南禅寺領の別名に対して侵略行為を繰り返した。たまりかねた南禅寺は後宇多院に「悪党」寺田法念の召し捕りを訴え出ている。

南禅寺領矢野荘別名の雑掌《ざっしょう》である覚真《かくしん》の訴状によると、正和四年十月二十八・二十九日の侵攻は殊に大規模なものだったらしい。法念は子息・孫・舎弟・甥などの一族と家人を率いていただけでなく、坂越荘の地頭である飽間《あくま》八郎泰継《やすつぐ》の代官である親性《しんしょう》、小犬丸保《こいぬまるほ》の地頭である岩間三郎入道道貴《みちたか》、矢野荘例名那波浦《なばうら》地頭の海老名孫太郎、下揖保荘東方地頭の周防孫三郎入道、上揖保荘地頭の揖保七郎といった近隣の地頭御家人、そして山僧の石見房などと連合していた。

総勢数百人の悪党たちは隣の坂越荘にある飽間泰継の宿所を基地として、矢野荘別名に打ち入り、政所《まんどころ》（荘園経営の拠点となる事務所。荘官が詰めている）をはじめ数十棟の民家を焼き払い、荘民に暴力をふるい、数百石の年貢を奪い、城郭を築いて居座ったという。確かに、この記述を信じる限りでは、非常に広域的な在地領主連合が結成されていたように思える。

研究者の中には、右の訴状の「数百人の悪党等を率い」という記述を真に受けていると思しき方もいるが、冷静になって考えてほしい。数人の従者を率いて外国との戦争に出陣する武士が少なくなかった時代に（第一章を参照）、一つの荘園のそのまた半分のエリアで下級荘官として働いている法念が数百人もの兵力を糾合できるはずがない。真のリーダーは海老名氏という説もあるが、それでも数百人は眉唾である。

事実、暦応《りゃくおう》三年（一三四〇）、東寺領伊予国弓削島荘《ゆげしまのしょう》（現在の愛媛県弓削島に所在）鯨方《くじらかた》では、緊急時には数十人の軍勢で荘園を守ることが規定されている（「東寺百合文書」）。戦乱の時代である南北朝期でさえ数十人なのだ。よって、南禅寺が被害届を出すにあたって「数百人」と話を大げさにしたと考えるのが妥当だ。訴訟関連の文書では自分に都合良く〝盛る〟ことが基本なので、注意が必要である。

南禅寺は後宇多院に対し六波羅探題による「法念以下悪党等」の召し捕りと城郭の破壊を強く要請、これを受けて後宇多院は六波羅探題に院宣を下し、六波羅探題は守護代《だい》・両使の派遣を決定した。いわゆる「悪党召し捕りの構造」の発動である。

だが結局、六波羅による法念らの捕縛は実行に移されなかったらしく、業を煮やした後宇多院は文保《ぶんぽう》元年（一三一七）、重藤名・那波浦・佐方浦《さがたうら》を東寺に寄進する。これによって重藤名に関する東寺と寺田法念の権限が競合することになった。法念は当初、東寺への忠誠を誓うが、やがて両者は決裂、文保二年には東寺は法念を「悪党」と指弾している。以後、建武二年（一三三五）に法念の孫である寺田範長《のりなが》が東寺に降伏するまで、東寺と寺田一族との間で戦闘が断続的に行われた。

こういう説明を聴かされると、「寺田法念、大暴れだな」と思うかもしれないが、実際にはかなりスケールの小さい戦いだったようだ。小川弘和氏の研究によれば、この東寺と寺田一族との合戦において、かつて法念と一緒に南禅寺領矢野荘別名に乱入した海老名氏ら近隣御家人は、いずれの勢力にも与《くみ》していないという。

海老名氏ら近隣の御家人は西遷《せいせん》御家人（東国から西国に移住してきた御家人）であり、国御家人の寺田氏よりも格上だった。それもあって、東寺を敵に回してまで寺田氏を積極的に援助する気にはなれなかったのだろう。寺田氏があっさり見捨てられてしまったことを考慮すると「武士団結合」だの「在地領主連合」だのという評価はいかにも大仰である。なお、寺田一族の兵力は、現存する史料から、多く見積もっても二〇人程度と推測される。

一方、本所＝荘園領主である東寺が動員した軍事力は名主《みょうしゅ》（上層農民、村の指導層）や百姓であり、武士は参加していない。せいぜい数十人といったところだろう。「長年にわたり荘園領主である東寺に抵抗し続けた都鄙名誉の悪党」と言われると、まるで寺田法念が楠木正成ばりのゲリラ戦の天才であるかのように錯覚してしまうが、何のことはない、戦っている相手が素人に毛が生えたような連中だったのである。

東寺の命を受けて寺田一族と対戦した名主は、後に東寺に対し、自分がいかに勇敢に戦ったかを力説している。だが、弱小御家人にすぎない寺田一族が二〇年近くも抗戦していることを踏まえると、この種の武勇伝を額面通りには受け止められないだろう。たぶん彼らは本気で戦っていない。「命賭けで戦いました！」という自己主張とは裏腹に、残された史料からは一連の合戦における戦死者を見いだすことができないのである。

この時期の「広域的な在地領主連合」なるものの実態は、流動的というか、かなり脆弱なものであった。『峯相記』が描くような強大な武力集団は成立していない。なので、鎌倉後期の「悪党」を、南北朝期の「一揆」の前提として高く評価することには、慎重であるべきだろう。

## なぜ鎌倉幕府は滅びたのか

鎌倉幕府滅亡の原因は何か。この難問に対する日本中世史学界の最新の回答をお教えしよう。

ズバリ「分からない」である。

そんなバカな、と思われるかもしれないが、これはまごうことなき事実である。一例を挙げよう。二〇〇七年の日本史研究会大会・中世史部会で熊谷隆之《くまがいたかゆき》氏が「鎌倉幕府支配の展開と守護」という報告を行った。これは従来の理解とは異なり、時代が下るにつれて鎌倉幕府の地域支配が強化されていることを論じた斬新なものであった。討論では「熊谷氏の説明では、なぜ鎌倉幕府が滅びたのか分からない」という批判が起こったが、熊谷氏は「制度が強化される一方で結果として幕府は滅びるが、その理由を一言で説明するのは難しい」と応答した。つまり「分からない」のである。

もちろん、今まで多くの研究者が、鎌倉幕府滅亡の原因を考察し、色々な仮説を提示してきた。しかし皮肉なことに、研究が進めば進むほど、それらの仮説が成り立たないことが明らかになっていき、「分からない」という悲しい結論に陥ってしまったのである。

たとえば、御家人の家における惣領と庶子の対立に注目する意見がある。幕府は異国警固番役の惣領・庶子の並立勤仕を認める（五一～五二頁）など、兵力確保のために庶子の独立を応援する姿勢を示した。しかし惣領側の反発を受け、結局幕府は惣領優遇の方針に回帰した。この結末を「幕府によって裏切られた庶子の増加は、とりもなおさず在地反幕潜在勢力の増大をもたらすことになった」と解説する向きもある。

だが、この見方は穿ちすぎだろう。倒幕に参加したのが庶子たちであったという事実も、幕府方についたのが惣領たちであったという事実も確認されていない。

本来は自分たちと同じ一御家人にすぎない北条氏の専制支配に、御家人たちの怒りがついに爆発した、という説もある。これに、流通や貿易への関与によって富を蓄えていく北条得宗家・御内人《みうちびと》に対し、貨幣経済の進展に取り残され相対的に貧しくなった御家人たちの反感が高まっていく、というストーリーが付け加わることもある。

けれども、この見方では、北条氏と姻戚関係を結び幕府内でも有力御家人として尊重されていた足利高氏《たかうじ》（後の尊氏）が鎌倉幕府に反旗を翻した理由を説明できない。

御家人不満説とは逆に、御家人ではない武士たちの反抗によって滅びたという議論もある。第一章で説明した「御家人身分の限定性」という問題、つまり御家人になりたくてもなれない武士たちが当時の社会に多く存在していたことを思い出してもらいたい。すなわち、蒙古襲来対策として幕府のために軍役を負担しているにもかかわらず、幕府から御家人として認められず保護も受けられないという差別的待遇に対する非御家人の不満と反発が、幕府滅亡につながったというわけだ。これは〈悪党＝御家人ではない新興の武士〉という古典的な理解に基づくもので、倒幕に大功のあった楠木正成や赤松円心がその典型例とされる。

しかし、近年の研究では、楠木氏は御内人、赤松氏も六波羅探題配下の御家人であったことが指摘されている。反体制派どころか、完全に体制側の人間だったのである。

右に掲げた諸説に共通して言えることは、体制から疎外された勢力が蜂起し、体制を打破するという筋立てである。読者諸賢は既にお気づきであろう。そう、これらの学説は「階級闘争史観」のバリエーションでしかない。

御家人・非御家人を問わず、鎌倉幕府、特に北条氏の専制に不満を持っていた人は確かに大勢いただろう。鎌倉幕府の中枢にあって甘い汁を吸っていた特権的支配層を除く九九パーセントの人間が反感を抱いていたと言っても過言ではない。だが、そのことと、彼らが幕府打倒、北条氏打倒を現状打開の手段として現実に検討するかどうかは、全く別の問題である。

後世の歴史家は「専制支配によって表面的には人々の反発を押さえこむことができたが、社会の深奥では矛盾が拡大していった」などともっともらしく解説するが、それは結果を知っているから言えることであって、当時の人間は鎌倉幕府の滅亡など想像もしていなかった。後醍醐天皇の倒幕計画は、北条氏の専横を苦々しく思っていた側近の貴族、吉田定房《さだふさ》からも「東国武士は一騎当千の強者ぞろい、幕府の権力は絶大で衰退の兆しも見えません。倒幕は時期尚早で、現時点では敗北の公算が大です。天皇家がここで滅んでしまっても良いのですか」（吉田定房奏状《そうじょう》）と諫められるほど無謀なものだった。

そもそも前近代の権力はおしなべて専制的であるので、「専制支配への不満が高まり、体制打倒の気運が生じた」といった説明は無内容なのだ。日本の保守派の評論家は一〇年以上前から「民衆の生活を省みず先軍政治を続ける北朝鮮の命脈は長くない」「貧富の差が拡大し続ける中国はいずれ崩壊する」と説いてきたが、御覧の通りである。

現代日本も同じだ。「今の政治に不満を持っていますか?」と質問したら、ほとんどの人が「はい」と答えるだろうが、だからといって現在の政治体制が革命によって崩壊することはあり得ない。結局、人々の専制支配への怒りが体制を崩壊させた式の議論は、革命の実現を熱望したマルクス主義歴史学の残滓でしかない。

研究が今後さらに進めば、もしかしたら鎌倉幕府滅亡の根本的原因が分かるようになるかもしれない。だが現時点では「分からない」が良心的な回答である。分からないのにムリヤリ答えをひねり出しても仕方ない。

そこで、ひとまず「鎌倉幕府の滅亡は必然だった」という暗黙の前提を取り払ってみてはどうだろうか。「階級闘争史観」の影響が残っているからか、日本の歴史学界では体制崩壊の直接的契機より体制の構造的矛盾を指摘した方がエラいという風潮があるが、体制への不満分子を「発見」して「これが体制崩壊の根本的要因だ。○○は滅ぶべくして滅んだ！」と決めつけることが生産的とも思えない。鎌倉幕府が滅亡するに至ったきっかけを真剣に考えてみることも必要だろう。

そのように発想を転換した場合、楠木正成の果たした役割は極めて大きい。元徳三年（一三三一）四月、吉田定房の密告により後醍醐天皇の倒幕計画が幕府にもれ、幕府が後醍醐の処分を決めかねている間に後醍醐は京都を脱出、九月には山城国（現在の京都府）の笠置山《かさぎやま》（上の地図参照）にたてこもった。楠木正成はこれに呼応して挙兵し、河内国の赤坂・千早の両山城

（現在の大阪府南河内郡千早赤阪）を拠点に一年半にわたって山岳ゲリラ戦を展開したのである。

大軍をもってしても千早城を落とせない、楠木正成一人に振り回されている。そんな幕府の体たらくを人々が目にしたことで、鎌倉幕府、というか北条氏の〝不敗神話〟が崩れていく。勝ち続けることで支配の正当性を維持してきた北条氏にとって、これは致命傷であった。人々が〈鎌倉幕府の存在しない社会〉という可能性を想像し始めたことで、今まで心中に秘めてきた不平不満が一挙に噴出していく。

市沢哲氏は、千早城を攻囲する武士たちが、厭戦気分にとらわれていく中で倒幕という選択肢の存在に気づき、その意思を共有していったのではないか、と推測している。千早城合戦は鎌倉幕府にとって、蟻の一穴だったのである。

# 第三章　南北朝内乱という新しい「戦争」

## 後醍醐天皇と足利尊氏

元弘三年（一三三三）六月、鎌倉幕府の滅亡を受けて後醍醐天皇は京都に帰還、自らの復位を宣言した（元弘元年に鎌倉幕府によって後醍醐天皇は皇位を廃され、光厳《こうごん》天皇が即位していた）。翌年正月には「建武」と改元し、新しい政治が始まることを人々にアピールした。いわゆる「建武の新政」（戦前は「建武の中興」と表現した）の始まりである。

だが、この「建武の新政」は短命に終わった。戦後歴史学は建武政権が短期間で崩壊した理由をあれこれ詮索し、盛んにダメ出しをしたが、これらは結果から逆算した部分が大きい。つまり、短命であったがゆえに「あの政策もダメ、この政策もダメ。だから建武新政は破綻したのだ」と決めつけたのである。近年は、こうした研究動向への反省が進み、建武政権の訴訟制度や財政政策などが室町幕府のそれの先駆的性格を持っていたという指摘がなされている。

結局、建武の新政が崩壊した主要な原因は一つである。それは、最有力武士である足利尊氏を政権中枢に取り込むことができず、彼の離反を招いてしまったことである。足利尊氏の願いは征夷大将軍となって幕府を開くことにあったと思われるが、後醍醐天皇は尊氏を征夷大将軍にしようとはしなかった。

建武二年（一三三五）七月、最後の得宗で幕府滅亡時に自害した北条高時《たかとき》の遺児時行《ときゆき》が蜂起して鎌倉を攻略すると（中先代《なかせんだい》の乱）、足利尊氏は時行討伐のため関東に下る許可を求め、また征夷大将軍・総追捕使《そうついぶし》への任命を望んだが、後醍醐はこれを許可しなかった（『神皇正統記《じんのうしょうとうき》』『梅松論《ばいしょうろん》』）。八月、尊氏は天皇の許しを待たずに軍勢を率いて京都を出発、時行軍を破って関東を制圧した。以後、尊氏は天皇の帰京命令にも従わず、独自の判断で関東を統治していく。建武政権から見れば、尊氏の行動は明らかに鎌倉幕府の後継として武家政権を樹立せんとするものであり、最終的に両者は決裂する。これが建武政権崩壊へとつながっていくのである。

この問題に関しては、足利尊氏は必ずしも後醍醐天皇との対立を望んでおらず、建武政権から離脱して東国に幕府を築こうという構想はむしろ尊氏の弟の直義《ただよし》が推進したという説があり、おそらくそれは正しいと思われる。だが征夷大将軍任官を望んでいることからも分かるように、尊氏自身、幕府を開くことを考えていたはずだ。ただし、尊氏はそれを後醍醐天皇への反逆とは認識していなかったのではないか。

後醍醐天皇は幕府を廃止し「公家一統」、すなわち天皇中心の政治（「天皇親政」という）を目指した。足利尊氏は北条氏を滅ぼし、自らが征夷大将軍となって幕府を開こうとした。このように〝政権構想〟がまるで異なる両者が「反北条」という一点において野合したため、〝政権交代〟後に当然の結果として対立し、建武政権は自壊した……これは昔から唱えられている推論で、今も根強い影響力がある。しかし、本当に後醍醐天皇は最初から、武士に政治の実権を与えず、自分と側近たちだけで政権を運営するという専制的な政治体制を目指していたのだろうか。足利尊氏ら有力武士を政権中枢から排除する構想を抱いていたのだろうか。

後醍醐天皇は単に天皇親政への回帰という復古的思想を持っていたのではなく、もっと過激に独裁政治を目指していたという説は、一九六五年に佐藤進一氏によって提起された。それによれば、後醍醐天皇は宋学（朱子学）に傾倒し、中国の宋朝で成立した皇帝独裁制をモデルとした新しい国づくりを考え、そのための障害である鎌倉幕府を滅ぼしたのだという。

この佐藤説は今でも通説の地位を譲っていないが、新田一郎氏が批判するように、宋学の思想的内容と後醍醐の君主独裁制との間に直接の関係を見いだすことはできない。朱子学というと、身分秩序を正当化するイデオロギー、つまり政治支配のための道具と一般的には考えられているが、本来は森羅万象を説明するための普遍的な学問体系（大まかに言えば哲学のようなもの）であり、礼儀作法を通じて社会秩序の維持を図るという機能は一側面にすぎない。宋学を勉強すると自然と皇帝独裁制についての理解が深まる、ということは全くない。

たとえば宋学が重視するのは『孟子』という書物（孟子という儒学者の言行録）であるが、これは秦の始皇帝が登場する以前の戦国時代に書かれたものである。だから、この本をいくら読んでも皇帝独裁の政治の仕組みは分からない。そこで佐藤氏は、後醍醐は宋学を学習するうちに宋朝の政治体制に関心を持つようになって研究したのだと推測するが、明確な史料的根拠は一切ない。だいたい宋学が国家体制を支える学問として確立するのは明代になってからであり、宋代には必ずしも皇帝独裁制を基礎づけるものではなかった。

政治体制を学ばなかったにせよ、後醍醐天皇は宋学から「優れた君主が独裁するのが最高の政治形態！」という政治理念を学び、それが倒幕の原動力になったのではないか、という意見もあり得るが、それも成り立たないと思う。後醍醐よりはるかに熱心に宋学を学んだであろう同時代人に花園上皇がいる。花園上皇は元徳二年（一三三〇）に当時皇太子であった甥の量仁《かずひと》親王（後の光厳天皇）にあてて『誡太子書《かいたいしのしょ》』という天皇としての心構えを書いた文書を送った。

そこでは『孟子』の放伐論（古代中国で、周の武王が主君である殷《いん》の紂《ちゅう》王を討った故事について、紂王は悪政によって天命を失っていたので、武王の行為は正当であると孟子は説いた）を引き、日本でも同じことは起こりうると警告している。そして、今は世の中が乱れており、天皇が徳を積まなければ国は滅びるから、しっかり学問に励みなさい、と量仁親王に教え諭しているのである。宋学をマジメに勉強すると、こういう立派な考えを持つようになるのであって、「君主が好き勝手にやってていいのだ！」という結論にはならないのだ。

後醍醐天皇が宋学を勉強したのは事実だが、宋学からは倒幕を正当化する理論的根拠は生まれてこない（そんなことより君主としてふさわしい徳を身につけなさい、という話になる）。とすると、後醍醐が宋学の影響で独裁政治を当初から目標としていたという前提を疑う必要があるのではないだろうか。後醍醐は確かに倒幕を実行したが、それは宋朝のような君主独裁制を実現するために行ったとは言えないと思う。

## 〝圧勝〟が後醍醐天皇を過信させた

後醍醐天皇がなぜ倒幕を決意したかというと、これははっきりしていて、自分の息子に皇位を譲るためである。承久の乱での敗戦により、朝廷は幕府によって武装解除され〝戦争放棄、戦力不保持〟を強いられることになった。これ以降、朝廷は幕府からの要求に「Ｎｏ」と言うことができなくなった。それは朝廷の最重要事項である皇位継承に関しても例外ではなかった。

高校で習ったと思うが、当時の王家は、後深草院の流れの持明院統《じみょういんとう》と亀山院の流れである大覚《だいかく》寺《じ》統《とう》の二つに分裂しており、毎度毎度、天皇の地位をめぐって争った。鎌倉幕府は両統の争いをその都度裁定した。持明院統の量仁親王を大覚寺統の後醍醐天皇の皇太子にする（すなわち後醍醐天皇の後に天皇になるのは量仁親王）と決定したのも、鎌倉幕府である。なお後醍醐天皇は大覚寺統の傍流で中継ぎとして天皇になったにすぎず、量仁親王の次の天皇に息子を押し込むことも極めて困難であった。

後醍醐天皇にしてみれば、自分の息子を次の天皇にするには、つまり鎌倉幕府の裁定を覆すには、鎌倉幕府を翻意させるか滅ぼすかのいずれかの選択肢しかない。幕府が裁定を撤回する見込みはなかったので、後醍醐は後者の道に踏み込んだのだが、逆に言えば、自分の息子が天皇になれるのならば、幕府を滅ぼす必要はないのだ。

仮に建武政権下で足利尊氏が征夷大将軍に任命され幕府を開いたとしよう。その場合、後醍醐天皇が息子に譲位することに、尊氏は反対するだろうか。そんなことはあり得ない。鎌倉幕府が存在していた時期の後醍醐天皇の政治は、おおむね従来の朝廷の政治を踏襲しており、画期的に新しいことはやっていない、というのが近年の研究成果である。よって、後醍醐天皇の政治は〈皇位継承に口出ししない幕府〉となら本来、共存可能なものだった。おそらく後醍醐の倒幕後の〝政権構想〟も倒幕の実行部隊である武士たちにかなり配慮したものだったはずで、だからこそ尊氏は鎌倉幕府を裏切り後醍醐に味方したのだろう。

では、鎌倉幕府を滅ぼした後醍醐天皇は、なぜ尊氏を筆頭とする武士たちとの共存の道を選ばず、幕府の復活を断固として拒否したのだろうか。この後醍醐の〝変心〟には、鎌倉幕府の滅亡過程が大きく作用していると考えられる。

軍記物『太平記』によれば、元弘三年五月、足利高氏《たかうじ》・赤松円心らが六波羅探題を滅ぼしたとの報を伯耆国船上山《せんじょうさん》（現在の鳥取県東伯郡琴浦町）で受けた後醍醐天皇が、今後の対応を会議に諮ったところ、ただちに京都に帰還すべきとの意見が出た一方、反対意見もあったという。すなわち、「関東八ヶ国の軍勢は日本国の軍勢に匹敵し、鎌倉中の軍勢は関東八ヶ国の軍勢に匹敵する」とのことわざがある。承久の乱でも朝廷方は京都での前哨戦では勝利したが、幕府軍が上洛してきたら敗れた。鎌倉幕府は健在であり、京都に戻るのは時期尚早である、うんぬん。

結局、占いで吉と出たので京都に戻ることになり、その途中で新田義貞《にったよしさだ》が鎌倉で北条高時らを滅ぼしたとの知らせに接し、関東をどうやって攻めようかと頭をひねっていた後醍醐天皇は大喜びしたという。

なにぶん『太平記』に載る逸話なので史実かどうかは疑わしいが、後醍醐の実感はこれに近いものだったのではないかと思う。現代の歴史研究者ですら、鎌倉幕府のあまりにもあっけない最期に驚いているのだから、幕府の大軍に包囲された恐怖体験を持つ後醍醐にとっては〝天佑〟以外の何物でもあるまい。

難事業だと思っていたことが予想外にあっさりと成功した時、その人物に忍び寄るのは慢心である。「オレ様はすごい。天に選ばれた存在だ」となってしまう。自らのカリスマ性に対する過信は、足利尊氏との妥協を難しくし、最終的には建武新政を崩壊に導いたのである。

## 足利尊氏は躁鬱病か？

建武二年十一月、建武政権は鎌倉に居座ったまま召還命令に応じない足利尊氏の討伐を決定する。『太平記』によれば、足利直義が北条時行軍に追われて鎌倉を脱出する時、どさくさにまぎれて護良親王を殺害したこと、また尊氏・直義が新田義貞を討とうとしていることが発覚したため、討伐で衆議一決したという。後醍醐天皇の皇子である尊良親王を上《じょう》将軍、新田義貞を大《だい》将軍とする討伐軍が編成された。

この知らせを受けた尊氏は「天皇に弓引くつもりはない。出家して謝罪する」と言って戦おうとせず、出陣を促す武将たちを失望させた。時として尊氏はこのように一見不可解な行動をとるので、戦後の歴史学者はその解釈に頭を悩まされてきた。この問題について佐藤進一氏は、足利一族は代々躁鬱気質で、尊氏の奇行は「異常な血統と無関係でないだろう」と述べている。

佐藤氏が足利尊氏精神疾患説を提唱した時代には、精神医学が今ほど発達していなかったので仕方ない面もあるが、さしたる証拠もなく「躁鬱病は遺伝する」「精神病患者は常人には理解できない異常行動をとる」と決めつけることは、場合によっては差別や偏見を助長する恐れがあり、一層の慎重さが求められよう。

私に言わせれば、足利尊氏の行動はとりたてて不可解なものではない。征夷大将軍にはしてもらえなかったものの、尊氏は後醍醐天皇から莫大な恩賞をもらっている。尊氏が恩義を感じるのは当然であり、後醍醐と敵対することに逡巡したのも自然な反応だと思う。

尊氏の行動を「じれったい」と思うのは、歴史学者の側に先入観があるからだ。戦後歴史学は、戦前の日本を戦争に導いたのは天皇制であると認識していたため、天皇制批判を研究の大きな柱としていた。彼らは、天皇と戦うことは正義であると考えているから、なぜ尊氏はグズグズしているのかとやきもきする。「いつ決起するのか？　今でしょう！」という気持ちになる。だが当の尊氏本人に「天皇制と対決しなければならない」という思想は微塵もないのだから、挙兵をためらうのが当たり前なのである。

右の見解に対しては「後醍醐の命令を待たずに出京したのだから討伐されるのは覚悟していたはず。今さら迷うのはおかしい」という反論があるかもしれない。だが、これも前提が間違っていると思う。尊氏は後醍醐との対決を覚悟の上で無断出京したわけではない。南北朝時代に成立した歴史書『梅松論』が記すように、尊氏は「北条時行の討伐は天下のために必要なことだから」という認識を持っており、天皇の許可の有無を問題視していなかったのだろう。結果オーライ、時行を倒せば後醍醐は追認するに違いない、と楽観していたのではないか。

前述のように、足利尊氏が幕府を開く、ないしは武家の棟梁として武士たちを束ねることと、尊氏が後醍醐天皇に忠義を尽くすこと、この二つは（少なくとも尊氏の中では）矛盾しない。尊氏が模範としたであろう源頼朝にしても、朝廷への忠誠を終始アピールしている。石母田正は『中世的世界の形成』の中で、旧体制と対決せず妥協した「頼朝の保守的退嬰的政治」を強く非難したが、戦後の歴史家たちがいくら「番犬思想」などと憤っても、これが中世武士の現実なのである。

尊氏が引きこもってしまったので、やむなく直義が総大将になり、東海道を下ってくる新田勢を迎撃したが、連戦連敗。『梅松論』によると、直義の敗報を聞いた尊氏は「もし直義が命を落とすようなことがあれば、私だけ生きていても意味がないから出陣する。天皇への反逆の意思によって出陣するわけではない」と言い訳をしつつ、ついに立ち上がる。

この年の差一つの同母兄弟は実際に仲が良かったようで、直義を救うために尊氏が出陣したというのは強ち《あながち》創作とも思われない。安田次郎氏《つぐお》は、そもそも中先代の乱で尊氏が出動命令を待たずに京都を飛び出したのも、北条時行の猛攻を受けて敗走中だった直義の身を案じたからではないか、と推測している。だとすると、兄弟愛が建武の新政を崩壊させたことになってしまうが、歴史の真相は案外そんなところにあるのかもしれない。

## 東奔西走する兄・尊氏

足利尊氏の出馬によって足利方は勇気百倍、建武二年十二月の箱根・竹下《たけのした》の戦いで新田方を撃破、余勢を駆って京都に進撃する。翌年正月、足利方は京都攻防戦に勝利し、後醍醐天皇・新田

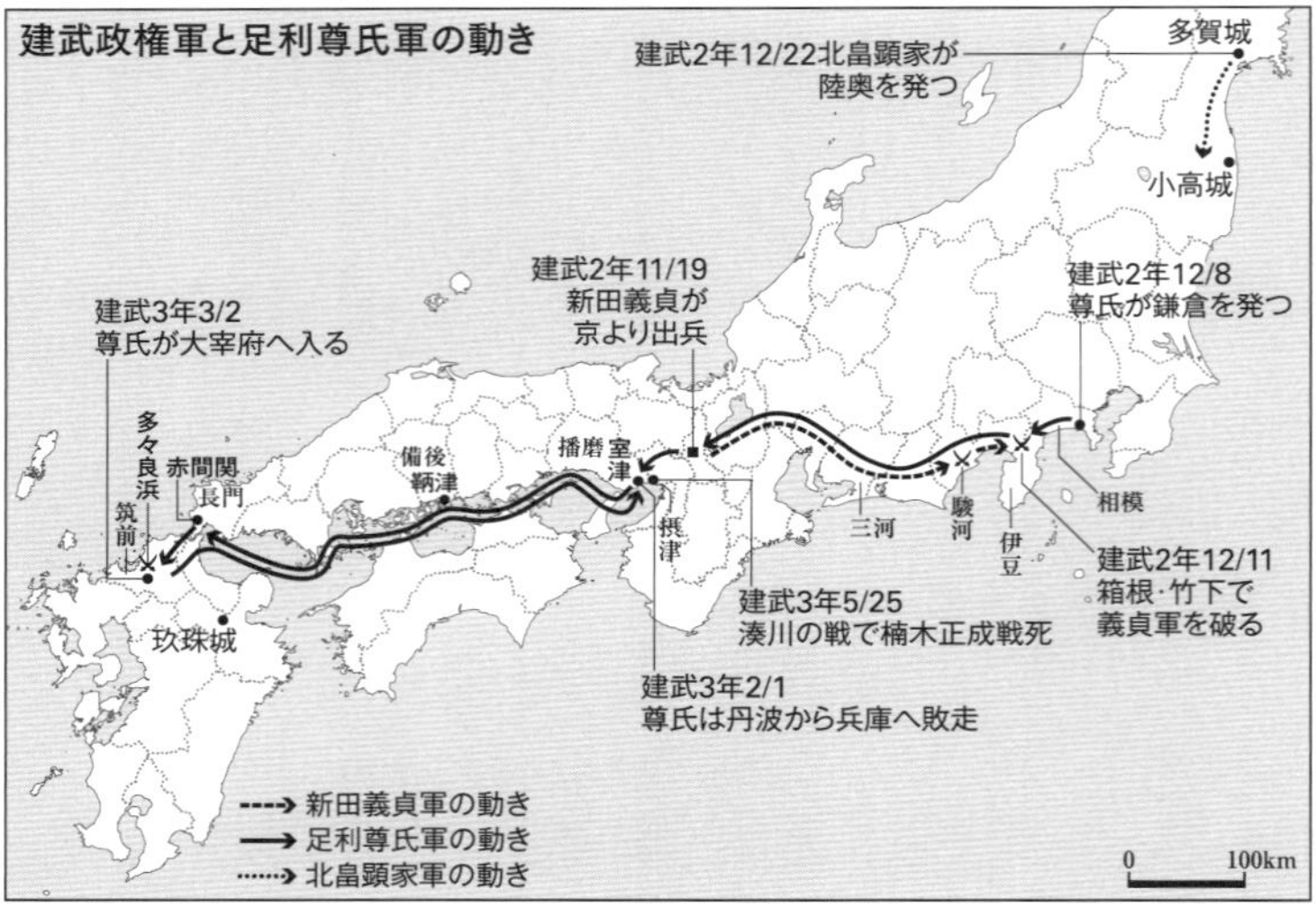


建武政権軍と足利尊氏軍の動き

義貞らは近江（現在の滋賀県）に逃れる。

これで足利方の勝利と思いきや、陸奥国（現在の東北地方東部）から来襲した北畠顕家《あきいえ》との戦いに敗れ、尊氏は丹波篠村（現在の京都府亀岡市篠町）に落ちのびた（『梅松論』）。なぜ篠村に逃げたかというと、ここには足利氏の荘園があるからである。ちなみに尊氏が鎌倉幕府を裏切る決断をした際にも、篠村八幡宮に願文《がんもん》を納めた上で旗揚げをしている。

同年二月、尊氏は篠村から兵庫にいったん退き、態勢を整えた上で京都奪回を試みるが、摂津豊《て》島河原《しまがわら》（現在の大阪府箕面市・池田市辺り）の合戦で新田義貞・北畠顕家軍に敗れ（『梅松論』では赤松円心の献策により尊氏が自主的に撤退したとあるが、脚色だろう）、兵庫に撤退する。

この時、直義が血気にはやって兵庫から摂津摩耶《まや》城《じょう》（現在の神戸市灘区摩耶山に所在）に進出し、京都奪回のため決死の突撃を行おうとした。

これを知った尊氏が使者を送って直義を説得したため、直義は兵庫に帰還した（『梅松論』）。普段は冷静な直義がヤケクソになるぐらいだから、この敗戦はよほどショックだったのだろう。

尊氏はさらに兵庫を出帆し室津に停泊する。ここで尊氏方は善後策を検討する。結論としては、尊氏は九州に渡って再起を図り、態勢挽回までの間は諸将が山陽道各国と四国に散らばって後醍醐方の追撃を阻止するということになった。これは研究者の間では結構有名な作戦会議で、「室津軍議」と呼ばれる。室津軍議の詳細については後述する。

再起を図るというと聞こえは良いが、九州に渡れば勢いを盛り返せるという確たる見通しがあったわけではないので、なるべく京都から遠く離れた方が安全だろうという程度の漠然とした判断に基づきひたすらに逃げたというのが実情であろう。だいぶスケールは異なるが、毛沢東の「長征」のようなものである。

とはいえ、尊氏はただ逃げていただけではなく、この間、密かに京都の光厳上皇と連絡をとり、院宣を獲得している（『梅松論』）。これまで足利方は後醍醐天皇に逆らう「朝敵」とみなされており、「官軍」である新田・北畠・楠木らと戦う際、精神的な負い目を感じていた。だが光厳上皇のお墨付きを得れば、戦争の構図は〈官軍 vs 朝敵〉ではなく〈後醍醐天皇方 vs 光厳上皇方〉となり、大義名分の上で対等になる。もっとも、尊氏が敗走している段階では院宣にもさしたる効果はなく、この布石が活きてくるのは、少し先のことになる。

尊氏は九州で少弐頼尚《しょうによりひさ》ら地元の武士に迎えられる。同年三月、尊氏は筑前多々良浜《たたらはま》（現在の福岡市東区）の戦いで後醍醐方の菊池武敏《たけとし》の大軍を撃破、九州の制圧に成功した。

私たちは尊氏が最終的に天下を取ることを知っているので、「ああ、ここで態勢を立て直したのね」と軽く流しがちだが、現実には圧倒的に不利な戦況から逆転した奇跡的大勝利であった。尊氏は多々良浜の戦いの前に、地蔵菩薩に窮地を救われる夢を見ており、戦いに勝てたのは地蔵菩薩の御加護があったからだと考えた（『空華《くうげ》日用工夫略集《にちようくふうりゃくしゅう》』）。以後、尊氏は地蔵信仰に目覚め、尊氏が描いた地蔵の絵は今でも複数残っている。尊氏の主観でも勝利が〝奇跡〟だったことが良く分かる。

勢力を回復した尊氏は再び京都に向けて東進、五月の摂津湊川（現在の神戸市中央区・兵庫区）の戦いで新田・楠木軍を撃破、楠木正成は自害した（息子の楠木正行との「桜井の別れ」の逸話はこの時のことである）。兵庫失陥を受けて後醍醐天皇は比叡山に退去する。

六月には尊氏が光厳上皇を奉じて堂々と京都に凱旋した。八月には光厳上皇の弟である豊仁《とよひと》親王が践祚《せんそ》（皇位を継承すること）する。これが光明《こうみょう》天皇である。

十月、後醍醐天皇は足利方の比叡山包囲（兵糧攻め）に耐えかねて、尊氏からの講和申し入れについに応じた。しかし、切り捨てられることを恐れた新田義貞が猛抗議したため、後醍醐は皇太子恒良《つねよし》親王に帝位を譲り、義貞には恒良親王・尊良《たかよし》親王と共に北陸へ逃れるよう勧めた。義貞は両親王を供奉して比叡山から越前（現在の福井県嶺北《れいほく》地方・敦賀市）へと下り、後醍醐は帰京した。

十一月、光明天皇が即位（天皇の位に就いたことを天下万民に表明すること）し、後醍醐天皇は光明に対し三種の神器を引き渡した。ところが十二月には後醍醐は京都を脱出して吉野に居を構えた。そして光明天皇に渡した三種の神器は偽物であり、本物を持っている自分こそが正統な天皇であると主張した。これにより二人の天皇が同時に存在する状況が生まれた。歴史家は京都の王朝を「北朝」、吉野の王朝を「南朝」と呼び、この時代を「南北朝時代」と呼ぶ。

多くの研究者が指摘するように、後醍醐天皇に偽物の神器を用意するという小細工をする余裕があったかどうかは疑わしいが、いずれにせよ後醍醐に逃げられたのは足利方の大失策であった。この辺り、尊氏はいかにも迂闊であるが、たぶん後醍醐が逃げるとは夢にも思わなかったのだろう。

光明天皇の即位に伴い、後醍醐は太上天皇《だいじょう》の尊号が贈られ、後醍醐の皇子である成良《なりよし》親王が皇太子に立てられた。つまり後醍醐は京都で上皇として悠々自適の生活を送ることができ、しかも成良が即位した暁には天皇の父親として院政を行うことすら約束されていたのである。これは敗者に対して寛大な処置どころか、自分の子孫に皇位を伝えることが絶望的という鎌倉幕府滅亡前の後醍醐の身の上を考慮すれば、破格の厚遇と言って良い。

尊氏は後醍醐に対して最大限の敬意を払ったのであり、まさかこの出血大サービスに不満を抱いて後醍醐が脱走するなど予想だにしていなかった。どうも後醍醐と尊氏の関係は、尊氏の熱烈な片想いであるように見える。

## 「政道」を任された弟・直義

南北朝時代はおよそ六〇年続いたが、実は北朝の優位はかなり早い段階で確定してしまう。すなわち、暦応元年（南朝年号では延元《えんげん》三年、一三三八）に新田義貞・北畠顕家が相次いで戦死してしまい、これを受けて足利尊氏は征夷大将軍に就任、いわゆる室町幕府が成立した。翌年には後醍醐天皇も吉野で病没する。貞和四年（正平《しょうへい》三、一三四八）には足利尊氏の執事・高師直《こうのもろなお》が吉野を攻略、南朝はさらに山奥の賀名生《あのう》（現在の奈良県五條市西吉野町）に逃げ込む。ここまで来ると「逼塞」と言っても過言ではあるまい（一〇一頁の地図を参照）。

建武三年（一三三六）八月、光明践祚の二日後、尊氏は京都の清水寺に願文を捧げた。その大意は「この世は夢のように儚いものなので、この世での幸せの代わりにあの世での幸福をお願いします。この世での幸福は直義にあげて、直義をお守り下さい」（「常盤山文庫」）だった。どうも尊氏は世俗での地位を捨てて、浄土に往生するために仏道修行に励むつもりだったらしい。念願の征夷大将軍の地位も今や目前、いよいよこれからが本番、というところで引退宣言を出すものだから、後世の歴史家は「また尊氏の例の〝病気〟が始まったか」とか「だいたい、この願文は本物なのか？」とか、いぶかしんできた。

けれども、もともと尊氏の挙兵は後醍醐天皇への反逆という積極的意図を持つものではなく、進退きわまってしぶしぶ重い腰を上げたという、いわば自衛行動だったのだから、無事に新帝を擁立できた以上、隠遁しようと考えても不思議はない。「階級闘争史観」の色眼鏡で見るから、尊氏がなんとも煮え切らない優柔不断な人物、もしくは感情の起伏が激しい精神異常者に映るだけで、尊氏の姿勢は常に一貫している。

後醍醐の再挙兵により尊氏の遁世は実現しなかったが、北朝の軍事的優勢が確立していく中で尊氏は政務のほとんどを直義に任せるようになる。尊氏のやる気のなさ、もとい直義に対する信頼の厚さがうかがわれる。

尊氏と直義の関係に関しては、世人は尊氏を「弓矢の将軍」、直義を「政道」の担当者とみなしていたという『難太平記《なんたいへいき》』（二〇五頁）の記述が著名で、両者が権限を分割していたことが強調されてきた。しかし右の論評は、二人の仲がギクシャクするようになって、どちらに与《くみ》すべきか人々が迷うというエピソードの中に見えるものである。それ以前の、両者の関係が良好な時期には直義が実質的に尊氏の全権限を代行しているのであり、概説書などでしばしば説かれる尊氏と直義の「二頭政治」という表現は厳密には正しくない。

## 幕府の内紛で〝六〇年戦争〟に

室町幕府の初期には、足利直義が行政・司法を一手に取り仕切る一方で、高師直が軍事面で活躍する。ところが、この直義と師直のソリが合わない。直義は伝統や秩序を重視する人間で、王家や公家、寺社の権威も尊重する。一方、師直は進取の気性に富み、現実主義・実力主義を貫く。師直が軍費調達のために公家や寺社の荘園を侵略すると、荘園領主から直義に苦情が届く。かくして両者は衝突することが増えていった。

直義と師直の党派対立については、東国・九州など辺境地域の伝統的な御家人層が直義に、畿内近辺の新興武士層が師直の下に結集したという佐藤進一氏の整理が有名である。しかし、これは大まかな目安にすぎず、現実にはここまで明確に色分けできるわけではない。

たとえば直義党の有力武将の一人に山名時氏《ときうじ》がいる。山名氏は足利一門の末席に連なる一族ではあるものの、鎌倉末期にはかなり零落していた。時氏は尊氏の六波羅探題攻撃に加わり、以後、中先代の乱、多々良浜の戦い、湊川の戦いなどで奮戦した。つまり時氏は自らの武力を頼みに幕府内でのしあがっていったバリバリの武闘派で、実力重視というメンタリティーでは師直に通じるものがある。そんな時氏が、しきたりにうるさく謹厳実直な直義についたのは、ライバルの佐々木導誉《どうよ》が尊氏の側近だったからである（時氏がしくじった楠木正行討伐を高師直が見事やりとげ、メンツをつぶされたという事情もある）。

逆に、千葉・宇都宮など、先祖が源頼朝の挙兵に参加したという由緒を持つ東国の名門武士たちが後述の師直クーデターに参加している。

佐藤説は、当時の研究状況に規定され、鎌倉後期の「悪党」を新興武士層とみなし、彼らを組織したのが高師直であったと結論づけるものであり、現在ではそのままの形では成り立たない。〈御家人vs悪党〉の図式からは、そろそろ卒業する必要がある。

軍記物『太平記』が高師直に「婆娑羅《ばさら》」、言うなれば既存の秩序を歯牙にもかけない〝新人類〟の代表という役を割り振ったため、今でも師直には旧体制を破壊する横紙破りのイメージがつきまとう。だが最近の研究によると、師直は制度の設計・運用を担う官僚としても優秀で、特に恩賞制度の構築によって全国の武士を広範にひきつけたという。これこそが幕政を預かる直義にとっての脅威だったのであり、師直が単にヤンキー集団のボスというだけなら、直義も師直を恐れることはなかっただろう。

さて師直が武功を重ねるにつれて、その発言力が高まっていったので、これに危機感を覚えた直義は、貞和五年（一三四九）閏六月、尊氏に迫って師直を執事職から引きずり下ろす。同年八月、師直は挙兵して直義を討とうとした。直義は尊氏の邸宅に逃げ込んだが、師直軍は尊氏邸を包囲して、直義の側近である上杉重能《しげよし》・畠山直宗《ただむね》・禅僧の妙吉《みょうきつ》などの引き渡しを要求した。

交渉の結果、①上杉重能・畠山直宗は流罪（妙吉は逃亡）、②直義は尊氏嫡子の義詮《よしあきら》に政務を譲る、③師直は執事に復帰という形で妥結した。だが上杉重能・畠山直宗は越前に流される途中で師直の手の者に殺された（『園太暦《えんたいりゃく》』など）。そして義詮が鎌倉から上洛すると、直義は自分の邸宅である三条坊門亭を義詮に譲り、自身は細川顕氏《あきうじ》の錦小路堀川宿所に移った。十二月には直義は出家して政界から完全に引退する。師直の完全勝利である。

ところが翌年の観応《かんのう》元年（一三五〇）になると、風向きが変わってくる。直義の養子の直冬《ただふゆ》が九州で勢力を伸ばしたのである。尊氏はあわてて自ら西征に赴くが、そのスキをついて直義が京都から脱出し、師直の討伐を全国に呼びかけた。各地の直義党がこれに呼応して続々と兵を挙げ、尊氏・師直方を圧倒した。

観応二年二月、摂津打出浜《うちではま》（現在の兵庫県芦屋市）の戦いに敗れた尊氏は直義に和を請い、高師直・師泰《もろやす》兄弟の出家を条件に和議が成立し、尊氏は兵庫から京都に戻ることになった。師直・師泰は尊氏のお供をしたいと願い出たが、尊氏に「二人は坊主の格好になっていて見苦しいのでダメだ」と断られ、仕方なく後からついていったところ、武庫川沿いの鷲林寺《じゅうりんじ》（現在の兵庫県西宮市に所在）の前で襲われ、一族家来ともども殺された（『観応二年日次記《ひなみき》』『園太暦』）。討手は上杉重能の養子、能憲《よしのり》。「やられたらやり返す。倍返しだ！」といったところか。尊氏も形式的には師直らの助命を講和条件に入れつつも、実質的には見捨てていたのであろう。ここまで来ると、さながら「仁義なき戦い」である。

直義の天下も長くは続かなかった。同年七月、近江の佐々木導誉、播磨の赤松則祐が南朝に降伏したとの情報が京都に伝わり、尊氏が佐々木征伐に、義詮が赤松征伐に向かった。だが、これは京都を離れて味方を結集する口実にすぎず、尊氏・義詮父子が東西から直義を挟撃する陰謀であった（『園太暦』）。直義の弱点は、麾下の武将の多くが京都から離れた地域を根拠地としているため、京都周辺に駐留する兵力が少ないという部分にあった。

直義は京都を脱出して北陸で態勢を立て直すも、九月に近江での合戦に敗れ、鎌倉に落ちのびた。尊氏は直義を追って東海道を進撃、各所で直義勢を破った。翌年正月、直義は降伏し、尊氏は直義と共に鎌倉に入った。その翌月、直義は鎌倉で没した。師直の死から一年後だった。

これによって、「観応の擾乱《じょうらん》」と呼ばれる一連の争乱は一応の終幕を迎えた。だが全国の旧直義党は健在であり、南朝と結びついて、しばしば尊氏・義詮を苦しめることになる。〝六〇年戦争〟はまだ始まったばかりであった。

正直に告白すると、もともとは直義と師直の争いだったのが、いつの間にか尊氏・直義の骨肉の争いに移行した理由が、私には今ひとつ分からない。「二頭政治」という不自然な政治形態にもともと無理があったのだ、というのが通説だが、実際には「二頭政治」というより尊氏が直義に全権委任していたわけで、従来の説明はどうも腑に落ちない。

月並みな推測をすれば、一つには後継者問題が影を落としているのだろう。義詮に将軍職を確実に譲るには、直義の存在はジャマだと、尊氏は思ったのかもしれない。しかも尊氏の庶長子（つまり義詮の庶兄）で直義の養子になった直冬は、貞和四年の初陣で勝利を収めて有能さを示していた。もし直冬が野心を抱き、直義がこれをバックアップしたら……。「あれだけ仲良しの兄弟だったのになあ」と、この時代の勉強をする人はみな、世の無常を感じるのである。

### 守護と大将

ところで、室町幕府の軍事制度はどのようなものだったのだろうか。従来の研究では、その基礎は前述の「室津軍議」によって決定されたと言われる。『梅松論』によれば、室津軍議で決定された諸将の配置は以下のようなものであった（＊は足利一門）。

四国　＊細川一族（中でも和氏《かずうじ》と顕氏が恩賞給付の権限を委任される）
播磨　赤松円心
備前　＊石橋和義―松田一族
備後　＊今川顕氏・貞国
安芸　＊桃井《もものい》盛義《もりよし》―小早川一族
周防　大将…＊大島義政　守護…大内長弘
長門　大将…＊斯波《しば》高経《たかつね》　守護…厚東《ことう》武実《たけざね》

これまでの研究者は、周防（現在の山口県東部）と長門（現在の山口県西部）で、足利一門の大将と地元出身の守護が組み合わされていることに注目し、「守護・大将併置制度」などと呼んでいる。山陽道の他の国でも守護と大将が併置されていたはずだという発想から、尊氏の信任厚い播磨守護の赤松円心を例外として、備後（現在の広島県東部）は大将今川・守護朝山、安芸（現在の広島県西部）は大将桃井・守護武田と推定された。備前（現在の岡山県南東部）に関しては石橋が大将であることでは見解の一致を見ているが、守護については松田盛朝《もりとも》説と赤松円心説がある。そして「当該期における山陽道諸国がすべて守護・大将の併置制度であった事実が明らかになった」という結論が提示されたのである。

しかし、これって「守護・大将併置制度」と名付けなくてはならないほど、ご大層なプランなのだろうか。私たちは足利尊氏が捲土重来して幕府を開くことを知っているので、「室津軍議は室町幕府の守護・大将制度の基本的枠組みを決定したものである！」とつい過大評価してしまうが、室津軍議のテーマは恒久的な軍事制度の構築ではない。先に述べた通り、足利尊氏が無事に九州に退却できるよう、そして九州で勢力を盛り返す時間を稼ぐための防衛ラインの設定にすぎない。実際「室津軍議」の時点で、尊氏の突然の撤退により京都周辺で孤立化してしまった足利方部将も少なからず存在し、尊氏はとりあえず手持ちの駒を残置して自身は逃げ去ることにした、というのが実態であった。

敗軍の将の下から将兵が去っていくのは世の常であり、尊氏にくっついて室津まで逃げてきた部将の大半は足利一門であった。そして尊氏の逃走支援のために戦ってくれることを期待できるのも、足利一門が中心である。室津軍議での諸将配置計画に名前が挙がっている人物のほとんどが足利一門であるのは、このためである。

敗勢の中、敵の追撃を食い止めるには、寝返るかもしれない外様（一門・譜代以外の、もともとは尊氏と対等な立場の武士）の守護にのみ防御を任せるのでは不安で、一門大将を山陽道・四国の諸国に派遣する必要があったのだろう。小山《おやま》・結城《ゆうき》などの東国武士が尊氏と共に九州へ落ちていく一方で（後述）、一門大将は命がけで敵の進撃を阻止し瀬戸内海の制海権を掌握するという困難な仕事を任されたのである。その意味で「大将」は臨時職である。

ところが、この室津軍議で策定されたという「守護・大将併置制度」に関しては、「大内、厚東、朝山などの、非足利系外様守護の軍事指揮権を制限しながらも起用し、一門守護・大将を派遣して併置」することで、瀬戸内海沿岸部を確保するという「足利一門優遇政策」と評価する意見が学界では強い。

いったいぜんたい、どこの世界に、戦っている最中、それも劣勢の状況で、現地指揮官の足を引っ張る総司令部があるだろうか……と言いたいところだが、歴史上にはそういう愚かな総司令部は少なからず存在する。が、確実に負ける。後述するように、南朝はその典型例である。つまり、現地指揮官が能力を十分に発揮できる環境を総司令部は整えてあげる必要があり、そうしないと負ける。

確かに、一般的傾向として、戦功を認定したり恩賞を給付したりといった文書に関しては、一門大将の方が外様守護よりも盛んに発給している。だがそれは、外様守護の軍事指揮権に制限が加えられているからではない。端的に言えば、一門大将の方が外様守護より人気があったからである。

感状《かんじょう》（軍功を称える文書）や充行状《あておこないじょう》（所領を給付する文書）は、大将・守護の側が積極的・政策的に与えるというより、手柄を立てた（と主張する）武士の申請に応じて発給するものである。武士にしてみれば、将軍尊氏から直接文書をいただけるのがベストであるが、それはなかなか難しいので、大将や守護に頼む。

その際、尊氏と強いコネを持っている（はずの）足利一門からもらった文書の方が大きな効力を持つ、と武士たちが思うのは当たり前である。後で尊氏が「オレはそんな約束をしていないぞ」と言い出したら、全てはパーだからである（実際、建武の新政においては、倒幕期に護良親王が出した恩賞給与の文書は無効であると後醍醐が宣言し、護良は失脚した）。そういう求めに応えた結果として、一門がたくさん文書を出しただけの話なのである。

どうして「敗走する足利尊氏は外様守護の軍事指揮権に制約を加えた」という軍事常識を超越する理解が学界に浸透したのか、どうにも理解に苦しむが、おそらくは鎌倉時代以来の伝統的豪族層を旧体制の象徴とみなす戦後歴史学の研究視角が影響している。つまり、新興武士が足利一門大将と結びつくことで、古くから地域でデカい顔をしてきた名門武士の支配を突き崩していく、という構図だ。やれやれ、またぞろ「階級闘争史観」である。

南北朝初期には、戦局は流動的であり、武将も一般の武士も一つ所に留まらず、列島のあちこちを転戦していたので（次項を参照）、大将にしろ守護にしろ「軍事指揮権」と呼べるような明確な権限を持っていない。Aという指揮官の下で戦った武士が、次の合戦ではBという指揮官に属して戦う、ということが珍しくなかったのである。

## 転戦する武士たち

武士は戦うのが仕事とはいえ、総大将ともなるとドッシリ構えているのが普通である。足利尊氏ほどあちこちで戦った武家の棟梁は、後にも先にもいない。今まで述べてきた通り、西は福岡まで、東は鎌倉まで赴いて陣頭指揮をとったのである。

将軍尊氏が各地を転戦しているのだから、当然、付き従う武士たちもあちこちで戦うことになる。一例として、建武四年（一三三七）八月の野本鶴寿丸《つるじゅまる》軍忠状（「熊谷家文書」）を取り上げよう。これは、鶴寿丸が恩賞請求のために亡父・朝行《ともゆき》の戦功を書き連ねたものである。ちなみに野本氏は、武蔵国比企郡野本（現在の埼玉県東松山市下野本）の武士だ。この文書に記された野本朝行の従軍記録を整理して左に掲げる（一二七頁の図版も参照）。

建武二年一二月八日　足利尊氏の出陣に随行。
　同年同月一一日　箱根・竹下の戦いに参加（〜一三日）。
建武三年一月　三日　近江国伊幾寿宮《いきすのみや》（伊岐須宮）合戦に参加。
　同年同月　八日　山城国八幡での戦いに参加。

同月一六日　山城国法勝寺での戦いに参加。
同月二七日　山城国中賀茂での戦いに参加。
同月三〇日　山城国法成寺での戦いに参加。
二月　一日　篠村から兵庫まで尊氏に随行（一一二頁参照）。
同月一〇日　足利直義の配下として摂津国西宮合戦に参加。
同月一一日　摂津国豊島河原の戦いに参加、兵庫に撤退。
同月一二日　直義に随行して摩耶城に入る。ところが直義が急に兵庫に帰ってしまったため、取り残される。仕方なく新田勢に偽装降伏して京都に戻る。
同月三〇日　京都を脱出。三河国（現在の愛知県東部）で野伏《のぶし》に襲われる。その後、遠江国《とおとうみのくに》（現在の静岡県西部）での後醍醐方との交戦を経て、関東に戻る。

まさに戦いに次ぐ戦いで、行軍を続ける朝行は気の休まる時もなかっただろう。この軍忠状（恩賞申請のために戦功を書き連ねたもの。当時は討死・戦傷も戦功としてカウントされた）によると、朝行は西国の地理に不案内であったため、一度はぐれてしまった後、足利軍に合流することができなかったという。地元での紛争とは異なる、遠征ならではの苦労と言えよう。はぐれた朝行は関東へと戻っていったが、小山・結城など尊氏の九州落ちに付き従った東国武士は少なくなかったようだ。小山氏は尊氏の東上にも従い、湊川合戦に参加しているらしく、「ごくろうさま」としか言いようがない。

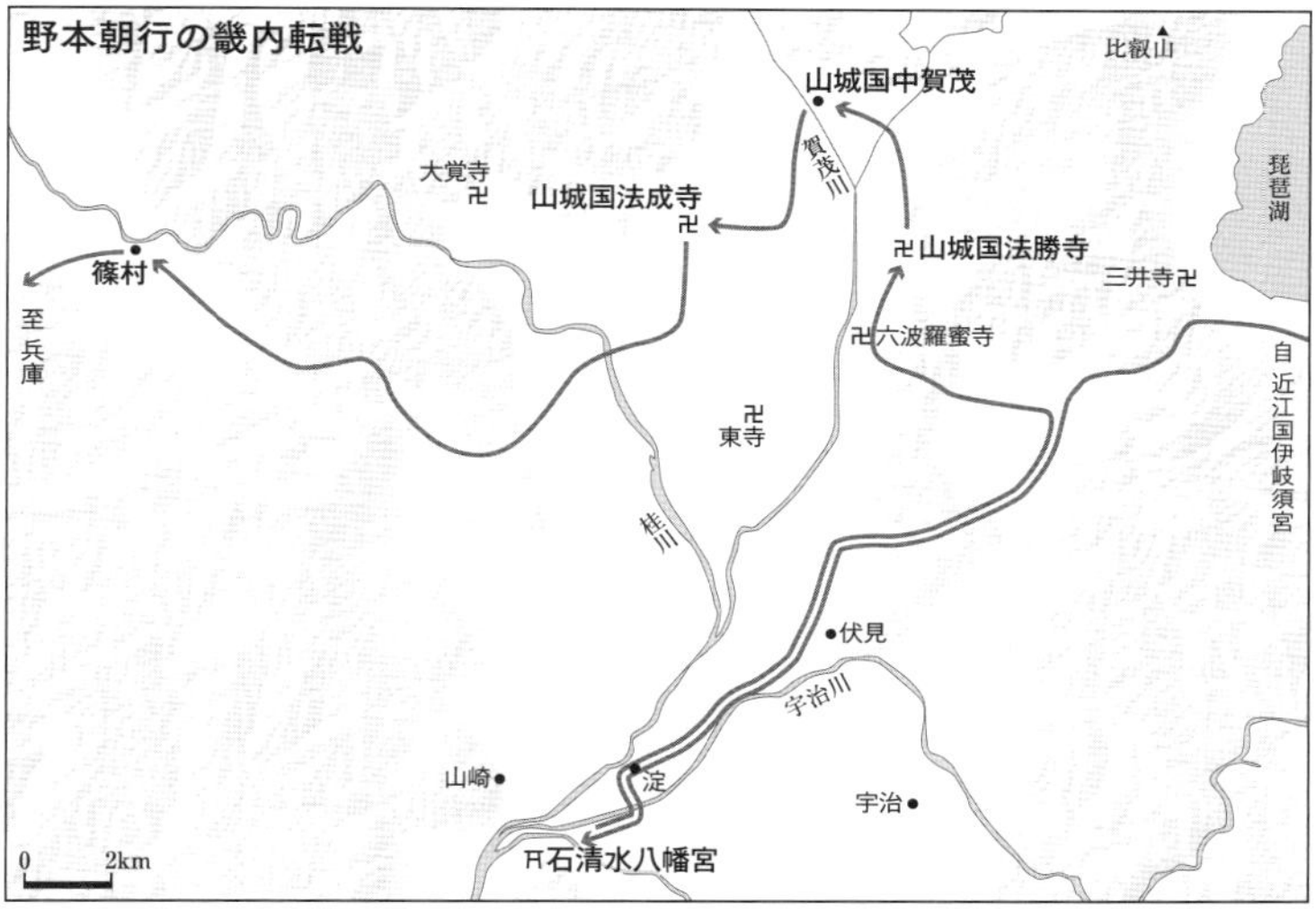

野本朝行の畿内転戦

一方、九州の武士が東国に赴いた例も見える。肥前の松浦荘《まつらのしょう》西郷相知《おうち》村（現在の佐賀県唐津市相知町）を本拠とする相知秀《おうちひで》は、観応元年（一三五〇）十月二十八日、足利尊氏の九州遠征軍（直冬の討伐が目的）に参加した（「松浦文書」）。遠征軍は京都を出発して山陽道を西に進むも、直義党蜂起の報に接し、備前から引き返した。秀もこの隊列に加わり、観応二年正月の京都周辺での諸合戦に参加し、尊氏の播磨への撤退にも随行、二月十七日の摂津打出浜合戦（一一九頁）で尊氏方が総崩れになる中でも尊氏を護衛したという。

相知秀は一貫して尊氏党だったようで、尊氏と直義の和睦が成って尊氏が帰京する時にも付き従い、七月末には尊氏の佐々木征伐（前述のように、これは偽装で、真意は直義討伐にあった）に参加し、近江・山城を転戦した。尊氏が直義を追って関東に向かうと、これに従った。観応三年閏二月、旧直義党と南朝の連合軍が関東で蜂起すると、秀は尊氏軍に加わり、閏二月二十日、武蔵金井原《かないはら》（現在の東京都小金井市。二三四頁の地図を参照）の合戦で戦死した。故郷から遠く離れた地で討死、それが南北朝時代の日常だったのである。

右に見える南北朝内乱の苛酷さに比べれば、鎌倉後期の「悪党」事件なんぞ、所詮は小競り合いである。前章で言及したように、荘園の内外で紛争が起こるのは何も鎌倉後期に特有の現象ではなく、超時代的に観察される。「悪党」を告発する訴訟が増え、その関係史料が現代にまで多く伝わったから目立つだけのことである。傷害事件が発生するたびに、いちいち「社会矛盾」などと騒ぎ立てることに、いかほどの意味があるのだろうか。

戦後歴史学は基本的に「悪党」の活動を反体制運動とみなし、彼らの肩を持ったので、「悪党」問題をゴシック太字の超重要歴史事項として大々的に取り上げた。結果として、「悪党」は実態以上に派手に暴れ回っていたことにされてしまったのだ。やがて、「悪党」に代表される鎌倉後期の社会矛盾が南北朝内乱を生み出しただとか、鎌倉後期の「悪党」が南北朝期の「一揆《いっき》」に進化したのだとかいう学説が幅を利かせるようになり、鎌倉後期から南北朝期への連続性が強調されるに至った。

だが、「階級闘争史観」というフィルターを取っ払って素直に見れば、隣に住んでいる武士とケンカするのと、日本全国を西へ東へと転戦するのとを、同じ土俵で論じられるはずがない。重要なのは、体制にはむかっている（ように見える）かどうかではなく、武士たちの戦闘の実態である。

## 略奪という軍事作戦

鎌倉幕府では、出陣する御家人が兵粮米、つまり食糧を自弁するのが原則であった。鎌倉時代の戦闘は短期的・小規模だったので、これでも問題なかったのだが、南北朝時代に入り、大規模な遠征がしばしば行われるようになると、この方式では餓死してしまう。この結果、採用されたのが、兵粮米の現地調達方式である。

現地調達というと、日本史学界では、ともすると「民衆から略奪！」という倫理的非難に傾き、冷静な議論にならない。「反戦平和主義」も結構だが、道義的な問題と軍事的合理性は切り離して論じる必要がある。

日本史研究者が執筆した「軍事」や「戦争」の本では、「遠征軍を支える兵站《へいたん》という発想はなく、周辺の村々が略奪された」など、現地調達（徴発・略奪）は野蛮・原始的で、後方から食糧を輸送する方が洗練された高度な補給方法と評価されることが多い。

確かに略奪は道徳的には良くないことかもしれないが（もっとも、後方から補給する場合も、百姓から兵粮米を徴発するという点では同じだ）、軍事的な観点からは理にかなった手段である。久保健一郎氏が指摘するように、戦争において兵粮は最重要物資であると同時に「お荷物」であり、大軍の遠征を後方からの補給のみで支えようとしたら、食糧の運送・保存・管理のコストは甚大なものになる。

軍事学者のマーチン・ファン・クレフェルト氏によれば、普仏戦争（一八七〇〜一八七一）において、プロイセン軍は鉄道網を駆使した綿密な補給計画を立てたにもかかわらず、補給制度は機能せず現地調達に依存したという。パリ包囲の際には根拠地からの食糧補給が滞ったため、数千のプロイセン兵が持ち場を離れ、パリ周辺の農地から農産物を収穫し、脱穀を行い、水車で粉をひき、パンを焼く有様だった。兵站の神様と崇められてきた大モルトケ（プロイセン参謀総長）が構築した補給線ですら、この始末であるから、他は推して知るべし。現地調達で戦争が継続できなくなるのは、弾薬の消費量が飛躍的に増加した第一次世界大戦以降である。それまでは、洋の東西を問わず、現地徴発で軍隊を養うことがスタンダードな手法だった。

さて、南北朝内乱における略奪の実態はどのようなものだったのか。ひんぱんに引用されるのが、『太平記』巻第十九の「追奥勢跡道々合戦事《おくぜいのあとをおうてみちみちかっせんのこと》」である。そこには暦応元年（南朝延元三、一三三八）正月の、陸奥国司北畠顕家が大軍を率いて鎌倉を攻略し、さらに東海道を怒濤の勢いで進撃する様が描かれている。すなわち、

元来無慚無愧《むざんむぎ》ノ夷共《えびすども》ナレバ、路次ノ民屋《みんおく》ヲ追捕《ついぶ》シ、神社仏閣ヲ焼払フ。惣《そうじて》此勢《このぜい》ノ打過ケル跡、塵ヲ払テ海道二三里ガ間ニハ、在家《ざいけ》ノ一宇《いちう》モ残ラズ草木ノ一本モ無リケリ。

（もともと顕家軍は恥知らずの野蛮人どもなので、沿道の民家から略奪し、神社仏閣を焼き払う。基本的に、顕家軍が通り過ぎた後は、土煙を払うと、沿道の左右二、三里の区間は、民家が一軒も残っておらず、草木の一本すら生えていない）

とのことである。文面からは東北人蔑視が読み取れるので、割り引いて考える必要はあるが、この時代、行軍中の略奪が激しかったのは事実だろう。占領統治を行うとなると強奪ばかりもしていられないが、通過するだけの地域からは遠慮なく略奪できる。文字通り「後は野となれ山となれ」である。昔から歴史家は、顕家軍の快進撃を見て「大軍なのに驚異的スピード！」と驚いてきたが、発想が逆である。大軍が食っていくには移動し続けるしかないのである。

もう少し信頼できる史料として有名なのが、建武四年二月に美濃国大井荘（現在の岐阜県大垣市）の荘民たちが本所の東大寺に提出した申状《もうしじょう》（嘆願書）である。それによれば、建武二年の冬、後醍醐方・足利方双方の軍勢が荘園に侵入し、牛馬以下の資財のみならず米・大豆に至るまで、ことごとく略奪していき、百姓たちは餓死しかけたという（「東大寺文書」）。この文書は東大寺法華会料の負担免除を願い出たものだから、被害状況を誇張していると思われるが、おおむね事実とみなして良いだろう。なお大豆は主に馬の飼料として徴発したと考えられる。

さて、戦時略奪のあり様を示す史料というのは、この種の、荘園現地からの被害報告書が多い。そういう史料だけ見ていると、軍勢が農村に進駐してきて民家に押し入り、食糧を持っていってしまい、百姓が涙にくれるという時代劇的なイメージばかりが増幅されてしまいがちだ。しかし、略奪ないし徴発の舞台は、必ずしも農村とは限らないと思う。

上述の足利尊氏の軍事行動を眺めていると、しばしば兵庫を拠点としていることに気づく。交通の要衝ならば軍隊の集結・駐屯・移動に便利ということもあろうが、それだけではないと考える。『梅松論』によれば、建武三年二月、京都奪回に逸る尊氏に対し細川一族らは、陣営を兵庫に移し、兵庫の船を徴発し、「兵粮等人馬の息をつかせて」から、諸国の味方に号令して一斉に京都を包囲攻撃すべし、と提案した。この意見からは、兵庫に行けば兵粮があり人馬の給養ができる（なお馬は人間の約十倍食べる）、という認識が浮かび上がる。

前章で紹介した尾道がそうであったように、港町には倉庫が設置され、年貢米が集積される（七七頁）。よって港町を押さえれば、一挙に大量の兵粮を得ることができる。農家一軒一軒に対して押し込み強盗のようなマネをする手間は不要になる。

近代軍事学の創始者であるクラウゼヴィッツは『戦争論』において、「軍の必需を賄うには、人口の稠密な土地のほうが、人口の稀薄な土地よりも遥かに容易である」と指摘している。狙うなら農村より断然都市なのだ。北畠顕家が鎌倉を二年半で三回襲ったのも、同じ理由だろう。

近年の研究は、南北朝内乱が、当時「市町《いちまち》」と呼ばれた地域的流通拠点の争奪という形をとって進行したことを明らかにしている。この理由について、在地領主が地域の交通・流通の要衝を支配下に置くことで、当該地域のヘゲモニーを握ろうとしたのではないか、と推定する研究者もいる。そうかもしれないが、より即物的な理由として、「市町」に眠る大量の糧食が目当てだったということも考えられよう。

## 兵粮料所の設定

とはいえ、現地調達はどれだけの食糧が得られるか予測不可能であるし、進軍がストップして一地点に長逗留するハメになると、得られる食糧はどんどん少なくなる。かように不確定要素が大きいので、現地調達のみに依存することはできない。やはり事前にある程度の食糧を確保する必要がある。そのための有力な手段が兵粮料所《ひょうろうりょうしょ》の設定であった。

辞書的な説明をすると、兵粮料所とは、兵粮米徴収のために時期を限って室町幕府が配下の武士に預けた土地のことである（なお南朝方にも同様の制度がある）。ただ現実には、諸国の大将や守護が独自の裁量で国内に兵粮料所を設定し、幕府がそれを追認するという流れが一般的だった。

そして、大将や守護は配下の武士に兵粮料所を預け置くことで、彼らの支持を集めようとした。つまり兵粮料所の預け置きは、恩賞の一種なのだ。臨時的・暫定的な措置である分、普通の所領給付よりも気軽に実施できるため、この時代には多用された。個々の武士に兵粮の徴収権を与える形式が存在する以上、自弁原則はある程度活きていたと言えるだろう。

さて、どのような場所が兵粮料所に設定されるのだろうか。どうやら敵方の所領を没収して、それを兵粮料所として味方の武士に預け置くケースが多いようだ。ただし「没収」といっても、敵勢力がその土地からいなくなっているとは限らない。敵勢力が残存している土地を勝手に預けてしまうこともある。この場合、拝領した武士は自分の軍事力で敵勢力を排除しなければならない。実力による占有が実現できたら支配を認めるというわけで、俗に言う「切り取り次第」である。

もう一つ注意すべきなのは、「敵」とはいかなる存在か、という問題である。幕府方から見れば南朝方が敵ということになるが、「オレは後醍醐天皇のために逆賊尊氏を討つ！」みたいな感じで戦いを挑んでくる武士だけが「敵」なのではない。旗幟を鮮明にしない勢力も「敵」と認定してしまって良いのである。

前掲の建武四年大井荘申状には次のようにある。両軍による略奪の嵐を何とか乗り切った後、守護が在国《ざいこく》（京都ではなく国にいること）したので、ようやく美濃国も平和になると思っていたら、守護が国内の荘園に対し、兵士を出せだの、兵粮米や馬・武具を用意しろだのと要求してきた。もし要求を拒否した場合、敵とみなして身柄を拘束し、家々を焼き払うとの噂が流れている、と。

守護は兵粮米を徴収することを正当な行為と認識していたようである。地域の安全保障のために必要な戦費を荘園が負担するのは当然、という理屈らしい。暴力団のみかじめ料（用心棒代）のようなものであろうか。ちなみにスペイン継承戦争真っ最中の一七〇四年、フランドルからフランス内陸部へと進撃したイギリス軍総司令官マールバラ公は、行く先々の市町村に対し、「保護」してやるから食糧を提供しろ、と「要請」することで、四万の大軍を一ヶ月以上食わせることに成功した。古今東西、軍司令官が考えることは同じらしい。

敵方所領にも設定し得るという性質を考慮すると、兵粮料所は現地調達にも有効な仕組みである。実は、武士たち自身が食糧徴発に出かけることは大将・守護からすると好ましくなかった。それは別にモラルに反するからではなく、軍の規律が乱れ進軍に支障をきたすからである。その意味では、兵粮料所を設定し荘園側に兵粮米を供出させる方が、略奪は略奪でも、よりスマートな略奪と言える。

小林一岳氏は兵粮料所からの兵粮米徴収を「掠奪の体制化」と呼ぶ。クラウゼヴィッツは食糧の現地調達方法として「軍隊自身の徴発による給養」と、行政組織を介した「正規の徴発による給養」の二タイプを挙げ、後者を「最も簡単で最も有効な給養方法」と評したが、「掠奪の体制化」たる兵粮料所の設定は、後者のタイプに該当するだろう。

これに関連して、この時代には「諸国甲乙人《しょこくこうおつにん》」が「兵粮借用使者」として荘園にやってきて兵粮米を強引に徴収するという事例も見られる（「高城寺《こうじょうじ》文書」）。甲乙人とは、貴族や武士ではない一般庶民を指す。近代的な補給組織が成立する以前のヨーロッパでは、従軍商人などに現地徴発を請け負わせることが多かった。甲乙人による兵粮米徴収も、この類と思われる。武士たちが直接、兵粮米徴収を行うと、個人的利益のために野放図な略奪を行う恐れがあったので、これを避けるための措置だったのだろう。

## 半済令とは何か

前述のように、一国の軍事指揮官である守護は、戦争に備えてあらかじめ食糧をある程度、集積しておく必要があった。しかし兵粮料所を個別に設定していっても、その多くは配下の武士たちに預けてしまうので、守護の手元にさほど多くの食糧が集まるわけではない。そこで登場するのが「半済《はんぜい》」という方式である。これは、守護が国内の全ての荘園から、一律に年貢米の半分を兵粮米として徴収する、という仕組みである。

教科書をひもとくと、室町幕府は半済令を出して、軍費調達のために守護に年貢の半分徴発＝半済を認めた、と解説されている。ただ学界においては、半済令の目的をめぐって長らく論争が展開されてきた。その研究史を丹念にたどっていると何十頁も使うことになるので、極度に簡略化して説明する。

半済令によって荘園領主（南北朝期には「寺社本所《じしゃほんじょ》」と呼ばれた）の取り分は半分になってしまい、残り半分を守護が徴収することが公認された。この「荘園領主が半分しか取れない」というところに注目した場合、守護の権力拡大を後押しする改革推進政策ということになる。

しかし半済令の制定以前には、守護方が半分どころか根こそぎ持っていってしまうことが少なくなかった。だから「荘園領主が半分しか取れない」ではなく「半分も取れる」と捉えることも可能なわけだ。この解釈を採った場合、半済令は、守護による強引な兵粮米徴収に歯止めをかけて荘園領主の権利を保護する保守的な政策と理解される。

最近は、両者の折衷案的な説も提出されている。幕府は何度か半済令を出しているが、その中味は時期によって多少異なる。松永和浩《かずひろ》氏は、この半済令の細かい内容変化に着目して、幕府の半済政策の段階差を数年刻みで指摘する。

すなわち、戦況が好転してくると、幕府は軍事体制を解除して寺社本所領の返付を守護に命じ、戦況が悪化して軍事費が足りなくなってくると、寺社本所領の兵粮料所化を進める、というのである。かくして松永氏は半済令を幕府の「軍事政策」と位置づける。

しかし半済令の法文構成は、「戦費調達を口実に武士たちが勝手に占拠しちゃった土地は全部寺社に返すけど、戦場になっている国だけは対象外だよ」など、原則返還で一部例外条項をつけるというものであり、これを「軍事政策」と把握するのには疑問を感じる。

松永氏は「兵粮料所の設置・撤廃は情勢変化に応じてなされたはず」と説くが、幕府が主体的・積極的に設置・撤廃を行ったという前提はそもそも正しいのだろうか。既述の通り、兵粮料所の設置について、幕府は現場の指揮官にほぼ一任していた。現地でなし崩し的に進行する兵粮料所の設定に対し、幕府は追認するか抑制するという形でしか関与できず、兵粮料所の戦略的配置といったものは想定できない。

松永氏が検討素材として取り上げた一連の幕府法令からは、「方針転換」と呼ぶほどの劇的な政策変更は認められない。保護の度合いは時期によって異なるものの、寺社本所領保護の方針は一貫していると見るべきであろう。現地武士の兵粮料所設定（事実上の略奪を含む）に対して、幕府は「寺社本所への返付」という立場を（タテマエとしては）崩していないのだ。したがって守護による半済は軍事政策だが、幕府の半済令は軍事政策ではない。

そもそも研究史において、半済令はあまりにも重視されすぎてきたと思う。半済令の実効性の低さ、つまり半済令の発令にもかかわらず、その規定が現地で守られず、しばしば武士の荘園侵略が見られたことは、先行研究でも再三指摘されてきたことである。幕府は、寺社本所からの抗議を受けて、「おいお前ら、ほどほどにしとけよ」という意味で半済令を出したにすぎず、多分に形式的な政策であった。少なくとも南北朝の「戦争」を論じる上では、条文を事細かに分析する必要はないと考える。

### 陣夫と野伏

守護が荘園に要求するのは兵粮米だけではない。人員の提供も要求する。その一つが「陣夫《じんぷ》」

の仕事である。

「人夫《にんぷ》」と呼ばれる非戦闘員である。当時の史料から「兵粮持人夫」「塩持《しおもち》人夫」「材木持人夫」「具足《ぐそく》持人夫」「城誘《しろこしらえ》人夫」「在陣夫」などの存在が知られ、陣夫たちは物資を運んだり城郭を築いたり食事を作ったりといった雑役に従事していたと考えられる。確かに百姓にはうってつけの仕事である。

もう一つが野伏で、こちらは戦闘員である。中世史の概説書などを見ると、野伏を傭兵的存在と解説し、彼らの奇襲・待ち伏せ戦法を「ゲリラ戦法」と特筆していることが多い。どうも『峯相記』の悪党のイメージで野伏を理解しているようなのだ。実際、悪党と野伏の類似性を指摘する研究者も多い。

だが前章で論じたように、「悪党」とは基本的にレッテルであり、一般の武士と区別される特殊な武力集団が鎌倉末〜南北朝期に存在していたわけではない。したがって野伏についても再検討が必要であろう。

実は、神出鬼没の武装勢力としての野伏は、もっぱら『太平記』に登場する。『太平記』の中で野伏を積極的に活用している武将としては、楠木正成、赤松円心、高師直が有名であるが、それは必ずしも彼らの実像ではない。『太平記』は楠木らのキャラクターを、今までの「常識」に（良くも悪くも）とらわれない「悪党」として造形したのであり、その描写を全面的に史実として受け入れることはできない。

野伏の出自については、分析対象を信頼性の高い史料だけにしぼると、守護が荘園に陣夫役のみならず野伏役を賦課したという事実しか浮かび上がってこない。つまり「野伏」という荒くれ者集団が存在するのではなく、百姓が「野伏」として駆り出されているのである。まあ村の中でも腕っぷしの強い奴が選ばれるのだろうが、それにしてもたかが知れている。

百姓たちの寄せ集めである「野伏」部隊が、巧みな戦術によってプロの戦闘員たる武士たちを翻弄する、といった事態はちょっと想像できない。「野伏といえばゲリラ戦法！」という従来の理解は、南北朝内乱の実相からはかけ離れている。

だいたい中世史研究者は「ゲリラ」という言葉を安直に使いすぎる。「正規軍」という概念が未成立の前近代に「ゲリラ」もへったくれもないだろ、という〈そもそも論〉はさておき、ゲリラ戦とはいわゆる「持久戦」の一形態であり、民衆の支持や地の利を生かして行う消耗戦のことである。鎌倉幕府を向こうに回して長期間抗戦した楠木正成の奇計ならまだしも、ちょっと不意打ちをかけたぐらいで「ゲリラ戦法」とは言わない。

日本史学界が「ゲリラ」という言葉を使いたがるのは、「ベトナム人民がゲリラ戦によってアメリカ帝国主義に勝利した！」というベトナム戦争への強い思い入れに由来すると思われる。そう、例の「階級闘争史観」である。だが、この理解は完全に間違っている。

ベトナム戦争についてはベトコンの活躍が喧伝されることが多いが、ベトコンがアメリカ軍に対して損害らしい損害を与えたケースはない。米軍がある程度の損害を受けた戦闘は、ソ連から最新兵器を供給されていた北ベトナム正規軍相手のそれであり、ベトナム戦争にケリをつけたのも北ベトナム軍による南への侵攻である。チェ・ゲバラが明言したように、ゲリラ戦は「それ自身では完全な勝利に達し得ない戦争の一段階」であり、「勝利はつねに正規軍によってのみ達成できる」のだ。民衆の闘争の手段として「ゲリラ」を持ち上げるのは、そろそろ止めるべきだ。話が少しそれた。武士たちをきりきり舞いさせるような奇襲攻撃を期待できないとしたら、「野伏」は実際にはどのような役割を果たしたのだろうか。

康永《こうえい》二年（南朝興国《こうこく》四、一三四三）四月、南朝方として常陸で活動していた春日顕国《かすがあきくに》は、味方の結城親朝《ちかとも》に送った書状の中で「野伏を差し遣わし、凶徒らの兵粮の通路を塞ぎ候の間、これに依って度々合戦し、またもって凶徒ら多く討ち取り候いおわんぬ」と戦況を伝えている（「白河結城文書」）。顕国は野伏を使って、足利軍の輸送路を遮断し兵粮を奪ったのである。

また前掲の野本鶴寿丸軍忠状によれば、建武三年二月三十日に後醍醐方の軍勢ひしめく京都を脱出した野本朝行は、三河国で野伏にたびたび襲われ、危うく命を落としかけたという（一二六頁）。ここに見える野伏の行為は、いわゆる「落武者狩り」と考えられる。

室町～戦国時代における民衆の戦争参加を検討した藤木久志氏は、武家の兵が敵正面に当たるのに対し、軍事動員された民衆は後方に配備され、落武者狩りや通路遮断を担ったと論じている。いわば補助的な戦闘員であり、その戦力を過大視することはできない。藤木氏の指摘を参考にすると、南北朝時代の「野伏」は右の動員体制の先駆と言えるのではないか。

ただし室町期においては、民衆の武力は村単位で組織され、守護の軍隊とは独立して行動している。一方、南北朝期の「野伏」は大将の指揮下に入っているように見える。「（幕府方大将の今川満範《みつのり》が）甲百余・野伏三百余人差し遣わし候いおわんぬ」（「禰寝文書《ねじめ》」）といった記述からは、「甲」つまり完全武装の武士に付き従う形で、「野伏」＝軽装の農民兵が援軍として派遣されたことがうかがえる。この点に、南北朝期と室町期の段階差が認められよう。

なお、この時期の古文書には「野伏合戦」という表現が散見される。これを「野伏による合戦」または「野伏との合戦」と解釈する研究者は多いが、果たしてそう断定できるか。戦国時代には「野伏」を「本格的戦闘の前の小競り合い」の意味で用いる事例が見られ、「野伏合戦」も、主力同士の会戦とは区別される、小規模な戦闘を指す可能性がある。

したがって、この時期の「野伏」部隊＝農民軍の活動を過大評価すべきではないだろう。

## 「戦術革命」はあったか

南北朝内乱は武装のあり方にも多くの影響を与えたと言われる。従来から注目されているのが、腹巻より軽量の甲冑「胴丸《どうまる》」の普及である。また、槍の登場も強調されている。

胴丸や槍が重視されるのは、それらが新興の武力集団である悪党・野伏らの武具と考えられてきたからである。いわく、ゲリラ的な戦術には機動性の確保が重要なので軽装の胴丸が好まれた、槍は「突く」のみの簡単な武器なので武芸の鍛錬を日頃から行っている武士以外の人間でも容易に操作できる、と。さらに歩兵集団戦の隆盛が説かれたりもする。

戦後歴史学は「民衆の台頭」が大好きなので、戦闘員の階層的拡大、すなわち既存の武士以外の者が戦闘に参加することで武士に成り上がっていく、という「下剋上」的側面を過大視する傾向があった。やたらと戦術面の革新が説かれるのも、このためである。だが、南北朝時代に悪党・野伏と呼ばれる傭兵集団が勃興したという歴史的事実はないし、「一騎打ちから歩兵戦へ」

という古典的理解も近年の実証的研究の進展によって修正されてきている。

まず、騎射《きしゃ》技術の未熟な下級武士が大量に参戦するようになった結果、一騎打ちは源平合戦の段階で既に主流の戦法ではなくなっていた（二八～三二頁）。古典学説では、悪党・野伏が戦闘ルールを無視して馬を射るようになったために一騎打ちが廃れたと説明されるが、馬を射る戦法は源平合戦でも用いられていた。この時代に「戦術革命」が起こった徴証はない。

高度な技術を要する弓矢から扱いやすい太刀・槍へ、という説明もしばしばなされるが、軍忠状（一二六頁参照）や合戦手負注文《かっせんておいちゅうもん》（合戦における負傷を申告したもの）で見る限り、南北朝時代の戦傷では矢による傷が圧倒的に多い。この時代に徒歩斬撃戦が流行したとは到底言えない。

南北朝期の合戦を壮烈な白兵戦として描いた『太平記』の影響もあり、当時の戦闘員がたいへん勇敢であったと私たちは錯覚しがちである。だが彼らとて人間、死にたくはないので、できるだけ接近しないで敵を殺傷しようと、遠矢《とおや》での戦闘を志向したのである。

とはいえ、軍忠状などに記された戦闘状況を踏まえると、接近戦が無視できない比重で起こったことも、また事実である。この問題については、功名の証として敵の首を取るために刀や槍をふるって戦う必要があった、という鈴木眞哉《まさや》氏の推定が正鵠を射ていると考える。つまり、遠矢によって敵を崩した上で、白兵戦になだれ込むのである。

旧来の研究では悪党・野伏の活躍という先入観から、太刀や槍で戦う歩兵（これを専門用語で「打物歩兵《うちもの》」という）の増加が、従来の「戦争」とは異なる南北朝内乱の最大の特徴である、と論じられてきた。だが近藤好和《よしかず》氏は、太刀や槍を持った騎馬武者（「打物騎兵」という）の登場や、弓矢を持った歩兵（「弓射《きゅうしゃ》歩兵」）の増加にこそ着目すべし、と主張している。

近藤氏によれば、南北朝期になると三枚打弓《さんまいうちゆみ》という飛距離の長い弓矢が使われるようになり、これに伴い、敵に接近してピンポイントで狙う騎射よりも遠距離からの歩射《かちゆみ》の方が有利になったという。この時期に、楠木正成の赤坂城・千早城や赤松円心の播磨白旗城（現在の兵庫県赤穂郡上郡町赤松に所在）など、天然の要害を利用した常設の城郭、いわゆる「山城」が出現したことも見逃せない。攻城戦（守る側から見ると籠城戦）においては、互いに歩射の遠矢にならざるを得ないからである。そして弓射歩兵は楯の陰から矢を射るので、防具は軽装になる。

こうした弓射歩兵にどれだけの百姓が含まれていただろうか。上述のように、弓矢は日常的に訓練していないと扱えない武器である。百姓も狩猟を通じて弓矢に習熟していたはず、という議論もあるが、生業としての狩猟と実戦を意識した弓矢の訓練を同一視することはできない。普通の百姓を前線に配置するとは考えにくく、「野伏」として後方配備するのが関の山だろう。

なお南北朝内乱期、幕府は恩賞をエサに、「沙汰人《さたにん》」と呼ばれる荘園現地の有力者を広範に軍事動員した。かつての研究では、こうした存在は上層農民と理解されることが多かったが、沙汰人は荘園の公文・田所、または地頭代《だい》・預所代などの中下級の荘官に就任する領主的存在である。前章で紹介した寺田法念などが典型であるが、名主よりは地頭御家人に近い存在で、武士とみなせる。沙汰人の参戦をもって「百姓の実戦への参加」とはみなせない。

歩兵が弓射を担うようになった結果、騎兵は弓射から解放され、打物戦《うちものせん》に参加するようになる。騎兵同士で打ち合う馬上打物戦はすれ違いざまに相手を攻撃する一撃離脱方式であり、チャンバラをするわけではない。言うまでもなく彼らはれっきとした武士であり、依然として中核的な戦力であった。

特別な武技や並はずれた腕力、大きな経済力などを有していない一般の民衆であっても、悪党や野伏となって、武士たちによって構成された「正規軍」を撃退できる――この「ゲリラ戦」信仰は、今でも学界に根強く残っている。

だが悪党や野伏、山伏などが縦横無尽に暴れ回った、あるいは華々しく活躍したという理解は、『峯相記』や『太平記』に多くを負っている。『峯相記』の史料的性格は既に触れたが、『太平記』も扱いが難しい史料である。『太平記』は元来、口演される「語り物」であり、その語り手は卑賤視される芸能民であった。彼ら「あぶれ者」がアウトサイダーの活躍を英雄的に語ったのは当然のことだ。その記述を真に受けるのはいかがなものか。たぶん「階級闘争史観」が思考の根底にあるから、ロマンあふれる『太平記』の世界観に安易に乗っかってしまうのだろう。

では、南北朝内乱は前代の戦争と、どこが異なるのか。遠戦志向の発達は一目瞭然であるが、戦術面の革新とまでは言えまい。むしろ遠征・長期戦・大規模戦の増加によって食糧の確保が最優先課題に浮上した点に、南北朝内乱の最大の特色がある。

暦応四年（南朝興国二、一三四一）六月、幕府方の高師冬《もろふゆ》（高師直の従兄弟）は、南朝方の北畠親《ちか》房《ふさ》がこもる常陸小田城（現在の茨城県つくば市に所在）に迫ったが、力攻めを避けて、小田城を見下ろす宝篋山《ほうきょうさん》（三村山）に陣を取ると共に周囲に複数の要害を構えた（「白河結城文書」）。これは戦国時代にしばしば見られる「付《つ》け城《じろ》」、南北朝時代の史料で言うところの「向城《むかいじろ》」「近陣《きんじん》」「詰《つめ》陣《じん》」にあたると思われる。すなわち、小田城に攻めかかるのではなく、援軍の到着を待ちつつ小田城への糧道を断つことで籠城軍を屈服させる持久作戦である。この「向城」作戦は、南北朝期に攻城側の戦術としてポピュラーになった。

高師冬軍は要害にたてこもりつつ、しばしば周辺の村々から兵粮を徴発し、また南朝方武将への調略工作も進めた。なお、この時代、城の近辺の村々を焼き払ったり近隣の田畑で育てられている作物を刈り取ったりすることで、籠城軍の食糧補給を妨害するという戦法も広く用いられた（「禰寝文書」など）。おそらく師冬軍は、こうした消耗作戦も併用して、敵軍の敢闘精神を挫いていったのだろう。

徐々に劣勢になっていった北畠親房は、陸奥の結城親朝に対して、常陸に来援し「後措」（「後詰」か）として師冬軍に圧力をかけるよう再三要請したが、親朝は動かなかった。そして十一月に小田城の城主である小田治久《はるひさ》が幕府方に帰順したため、親房は小田城を脱出した。

ところで包囲攻城戦というと、「兵粮攻め」という言葉が普及しているからか守備側が飢える印象が強いが、包囲が長引けば攻撃側も食糧を得ることが困難になる。鎌倉幕府の千早城攻め（一〇一～一〇二頁）では、幕府軍の背後に展

であろう。

**小田城の発掘風景**（2008年９月、撮影：著者）

開した護良親王の軍勢が彼らの補給路を断ったことで、幕府方の将兵が次々と戦線離脱していった。

　このように、籠城している味方を援護するために攻城軍の背後をおびやかす軍勢を「後詰《うしろづめ》」「後《うしろ》巻《まき》」「後攻《うしろぜめ》」などと呼び、南北朝時代には「後詰」作戦が盛んに用いられた（ちなみに戦国時代になると再び流行した）。そのため、「後詰」の武士が敵の包囲を突破して城中に兵粮米を運び入れたら軍功にカウントされたし（「毛利家文書」）、逆に城中に兵粮米を運び入れる人夫を攻城側の武士が捕らえることも戦功として賞賛された（「野上文書」）。

　すなわち、『太平記』が描写する壮絶な白兵戦や巧妙なゲリラ戦ではなく、兵粮と将兵の争奪戦こそが当該期の「戦争」の真の姿であり、正面攻撃を極力回避した点に〝新しさ〟を見いだすべき

# 第四章　武士たちの南北朝サバイバル

## 戦いたくない武士たち

この時代の軍忠状を見ていると、「身命を捨てて」戦った、といった表現にしばしば出くわす。恩賞をもらうためには自分の武勲を強調する必要があるので、軍忠状の表現は基本的に大げさになる。こうした記述を真に受けたわけではないのだろうが、かつての内乱史研究は、武士たちが南北朝内乱を〝成り上がり〟の好機と捉え、喜び勇んで戦場に向かったかのごとく論じてきた。これはもちろん、武士たちを変革の主体とみなす「階級闘争史観」に根ざした捉え方であった。

右の理解を根底から揺さぶった新史料が「高幡《たかはた》不動《ふどう》胎内文書《たいないもんじょ》」である。大正末期～昭和初期、東京都日野市にある高幡山金剛寺の木造の不動明王坐像、通称「高幡不動」の胎内から書状類が取り出された。これらの書状は全て、裏面全体に多くの不動明王ないし大黒天の印仏《いんぶつ》（仏の姿の木版）が捺されていた。しかし欠損が多く、字も読みづらく、どの紙とどの紙がセット（一通の書状）だったのかもにわかには判別できず、放置されていた。

だが、日野市史編さん委員会の努力によって、文書の接合復原作業と解読作業が進められ、

「高幡不動胎内文書」の一部、上が書状、下が印仏が捺された裏面
（高幡山金剛寺、日野市郷土資料館）

「高幡不動胎内文書」の全貌がほぼ把握されるに至った。その成果は一九九三年に『日野市史史料集　高幡不動胎内文書』として公開された。それによれば、この胎内文書は、暦応二年（一三三九）に高師冬の常陸遠征（一四五頁の地図を参照）に従軍した武蔵国多西郡《たさいぐん》土渕郷《つちぶちのごう》（現在の日野・多摩両市にまたがる地域）の武士山内経之《やまのうちつねゆき》の書状五〇通、その関係者の書状一八通などから成るとされる。これらの文書は、常陸で戦死した経之の菩提を弔うために、遺族の手により金剛寺の不動堂に納められたと推定される。

右の史料群によれば、経之は関東執事兼武蔵守護の高師冬に動員され、暦応二年八月に鎌倉を出発し武蔵府中や村岡（現在の埼玉県熊谷市）を経て下総国下河辺荘《しもこうべのしょう》に至り南朝方と交戦、撤退する南朝軍を追って同国山川（現在の茨城県結城市大字上山川）の陣に入った。ここは南朝方の重要拠点である常陸駒城《こまじょう》（現在の茨城県下妻市黒駒）の至近にあり、経之は駒城攻撃に参加している。

駒城攻防戦は暦応三年五月まで続いたが、駒城陥落を報じた経之の書状はない。どうやら経之は激戦の中で戦死したようである。

経之は遠征先から留守宅の妻子や関戸観音堂（現在の多摩市関戸に所在）の住職などにたびたび手紙を送っているが（これが経之の死後に高幡不動に納められたわけである）、そこには戦場に赴く武士たちの〝ホンネ〟が記されていた。

経之の息子はまだ幼く、またぼしい家人（家来）はみな経之に付き従ったので、留守宅には頼りになる者が一人もいない。そのことが経之は心配でたまらない。滞陣が長引くにつれて経之は妻子が恋しくなり、休暇をとって一時帰郷しようとするが、それも許されない。

もちろん、死と隣り合わせの戦場にいる自分の身も不安であった。家族が心配しないようにとの配慮からか、経之の書状では戦死者・負傷者の続出や敵襲への警戒といった戦地での状況は淡々と記されているが、内心、相当の恐怖があったはずだ。特に、自分が死んだら残された家族はどうなってしまうだろう、という不安が大きかった。「今度の合戦から生きて帰ることはないだろう」という息子への言葉は、自分亡き後の家を頼む、という意味が込められているように思われる。

経費の捻出も深刻な問題で、経之は財産を一部処分した上、あちこちから金や兵粮米を借りている。それでも戦闘の長期化に伴い兵粮・戦費が枯渇し、留守宅に対し、干し柿・かち栗などの携帯食品を届けてほしい、金策をしてほしいと依頼している。加えて馬や武具も消耗したため、代わりの馬・武具を留守宅に求めている。だが、貧窮する家族からの補給は滞りがちで、経之は馬や兜を味方から融通してもらう有様だった。おまけに家人たちが引き連れてきた従者（つまり家来の家来）たちが逃げ出すなど、踏んだり蹴ったりの状況だった。

経之は帰国を強く望んでいたが、別に彼が武士の風上にも置けない腰抜けだったわけではない。経之からの書状によると、出撃命令に従わない者の所領が没収されるとの風評が立っていたという。高師冬に率いられた武士たちの戦意は概して低かったのである。

この駒城攻略戦の最中、高師冬は相模の武士山内時通《ときみち》（彼と山内経之は同族と思われる）に感状を与えている。それは「多くの武士が帰国する中、今に至るまで陣中に残っているのは感心である」という内容であった（「山内首藤《すどう》家文書」）。南朝方が師冬軍の糧道を絶ったことが効果を発揮し（「白河結城文書」）、勝手に戦線を離脱する者が多かったようだ。

北畠親房や春日顕国ら南朝方の諸将は常陸西部に拠点を築いていたので、本来ならば師冬は常陸・下総・下野《しもつけ》の武士を動員して南朝方と決戦するべきだった。ところが、建武年間には尊氏に従って活躍した常陸守護の佐竹氏や下野守護の小山氏は、今回の常陸合戦には協力的でなかった。彼らは誇り高い名族の武士であり、尊氏ならともかく、将軍の執事にすぎない師直のそのまた一族にすぎない師冬の下につくことに我慢がならなかったようである。

このため師冬は、自らの影響力が及ぶ武蔵・相模の中小武士を動員して常陸へ向かうが、彼らにしてみれば常陸での戦乱など、自分たちには関わりのない遠い国での出来事であり、師冬による動員は迷惑以外の何物でもなかった。武士たちはなかなか参集せず、鎌倉出発の日程が延び延びになる始末であった。最初からやる気がないのだから、戦況が悪化すれば厭戦気分が蔓延して脱走者が出るのは当然だろう。彼らは戦いたくなかったのである。

## 続出する戦死者

後ろ髪を引かれる思いで出陣し、戦場でも故郷の妻子を気にかける――「高幡不動胎内文書」から浮かび上がる内乱期の武士の〝軟弱〟な姿は、これまでの研究が想定していた勇壮なそれとはかけ離れており、中世史学界に衝撃を与えた。

だが、通史や概説書の類では、いまだに武士たちが積極的・主体的に戦乱の中に飛び込んでいった式の叙述が目立つ。山内経之の例などは一エピソードとして紹介されるに留まり、「当時の武士たちにとっても戦争は必ずしも歓迎されるものではなかった」みたいな感じで、あっさりとまとめられてしまう。

これは「南北朝内乱は窮乏した武士たちが現状を打開する絶好のチャンスであり、内戦状況を利用して積極的に他領を侵略し所領を拡大した」という事実認識が、研究者の思考の前提になっているからであろう。しかし、南北朝内乱への参戦は、本当に武士たちにとってメリットが大きかったのだろうか。

南北朝内乱は前代までの戦いと比べると、はるかに大規模化・長期化した「戦争」であり、武士たちの受ける被害も甚大なものであった。最大の被害は、もちろん戦死だ。第一章でも登場した少弐氏《しょうに》（武藤氏）の系図を分析した新井孝重《あらいたかしげ》氏によると、内乱期を生きたと見られる五四人のうち、戦死した者だけでも一八人を数えるという。なんと全体の三分の一を占めるのだ。

もっと壊滅的な被害を受けた一族としては、陸奥国行方郡《なめかたぐん》を本拠とする陸奥相馬氏が挙げられる。足利尊氏の九州敗走後（一一三頁）、北畠顕家は陸奥への帰途につくが、尊氏に鎌倉防衛を任されていた斯波《しば》家長《いえなが》が行く手を阻んだ。建武三年（一三三六）四月十六日、片瀬川の戦い（現在の神奈川県藤沢市片瀬海岸の辺りか）で家長軍は顕家軍に敗北、相馬一族の泉胤康《いずみたねやす》が討死した。家長軍は鎌倉まで退いて応戦したが、さらに敗れて、相馬氏惣領の相馬重胤《しげたね》は法華堂で自害した。

この時、相馬重胤の嫡男である親胤《ちかたね》は尊氏に付き従って西国にいたので、親胤の弟である光胤《みつたね》が陸奥相馬一族を率いることになった。光胤らは斯波兼頼《かねより》の指揮下に入った。しかし同年五月二十四日、顕家軍が光胤の守る陸奥国小高城（現在の福島県南相馬市小高区小高に所在。一一二頁の地図を参照）を攻撃、相馬光胤と一族の長胤《ながたね》・胤治《たねはる》・成胤《しげたね》・胤俊《たねとし》が戦死した。

このため親胤の嫡子である相馬松鶴丸《まつつるまる》が一族を率いることになったが、大幅に戦力ダウンした上、南朝方が陸奥を席巻している状態だったので、身動きが取れなかった。やむなく松鶴丸らは半年間山林に潜伏し、建武四年正月に斯波兼頼らが来援するに至って、ようやく再起を図れたという（「相馬文書」）。

相馬氏の場合は運良く勢力を挽回できたが、一家の主を失ったために衰亡してしまう家も少なくなかった。「高幡不動胎内文書」の武蔵山内氏は、経之の死後、どの史料にも姿を見せない。おそらく妻と幼い子供だけでは所領を維持できず、没落したのではないだろうか。経之の不安は不幸にも的中してしまったのである。

同様の事例として、筑前国宗像郡《むなかたぐん》朝町村《あさまちむら》（現在の福岡県宗像市朝町）の御家人、朝町孫太郎入道禅恵《ぜんけい》の悲劇を取り上げる。禅恵は嫡男の光世《みつよ》に家督を譲り、隠居した。光世は足利尊氏に従い、建武三年三月の多々良浜の合戦（一一三頁）で敵の首を取る武功を立てた。だが、この時に光世の弟の光種《みつたね》が戦死、さらに暦応元年十一月には光世が八代《やつしろ》での合戦で負傷し、帰郷後に傷が元で亡くなった。すると野坂荘（現在の宗像市南郷）の地頭代である神崎弥次郎が朝町村に乱入し、略奪行為を働くようになった。年老いた禅恵は自力での抵抗をあきらめ、幕府に訴えたものの、効果はなかったようである（「宗像文書」）。

戦争に青年・壮年の男性が動員されるので、小さな武士団の場合、家に残るのは老人・女性・子供だけ、ということも少なくない。もし戦地から男たちが帰ってこなければ、その家の所領経営はたちまち破綻の危機に直面する。周辺の武士から侵略を受ければ、なす術がないからだ。

従軍を嫌がる武士たちは、何も臆病なわけではない。彼らは自分が死ぬのが怖いというより、おのれの戦死によって遺族が生活できなくなり家が滅びることを恐れていたのである。中世においては、戦死は最高の戦功とされ遺族には恩賞が与えられたが、これは、そうでもしなければ武士たちが命の危険を冒してまで戦おうとはしなかったからである。

もっとも、南北朝期の恩賞は、かなりアバウトなものだった。前章で説明したように、敵方所領を恩賞として与えるが敵方勢力は自力で排除せよという「切り取り次第」パターンも多かったので（一二三頁）、恩賞地を実際に支配できるかどうかは定かでなく、上部権力から拝領した証明書が単なる紙切れになることだってあった。

一例を挙げれば、前章で紹介した肥前の相知秀《おうちひで》（一二七頁）は、関東での足利直義方との戦いにおける勲功により、相模国愛甲荘《あいこうのしょう》（現在の神奈川県厚木市愛甲）にある直義党上杉能憲《よしのり》の所領を足利尊氏から恩賞としてもらった。しかし、二ヶ月後には上杉氏ら旧直義党と南朝の連合軍が蜂起し、相知秀は戦死した。九州にいる秀の幼い息子はこの所領を実効支配できず、結局は手放したようだ。こうした空手形に命を賭けるだけの価値があるかどうか、はっきり言って疑問である。

この時代、指揮官が武士たちに「戦場に来なかったら所領を没収するぞ」「もし遅れたら、どうなるか分かっているだろうな」とおどしをかけるのは日常の風景だった。裏返せば、それだけ不参・遅参する武士が多かったと考えられる。もちろん彼らは死にたくなかったのである。

内乱が長期化し一族や家人の戦死者が増えていくにつれて、「戦争への参加は割に合わない」という認識が武士たちの間で広まっていく。従軍拒否や戦線離脱の増加という事実から目を背け、武士たちを変革の主体として位置づけている限り、当該期の「戦争」の実態に迫ることはできないだろう。

### 死地に赴く気構え

出陣を前に遺言状を書く慣行が一般化するのも、南北朝時代からである。「戦場に向かうので、生きて帰ってこられるかどうか分からない」といった前置きをした上で、子息らに財産を分与するのである。出陣前に、菩提寺の住職に宛てて「何日に戦死しようとも、十八日を忌日として供養してほしい」と依頼している事例もあり（「茂木《もてぎ》文書」）、決意のほどが知れる。

正確に言えば、南北朝内乱の前の、元弘の乱の段階から、合戦に参加する当主や子息の戦死を想定した所領配分・訓戒が多く見られるようになる。中でも興味深いのが、豊後守護大友貞宗《さだむね》の譲状《ゆずりじょう》である。

正慶《しょうけい》二年（一三三三）、護良親王の誘いに応じて鎮西探題（鎌倉幕府が設置した九州統治機関）を攻撃すべく博多に出陣していた貞宗は、譲状を書いて本国に送った（「大友文書」）。それは、子息の千代松丸《ちよまつまる》（のちの氏泰《うじやす》）を後継者に指名し、全ての所領を譲り与えるというものであった。千代松丸には貞順《さだより》・貞載《さだのり》という二人の兄がいたが、彼らには所領が譲渡されなかった。彼らは父である貞宗と共に従軍していたからである。貞宗は千代松丸に対し、二人の兄が生還した場合は所領を分けてやれ、と申し置いている。つまり貞宗は、自身だけでなく、共に従軍した貞順・貞載も一緒に戦死してしまう可能性を想定しているのである。

他にもこんな事例がある。建武二年十一月に足利尊氏が建武政権に反旗を翻した際、備後の武士、山内通継《みちつぐ》（前掲の山内時通と同族）は、「戦場に向かうの上は、存命定まらざるものか」、つまり足利尊氏の上洛軍に参加する自分が生きて戻って来られるか分からないため、自分の外孫にあたる土用鶴丸《どよつるまる》（まだ赤子だった）を養子とし、事前に譲状を渡している。

その後、通継は建武三年正月三日の近江国伊岐須宮《いきすのみや》合戦（現在の滋賀県草津市に所在する印岐志呂《いきしろ》神社か。一九〇頁の地図を参照）で遠矢によって敵六騎を射落とす戦功を立てているが（一二五頁参照）、同月三十日の京都三条河原の戦いで戦死している（「山内首藤家文書」）。出陣前に後継者を決めておいた通継の判断は適切だったと言えよう。

肥前国彼杵荘戸町浦《そのぎのしょうとまちのうら》（現在の長崎市戸町）の地頭である深堀氏の場合も、同種の措置をとっている。当主である時通《ときみち》が、子息の時広《ときひろ》が合戦で戦死する可能性を考慮し、時広が亡くなった後は孫の千徳《せんとく》が所領を相続するということまで早々に確定しているのである（「深堀文書」）。

また備後の長井貞頼《さだより》は、嫡子の頼元《よりもと》ではなく女子に子供たちへの譲状を託している（「福原家文書」）。これは「頼元は合戦などあらば、同道すべき」、すなわち合戦が起こった時には頼元は貞頼に同道するため、二人とも戦死する可能性を考慮しての措置であった。現実に、この譲状を作成してから一〇年ほど後、貞頼・頼元父子は同時に戦死している。

幼い孫や女子など戦場に行かない者に所領を預けるという行為からは、全滅を覚悟して出陣していく武士たちの悲壮感が見て取れるだろう。

## 戦死以外のリスク

武士が戦争に参加することによって生じるリスクは戦死だけではない。戦傷の問題も大きい。この時代の医療技術を考えると、合戦で傷を負った場合、身体に障害が残る可能性は高い。中世の武士が在地領主として生活するためには、外敵から所領を守る武力の保持はもとより、百姓たちと直接顔を合わせ、農業や祭礼において指導的役割を果たす必要がある。新井孝重氏が指摘するように、「力こそ正義」の時代において、身体に障害があっては、在地領主としての務めに支障をきたしたであろう。戦傷が戦功としてカウントされたのも、そのためである。

戦死・戦傷以前に、遠征そのものが大きなリスクであった。山内経之がそうであったように、武士が出陣する時には家人の大半を引き連れていくから、所領経営という通常業務を円滑に遂行することが困難になる。当主の不在が長期化すればするほど、本領《ほんりょう》（複数の所領のうち中核的な所領、本拠地）の支配は弱体化していく。

山内経之が本領を離れている間、留守宅では百姓からの年貢・諸役の徴収に苦心惨憺し、経之に兵粮米や金銭を送ることもままならなかった。これは、経之が「留守の事、かいがいしく候者の一人も候はで」「留守の時は人も候はぬ」「あまり物さばくり候物候はで」と再三嘆くように、留守を預かる有能な家人がいない（全員従軍している）ことに起因していた。女性と子供だけでは、百姓にもなめられてしまうのである。

出征に兵力を取られ、本拠地の防衛が手薄になるという問題もある。建武三年十一月三日、下《しも》野《つけ》（現在の栃木県）の武士、茂木《もてぎ》知貞《ともさだ》は足利方として宇都宮での合戦に参加した。ところが、その間隙を突いて南朝勢が茂木城（一四五頁の地図を参照）を攻撃、同月七日に炎上落城した。茂木城の留守を預かっていたと見られる代官の祐恵《ゆうけい》は、本拠地を失ってしまったので代わりの所領をもらいたい、と足利方の大将に申請している（「茂木文書」）。

また、見落としがちだが重大なリスクが、公験《くげん》（権利文書）の喪失である。武士が所領を安定的に維持していくには、実力による支配はもちろんのこと、支配の正当性を証明する証拠文書が必要だった。現代のものにたとえると、土地の権利書といったところか。

たとえば「〇〇の土地はお前のものと認める」という内容の足利尊氏からの書き付けがあれば、もし周辺の武士から侵害を受けても裁判に持ち込むことができる。逆に言えば、こうした証拠文書を無くしてしまうことは、たいへん危険な事態である。

論文のコピーが見つからず、しばしば同じ論文をもう一度コピーしている私を例に挙げるまでもなく、文書の紛失は、いつの時代でも起こり得ることではある。だが南北朝時代には、戦乱によって文書が失われる事例を多く発見することができる。

たとえば、先ほど挙げた茂木城落城の際、茂木氏が先祖代々保管してきた諸々の証拠文書が焼失してしまった。当主不在を狙って留守宅を攻撃するという戦術はしばしば見られ、この時、大事に保管されていた公験が居館もろとも焼けてしまうことも少なくなかった。

文書の喪失を避けなければ、という配慮が裏目に出ることもある。石見《いわみ》の武士、周布《すふ》兼宗《かねむね》は先祖代々の公験を持って上洛した。おそらく足利尊氏から本領安堵（その家が昔から支配してきた所領の支配権をあらためて承認すること）を得ることが目的だったのだろう。だが帰国しようとしたところ、「世上動乱」により「路次難儀」、つまり戦乱によって無事に帰れるかどうか分からなかったので、摂津国神呪寺《かんのうじ》（現在の兵庫県西宮市に所在）に公験を預けて帰国した。ところが「凶徒」（南朝方）が神呪寺に乱入した時、それらの文書は紛失してしまったという（「周布家文書」）。大事な文書は安全なお寺に預けるというのは中世には良く見られる慣行だが、乱世においては寺でさえ襲撃されるリスクがあったのだ。

もう一つ、忘れてはならないのが押領《おうりょう》行為の激化である。従来の研究では、在地領主が内乱を利用した押領（他人の財物・土地などを力ずくで奪い取ること）によって一円領化を進めるという社会変革の要素が強調されてきた。

前章でも触れたように、内乱期においては、幕府方の武士は近隣の武士に対し「あいつは南朝方だ！」とレッテルを貼ってしまえば、堂々と侵略を行うことができる（もちろん南朝方の武士も同様のことを行っている）。私利私欲のための押領行為を「御敵」「凶徒」の退治として正当化することができるわけで、上部権力の側も武士たちを味方に引きつけるために半ば黙認した。

実際、後に戦国大名毛利氏の傘下に入ることで有名な安芸の小早川氏は、南北朝期に押領行為などによって芸予《げいよ》諸島に進出、所領を大幅に拡張する。今までの研究者は小早川氏の事例を好んで取り上げ、「階級闘争史観」的な歴史像を提示してきた。

だが、小早川のような〝勝ち組〟はごく少数である。右の社会情勢は、裏を返せば、外部の敵対勢力から侵略を受ける危険性が高いということを意味する。主力が遠征で不在だったり当主や一族・家人の戦死によって戦力が弱体化したりしている武士の所領は、格好の獲物だった。前出の山内時通（一五〇頁）も、関東を転戦している間に、備後に持っていた所領を押領されている。

こうした数々のリスクと向かい合うことになった武士たちの認識を良く物語っているのが、石見の武士、益田《ますだ》兼見《かねはる》の置文だ。この置文には「凡《およ》そ弓箭《きゅうせん》の家に生まるる族《やから》、少しの落ち度有りといえども、大なる不覚を存ずべし」と書かれている（「益田家文書」）。つまり、武士の場合はちょっとしたミスが命取りになりかねない、というのである。

武士は戦うことが仕事なのだから当然でしょ、と思うかもしれないが、こういう緊張感に満ちた置文は、鎌倉時代には見られない。彼らは明らかに「今は非常時である」と認識していた。南北朝内乱の勃発によって、武士たちを取り巻く環境はガラリと変わってしまったのである。

## 武士たちの危機管理型相続

この時代の武士たちは、前述の「非常時」特有のリスクを事前に想定し、相続の面で様々な対策をとっていた。

第一に、養子の早期選定である。先ほど紹介した長井貞頼は、次期惣領である頼元の後継者まで決めている。頼元に子供がいなければ、宮王丸《みやおうまる》（のちの貞広《さだひろ》か）を養子にして所領を譲れ、頼元に実子がいれば、所領の三分の一を宮王丸に譲れ、というのである。つまり、頼元に実子がいない現時点では、宮王丸は「次の次」の当主に内定している。もし後々、頼元が実子を得た場合、宮王丸は後継者の地位を失うが、その補償として所領の三分の一をもらえるのだ。

また、前掲の茂木知貞は文和《ぶんな》二年（一三五三）に譲状を作成している。そこでは、知貞の嫡子である知世《ともよ》に子ができなければ、知世の舎弟である知久《ともひさ》の子息、つまり知世の甥である香犬丸《こういぬまる》を養子にすることを定めている。そして知世に子供が生まれたら、その実子に後を継がせ、香犬丸を知世の次男とする、と決めている。

一般的に養子は、実子が生まれない時に取るものである。しかし南北朝期には、実子が将来的に誕生する可能性が高い段階から養子を取る傾向が見られる。これは、当主・次期当主の戦死のリスクが高いため、後継者の確定が急がれるという、「非常時」特有の事情によるものと考えられる。

第二の対策として、嫡子だけでなく嫡孫にも所領を譲るという所領の二分割が挙げられる。たとえば南朝方の有力武将であった陸奥の結城宗広《むねひろ》は、子息の親朝《ちかとも》に対しては自分の所領の一部しか与えなかった。そして宗広は、親朝の嫡男、つまり宗広にとって嫡孫にあたる顕朝《あきとも》に対して、本領の白河荘《しらかわのしょう》南方（現在の福島県白河市）をはじめとする所領のほとんどを譲っている（「白河結城文書」）。嫡子と嫡孫で二分割する形態をとるのは、嫡男が戦死する可能性を考慮したリスク分散と推定される。

第三の対策は兄弟惣領である。南北朝初期の武士の「家」では、惣領が足利尊氏に従って京都周辺で活動する一方、惣領の弟が留守を預かり一族・家人を統率する、というパターンがしばしば見られる。惣領の弟は複数いることが多いが、その中の一人（惣領の同母弟など）が惣領の権限を代行するのだ。この惣領と「特別な舎弟」が惣領権を共有する南北朝期特有の構造を、田中大喜《ひろき》氏は「兄弟惣領」と呼んでいる。

この「兄弟惣領」という構造に対応して、南北朝期には特殊な相続形態が生まれる。それは、兄と弟の二人で所領を折半する兄弟均分相続である。第二章で論じたように、これまでの研究では、武士の相続法は分割相続から嫡子単独相続へと移行する、と理解されてきた（九〇頁）。田中氏はこの通説に依拠して、兄弟惣領による均分相続を分割相続から嫡子単独相続への移行プロセスにおける過渡的形態と位置づけている。

つまり田中説は、分割相続（相続者多数）→兄弟均分相続（相続者二人）→嫡子単独相続（相続者一人）という構成になっているわけだ。しかしながら、武士の相続形態が分割相続から嫡子単独相続へと不可逆的に進行する、という通説は正しいのだろうか。

マルクス主義歴史学は、人間社会は常に進歩し続けるという右肩上がりの歴史観を基軸としている（これを「進歩史観」という）。石母田以来の「領主制論」もその例外ではなく、領主制の直線的な進歩を想定していたが、近年は「領主制論」の見直しが進んでいる。こうした研究史の現況を踏まえ、相続形態の直線的な進歩という前提そのものを再考すべきだ。

嘉元《かげん》元年（一三〇三）、茂木知盛《とももり》は嫡子知氏《ともうじ》に所領を残らず譲り、他の子息には分与しなかった。つまり茂木氏は鎌倉末期に嫡子単独相続に移行している。だが知氏の嫡子の知貞は、所領を二分割し、知世と知久という二人の息子に譲った。これはいわば嫡子単独相続から均分相続への〝逆行〟であり、既存の学説では上手く解釈できない。

薩摩の入来院《いりきいん》氏に関しても、同様の現象を指摘できる。入来院氏は鎌倉中期までは分割相続を繰り返したが、所領の細分化による経営効率の悪化が問題になったと思《おぼ》しく、鎌倉後期になると所領の再統合が進んだ。ところが南北朝時代の貞和《じょうわ》五年（一三四九）、入来院重勝《しげかつ》は集積した所領を嫡子の虎松丸《とらまつまる》と「特別な舎弟」の虎一丸《とらいちまる》に均分譲与している（「入来院文書」）。

この入来院氏の事例が興味深いのは、虎松丸・虎一丸の次の世代では、一族の適任者一人が両方の所領を一括して相続するよう、重勝が申し置いている点である。つまり、本来は単独相続が望ましいと重勝は思っていたが、貞和五年段階では兄弟による均分相続にせざるを得なかったのである。

将来的には単独相続に戻すべきだが、現状では均分相続にする。このようなイレギュラーな相続法を入来院氏が採用した社会的背景は、一つしか考えられない。ズバリ、内乱状況である。

惣領が遠征している間、「特別な舎弟」は惣領の代理として一族を指揮しなければならない。父の相馬重胤が戦死、兄の親胤が遠征中という状況で、親胤に代わって一族を率いた光胤は、その好例である。また、惣領が戦死した場合は「特別な舎弟」が後継者になる可能性もある。備後長井氏では、長井頼元の戦死後、弟の貞広《さだひろ》が後を継いだ。

このような、惣領の代官もしくはスペアという役割を担う「特別な舎弟」に対する経済的配慮は当然の措置と言えよう。要するに兄弟惣領とは、「非常時」を乗り切るための武士たちの危機管理策であり、一時的なものにすぎなかった。

武士たちを変革の旗手とみなした戦後歴史学は、内乱を利用して武士が成長していくという側面を強調してきた。だが現実には、内乱は分割相続から嫡子単独相続へという流れを阻害し、さらには逆流させてしまった。武士たちにとって、本当に内乱はチャンスだったのだろうか。むしろ内乱という〝災難〟から身を守るのに必死だったように、私には見えるのである。

## 一族団結の必要性

前項で論じたように、武士の「家」は、南北朝内乱期という「非常時」を乗り切るために、嫡子に「家」の全権を委ねるのではなく、「特別な舎弟」や嫡孫、養子などに所領や権限を分散させた。しかし、このような措置は、「家」が断絶するリスクを軽減する上で一定の効果をもたらした反面、場合によっては嫡子の地位を相対化しかねない危険性を孕んでいた。実際、この時期には、惣領と庶子が対立するなど、一族内部の争いもまま見られる。

もっとも、第一章でも見たように、兄と弟が争うといった事態は今に始まったことではない。骨肉の争いじたいは超歴史的に観察され、珍しくもなんともない。南北朝期の一族間紛争の特徴は、一族内部の対立が上部権力同士の抗争と結びつくことで、対立が決定的なものになるという点にある。惣領が北朝につけば、惣領と対立する庶子が南朝方になる、という形で、地域でも大規模な戦闘が発生したのである。

もちろん、この事実は以前から指摘されていたが、一族が南朝側と北朝側に分裂するという一般的な説明に留まっていたように感じられる。「北朝と南朝、どっちが勝っても家が存続するように、という武士たちの生き残りの知恵」などという訳知り顔の解説すらされてきた。しかし内乱の現実は、そのような生やさしいものではない。一族が分裂抗争を繰り広げた結果、一方が生き残れるならまだしも、最悪の場合は共倒れになることすらあったのだ。

その分かりやすい事例が、石見のマイナーな武士である田村氏の内紛だ。南北朝期に、石見国長野荘《ながののしょう》白上郷《しらかみごう》（現在の島根県益田市白上町）の地頭職をめぐって、田村盛家《もりいえ》と田村氏庶流の来原《くるはら》遠盛《とおもり》が争っている。この抗争は、観応の擾乱と連動しており、田村盛家は足利直冬方、来原遠盛は足利尊氏方だった。

この争いは、その後、どうなったのだろうか。実は、白上郷地頭職を最終的に手にしたのは盛家でも遠盛でもなく、近隣の武士である周布兼氏《かねうじ》であった（「周布家文書」）。そして田村盛家の子孫は益田氏の若党（上層家臣）に転落した（「益田家文書」）。結局、近辺の周布氏や益田氏が漁夫の利を得た形になり、田村氏は内紛によって没落してしまったのだ。

俗に「歴史は勝者が作る」というが、現代に伝わった武家文書は、基本的に勝ち残った武士たちの文書である。〝勝ち組〟の文書ばかり見ていると、武士の成長・発展という側面に目を奪われがちだが、成功者の陰で没落・滅亡した家も少なくなかったであろうことに留意すべきだ。

南北朝期になると、譲状や置文に「惣領と庶子たちは仲良くするように」といった兄弟協力規定が盛り込まれることが一般的になる。茂木知貞も息子二人に対し「知久は兄の知世を父と思え、知世は弟の知久を子と思え」と言い残している。これは、右記の一族分裂の発生が原因と考えられる。

そのことを端的に示す史料が、既出の益田兼見の置文だ。「兄弟親類の確執不和の儀より事起こり、或いは所領を離れ、或いはその家を失う」、つまり兄弟親類間での確執をきっかけに一族の武力衝突が発生すると、所領の喪失、家の滅亡という最悪の事態にまで至ることがある、というのだ。だから兄弟は一致団結しなければならない、と兼見は三人の息子に訴えている。この時代の武士は口を酸っぱくして「兄弟仲良く」と子息たちに説き続けたが、それは単なる道徳教育でもお題目でもない。強烈な危機意識に基づくサバイバルの知恵であった。

### それでも団結は難しい

しかし、こうした兄弟協力規定の制定にもかかわらず、惣庶関係は安定しなかった。それは、軍事的功績が最優先されるという戦時ならではの価値観によるものだった。

次章で詳述するが、この時代には「証文」を持っていなくても、「軍陣」に駆けつければ、所領を安堵してもらえる（支配権を承認される）、なんてこともあった。野心ある武士にしてみれば、証拠文書をそろえて裁判に臨むより、合戦に馳せ参じた方が手っ取り早いし確実だ。

たとえば、所領争いをしている相手が幕府方に参陣したら、幕府から安堵を獲得してしまうかもしれない。それを避けるには、自分も幕府方に参陣するか、逆に南朝方について対抗するしかない。この時代においては、好むと好まざるとにかかわらず、自己の権利を守るためには、戦争に参加するしかなかったのだ。

このため、武士の「家」では軍事的な能力がある者に財産や権限を与える傾向が強まる。安芸の熊谷直経《くまがいなおつね》は、本当は娘の虎鶴御前《とらつるごぜん》に所領を譲りたかったが、女性では幕府の軍役を勤められないため断念し、嫡男の虎熊丸《とらくままる》に譲っている（「熊谷家文書」）。

入来院氏は、一族の中で戦死者が出た際の遺族補償を定めているが、ここでも男女差別がある。男子がいた場合は全ての所領の相続を承認した上、新たに恩賞地などを獲得した場合にはそれも与える。だが女子に対しては所領の半分しか相続させないという。

当主の「代官」が活躍するのも、南北朝時代の特徴である。この時代は壮年の当主が戦死した結果、老齢（隠居の再登板）もしくは年少の当主が出現する確率が高い。その場合、当主は戦えないので、当主の近親者が「代官」として出陣する。結果として、「代官」の一族内での地位は上昇する。

この点で興味深いのが、戦国時代に毛利元就《もとなり》を出したことで有名な毛利一族の内紛だ。毛利時《とき》親《ちか》は足利方につくことにしたが、自身は既に老体で歩行も困難であり、息子の貞親《さだちか》、孫の親茂《ちかしげ》

（のちの親衡《ちかひら》）は南朝方についたため、曾孫の師親《もろちか》（のちの元春《もとはる》）を自分の「代官」として尊氏に従軍させた。時親は自分の代わりに数々の合戦に参加した師親に家督を譲ったが、後に親茂が幕府に帰順したため、話がこじれた。親茂にも所領を与えなければかわいそうだ、と時親が言い出したのだ。

時親の死後、親衡と元春の親子対立が激化、最終的には法廷で争うことになった。この時、親衡は、父親の自分を差し置いて曾祖父から財産を相続するのは不自然だ、と元春を批判した。これに対して元春は「たとえ他人だったとしても、代官として軍功を立てた者が所領を譲与されるのは当然だ（まして自分はひ孫である）」と反論している（「毛利家文書」）。血縁的に多少遠い間柄であっても、戦功を立てた「代官」に対して家督を譲るべきだという考えは、鎌倉時代にはあり得なかった。

また、この裁判では、元春の弟たちは父の親衡に味方して「元春は親不孝者だ」と非難している。これに対して元春は「親衡は幕府に帰順したものの、観応元年には再び謀叛を起こしており（足利直義方についたことを指す）、自分は父親と袂を分かって将軍のために忠義を尽くした」と反論している。親子が敵味方に分かれる（当時の言葉で「父子各別《ふしかくべつ》」という）社会情勢の前では、親がいくら「兄弟なんだから仲良くしろよ」と説教しても無力である。

以前から学界で指摘があるように、南北朝期には実力のある庶子が上部権力と結びつくことで、惣領を上回る権勢を得る場合が少なくない。たとえば武蔵武士の安保直実《あぼただざね》は、猛将だったが父親の光泰《みつやす》からは疎まれていて、親不孝を理由に勘当されそうになった。ところが高師直の口利きによって事無きを得て、その後は畿内・西国を中心に活動する（「安保家文書」）。彼は『太平記』でも「阿保忠実」として大活躍しており、その存在感は一時、兄の泰規《やすのり》をしのぐほどだった。これも軍功が最優先される時代状況を背景にした現象と言えるだろう。

こうした惣領・庶子関係の変動がより甚だしい一族においては、庶子家による惣領家乗っ取り、という事態にまで発展することがある。石見の益田氏や周防の平子氏《たいらこ》などでは、本来は庶流であった人物が南北朝期に惣領の地位に就いている。

特に興味深いのは、この時代には「僧形の武士」が活躍していたという事実だ。第二章で紹介した長岡妙幹や山中道俊（八五頁参照）は鎌倉末期から財を築いていたが、歴史の表舞台に登場するのは南北朝期からである。大将級でも細川定禅《じょうぜん》・皇海《こうかい》、岩松頼宥《らいゆう》など「僧形の武士」は多い。彼らの台頭は、実力さえあれば傍流でも惣領の地位を狙えるという当時の社会情勢を良く示している。

右の動向は、新興勢力の勃興を重視する「階級闘争史観」の立場からは好意的に評価されるが、一族の団結を志向する当時の武士たちにとっては不安定要素でもあった。なんだかんだ言って鎌倉時代は「父親の意見は絶対！」だったのだが、南北朝期には内乱の進行と共に親の権威が崩れていった。このため、譲状や置文の兄弟協力規定によって惣庶関係の混乱を抑止することには自ずと限界があった。

いくら父親が「お父さんの言うことがきけないのか！」とすごんだところで、息子に「一族のために命がけで戦ったのはオレだ！」と返されたら、「ぐぬぬ」と押し黙るしかない。内乱によって流動化した惣領と庶子の力関係をどのように制御するかは、一族の団結によって生き残りを図る当該期の武士の背中に、大きな課題としてのしかかっていたのである。

## 思いがけず長期化した内乱

以上で見てきたように、南北朝内乱は武士たちに多大な負担と犠牲を強いるものだった。その最大の理由は、この内乱が非常に長期にわたったことにあるが、そもそも内乱が六〇年も続くことになろうとは、当時の人々は誰も思っていなかった。

前章で指摘したように、北朝対南朝の争いは、最初の一〇年ほどで北朝の軍事的優勢が確立する（一一五頁）。康永二年（一三四三）、関東の南朝方勢力の総元締めであった北畠親房が関東を脱出し、常陸合戦は終焉を迎える。すると翌年閏二月に高師冬が関東執事の任を解かれ、上洛する。代わりに高重茂《しげもち》が京都から鎌倉に下向し、関東執事に就任する。重茂は、武闘派の多い高一族にあっては珍しく軍歴に乏しく、文官的存在であった。貞和年間になると、関東執事の活動はほとんど見られなくなり、関東執事の職権の多くが中央の幕府に吸収されたと推定される。

康永四年、「陸奥国大将」として長年にわたって、陸奥の北畠顕家・顕信《あきのぶ》兄弟と戦ってきた石《いし》塔義房《どうよしふさ》（当時は出家しており「義慶《ぎけい》」）が更迭され、上洛した。代わりに吉良貞家《きらさだいえ》・畠山国氏《くにうじ》が「奥州管領《かんれい》」として陸奥に赴任した。石塔義房は独自の判断で配下の武士に恩賞を与えていたが、吉良・畠山両管領は奥州武士の恩賞要求を幕府に取り次ぐ権限しか持っていなかった。

足利尊氏が九州から京都へ向かうに際して、九州統治を任された「鎮西大将軍」の一色範氏《いっしきのりうじ》

（出家して「道猷《どうゆう》」と名乗る）に関しても、貞和二年（一三四六）、息子の直氏《なおうじ》への代替わりの際に（直氏は「鎮西管領」に任じられた）、権限が幕府によって大幅に削減されてしまった。特に、九州武士たちの所領争いについて、一色氏が独自に裁定することが禁じられ、幕府に報告するだけの立場に格下げされたことは大きな痛手だった。

この大幅な人事異動・制度改革については、尊氏党と直義党の党派対立の結果と捉える見方もあるが、それは後年の尊氏・直義兄弟の対立を遡及する結果論的解釈にすぎない。この時期の室町幕府では、足利直義が政治の全権を握っており、右の人事も直義の政治的意思の反映と解すべきだろう。

一連の改革に共通するのは、地方で活躍していた歴戦の勇者を罷免、もしくはその権限を削減するという点である。室町幕府は全国各地での南朝方との戦いに勝利するために、大将たちに多くの裁量権を与えた上で地方に派遣していた。地方にいる大将がいちいち京都におうかがいを立てているようでは、時々刻々と変化する戦況に対応できないし、権限の乏しい大将では武士たちに軽侮されるからである。

だが、これはあくまで非常時特権であって、幕府側の軍事的優位が確立してくると、中央の方針を半ば無視して勝手気ままにふるまいがちな地方の大将の行動にタガをはめる必要が生じる。特に、足利直義は、秩序を重んじるタイプの政治家で、大将や守護は幕府の命令に忠実に従うべきだという政治理念を持っていた。したがって右の改革は、戦局の好転に伴う中央集権化政策と了解されるのである。

逆に言えば、幕府の政務担当者である足利直義は、もはや「戦時」ではない、と判断したのである。全国の戦況について最も多くの情報を得ていたであろう直義が、内乱の収束を予期していたことは重要である。そのわずか数年後に観応の擾乱（一二〇頁）という泥沼の内紛が発生して直義が政治生命を失おうとは、いったい誰が予測し得たであろうか。

たとえば陸奥の武士、曾我《そが》貞光《さだみつ》は建武〜暦応年間の戦功を書き上げ、貞和三年に恩賞を申請している（「南部文書」）。また豊後（現在の大分県）の武士、志賀《しが》忠能《ただよし》は、康永元年（一三四二）、嫡子の頼房《よりふさ》や嫡孫の氏房《うじふさ》、その他女子らに所領を分割譲与しているが、後を継いだ頼房は貞和四年、嫡子の氏房に所領を全て譲り、その他の子らを氏房が「扶持」せよと定めた。つまり志賀氏は単独相続に移行したのである（「志賀文書」）。こうした動きからは、殺伐とした戦乱の時代が終わりつつあるという認識が、貞和年間には地方武士の間でも広がっていたことが推察される。

さて、直義の死後も幕府の内紛が収まらなかったのは、観応の擾乱の過程で尊氏・直義兄弟が南朝の復権に手を貸してしまったからである。観応元年（一三五〇）、京都を脱出した直義は、尊氏との戦いに備えて背後を固める必要を感じたからか、南朝に講和を申し入れた。南朝は講和条件には言及せず、直義の「降参」を許す、と回答した。ともあれ、南朝との停戦に成功したことが、直義がいったんは尊氏に勝利できたことの一因であることは間違いない。

直義の京都制圧後、直義と南朝との間で講和交渉が行われるが、条件がまとまらずに破談となる。翌年に直義が京都を再び脱出すると、今度は尊氏が、直義討伐に専念するため、南朝に講和を申し入れる。直義は今まで担いできた北朝に気を使い、「（北朝の現天皇である）崇光《すこう》天皇の次に、南朝側から天皇を立てる」という提案をしたようだが、尊氏の場合は、北朝の天皇を廃し、南朝の天皇を正統と認める、という全面降伏の形をとった。年号も、観応二年から正平六年という南朝年号に改められた。これを学界では「正平一統《しょうへいいっとう》」と呼ぶ。

後述するように、南朝方のだまし討ちにより、正平一統は翌年には破れ、再び北朝対南朝の構図に戻る。それにしても「なんじゃそりゃ?」と言いたくなるようなムチャクチャな話である。南北朝時代を本格的に学び始めると、最初につまずくのが、この正平一統である。

北朝の軍隊＝幕府軍であり、北朝の独自の軍事力はゼロである。よって、北朝を捨てて、軍事力を有する南朝と手を組むという戦略は、純軍事的に見れば筋が通っている。だが、今まで推戴してきた北朝をあっさりと裏切るのは、あまりにも節操がない。「天皇(北朝)のために朝敵(南朝)を討つ」という幕府の年来の主張を、尊氏自身が否定してしまったのである。

戦後歴史学は「階級闘争史観」に基づき、武士たちの反権威の動きを高く評価し、「武士たちにとっては恩賞が全てであり、北朝と南朝のどっちが正統か、といった名分論は関係なかった」と説明してきた。だが、空手形になる可能性が低くない恩賞だけが、本当に参戦の原動力だったのか。リスクの大きい遠征に従軍してきた武士たちにとって、大義名分もそれなりに意味を持っていたのではないだろうか。何のために戦っているのか分からない、という徒労感は、武士たちの戦争観に大きな影響を与えたと考えられる。

直義の死後、幕府内の権力闘争に敗れた武将たちは皆、南朝に降伏することで幕府への反逆を正当化しようとした。従来の幕府の戦略は、新田義貞・北畠顕家・北畠親房など、南朝方の諸将を攻撃目標として設定し、これを打倒するという明快なものであった。だが、幕府の中から南朝への帰順者が出るようになり、〝裏切り者〟の打倒が軍事目標の中心になっていくと、〝おわり〟が見えなくなる。誰が味方で誰が敵なのかも分からない泥沼の内戦は、参戦武士の心身をむしばんでいき、厭戦気分を生み出したのである。

## 「天下三分」はいい迷惑

観応の擾乱の勃発は、「平和」の到来を期待しつつあった武士たちを仰天させた。前著『一揆の原理』で、南北朝内乱が武士の一揆（学界では「国人一揆《こくじんいっき》」という）を生み出したと述べたが、より厳密に言うと、国人一揆の結成が本格化するのは、観応の擾乱以後である。尊氏・直義・南朝が離合集散を繰り返し政治情勢が混迷を深めた結果、先の見通しが全く立たなくなったことが、一揆結成ブームにつながったのである。

当時の国人＝武士たちは観応の擾乱を、どのように認識していたのか。それが良く分かる史料として有名なのが、貞和七年（一三五一）十月二日に山内一族一一人が作成した一揆契状《いっきけいじょう》である。主要部分を左に引用する（「山内首藤家文書」）。

元弘以来、一族同心せしむるにより、将軍家より恩賞に預かり、当知行相違なきものなり。ここに去年の秋ごろより、両殿御不和の間、世上いまに静謐に属せず。しかるにあるいは宮方と号し、あるいは将軍家ならびに錦小路殿方と称し、国人等の所存まちまちたりといえども、この一族においては、武家御恩に浴するの上は、いかでか彼《か》の御恩を忘れ奉《たてまつ》るべけんや。然《しか》れば早く御方において軍忠を致し、弓箭の面目を末代に揚げんと欲す。

（元弘の乱以来、山内一族は一致団結して軍功を立ててきたので、足利尊氏様から恩賞をいただき、その所領を支配していることは間違いないことである。去年の秋ごろより、尊氏様と直義様の仲が悪くなったので、世の中が今も落ち着いていない。ある者は南朝方と号し、またある者は尊氏方・直義方と称するなど、武士たちの考えはまちまちであるが、山内一族は幕府から御恩を受けてきたので、どうしてその御恩を忘れることができるだろうか。したがって早く御前に馳せ参じて戦功を挙げ、その武名を後世にまで伝えたい）

この史料は「貞和七年」という年号を使っている。この時期、足利尊氏は観応二年、南朝は正平六年という年号を使っていた。貞和七年は、足利直義の養子、直冬が用いた年号である。ここから山内一族が直義＝直冬方に属していたことが分かる。

そのため、この史料については「天下三分の形勢のなかで直義＝直冬方にかけた山内氏一族が、戦火の拡大のなかであらためて一族の団結と協力を誓い合ったもの」と評価するのが一般的である。この直後に山内通広が、尊氏党の備後守護である岩松頼宥に従う長井貞頼（一五六頁）を攻撃していることを根拠に、備後の尊氏党打倒を目的として結成された一揆と捉える見解もある。

私も中学生の頃に吉川英治『三国志』に熱中したクチなので、「天下三分」と聞くと胸が熱くなり、つい最近まで右の説をそのまま受容していた。だが、一揆契状の文面を細かく分析してみると、本当にそれでいいのか疑問に思えてきた。

山内一族の一揆契状は、「武家」（幕府）と「宮方」（南朝）との争いにおいて武家方につくと宣言しているだけで、尊氏方ではなく直義＝直冬方に立つと明言していない。一つには、将軍尊氏から恩賞をもらってきたのに尊氏に反逆するという裏切り行為を正当化することは難しいため、直冬に従うと明記せず「武家」のために戦うとぼかした、ということが考えられる。だが、この歯切れの悪さは、それだけでは上手く説明できないと思う。

足利直義が観応二年七月三十日に京都を脱出すると、足利尊氏・義詮はただちに帰京して、南朝との和平交渉に乗り出した。このため、観応二年十月時点では南朝は両者の争いを傍観していた。したがって「宮方ではなく武家につく」という山内一族の宣言はピント外れというか、何の意味も持たない。今や〈幕府vs南朝〉という対立構図が無効化したことに、山内一族は気づいていないのである。

私たち後世の人間は、観応の擾乱の結末を知っている。尊氏・直義の対立が決定的な破局に向かうことを知っている。だから『太平記』の叙述に乗っかって「天下三分の形勢」と安易に言ってしまうが、同時代人にはそんなことは分からない。尊氏・直義兄弟の不和が原因で世の中が乱れているという現状認識を持つ者からすれば、「仲直りしてほしい」と思うのが自然な感情であり、「これはのしあがるチャンスだ！　オレは直義様に賭ける！」という「階級闘争史観」的な発想は出てこない。

現に、八月六日には尊氏が直義に和議を申し入れているし、九月十二日の近江での戦いに直義が敗れると、再び和議の気運が生まれ、十月二日には尊氏と直義が対面している（『園太暦』）。これらの和解の試みは結果的には失敗に終わったが、和議の成立に期待する武士は少なくなかったであろう。尊氏党にしろ直義党にしろ、今までの経緯を踏まえれば、本当の敵は南朝であり、尊氏・直義兄弟の対立は一時的な内輪もめにすぎないはずだからだ。「武家」に忠義を尽くすという山内一族の決定は、以上の文脈に沿って解釈すべきである。

では、尊氏党と直義党の対立の根深さを十分に認識していなかった山内一族が、尊氏ではなく直義＝直冬を選択したのは、なぜだろうか。これは、山内一族の本拠地である備後国地《じ》毘荘《びのしょう》が直義党山名氏の守護分国である出雲国と境を接していることに起因すると思われる。山内一族は山名氏の侵攻を恐れ、とりあえず直義党に与した、というのが実情ではなかろうか。二年前に惣領の通時が戦死したばかりの山内一族は、受け身の対応にならざるを得なかったのである。

山内一族一揆契状から浮かび上がるのは、内乱に乗じた武士たちの軍事行動が、更なる内乱の拡大を生むという壮大なドラマではなく、中央政局の混乱に翻弄される地方武士の悲哀に満ちた姿である。

### 遠征の忌避と「一円化」の進行

戦後歴史学は、武士たちの現状打破の動きが内乱を生みだし、武士たちは内乱を奇貨として荘園侵略などによって成長していった、というサクセスストーリーを提示していた。近年は、鎌倉後期から南北朝期への連続性が強調され、内乱をストレートに「革命」と把握する視角は後退した（第一章を参照）。だが、その分、南北朝内乱の歴史的意義はぼやけてしまった印象を受ける。

これは、最近の研究が、南北朝内乱を「革命」として積極的に評価する昔の研究とは一線を画しつつも、依然として「階級闘争史観」的な発想を引きずっているからだと考える。つまり、南北朝内乱を武士にとってネガティヴなものとして評価するところまでは踏み込めていないのである。けれども、本書で今まで論じてきたように、内乱が武士たちを圧迫した側面は確実に存在する。その一つが、前述した、当主の遠征による本領支配の動揺である。

内乱の長期化に伴い、遠征に参加せず、地元での勢力拡大に精を出す武士が現れてくる。そのことを良く示すのが、永和二年（一三七六）三月の、山内通忠《みちただ》の代官である頼賢《らいけん》が提出した目安状（原告もしくは被告が主張を箇条書きにして法廷に提出する文書）である。これは、地毘荘をめぐる三吉式部大夫入道《みよしきぶだゆうにゅうどう》と山内通忠との訴訟において、三吉側の主張に山内側が反論した文書である。そこには次のような記述がある（「山内首藤家文書」）。

通忠においては、今川殿九州探題として御下向の時、当国地頭御家人ら供奉《ぐぶ》すべきの由《よし》、仰せ下さるるのところ、遼遠渡海《りょうえんとかい》により、大略故障《こしょう》せしむるといえども、最初より供奉せしめ忠節を致すの間《あいだ》、度々の御注進に預かる者なり。

（私、通忠は、今川了俊《りょうしゅん》殿が九州探題として九州に下られる時、「備後国の地頭御家人はお供するように」との御命令を出されましたところ、はるばる渡海しなくてはならないため、多くの御家人が参加を断る中、最初からお供をして軍功を挙げましたので、幕府にも報告されました）

右の主張の通り、山内通忠は、他の備後国人があれこれ理由をつけて従軍を拒否する中、九州探題の今川了俊の動員命令に応じて九州に渡海している（次章で詳述するが、九州の南朝勢力の討伐が目的だった）。他の史料から、九州における山内通忠の軍事活動は、応安《おうあん》四年（一三七一）十二月から同七年十二月までの、三年間の長きにわたるものだったことが判明する。その間、通忠は本領の地毘荘から離れていたわけだが、その結果、どうなったのか。先ほど掲げた部分の続きを引用してみよう。

ここに三吉式部大夫入道道秀《どうしゅう》、当荘を以て闕所《けっしょ》と号し、上聞《じょうぶん》を掠め奉り、同心の輩《ともがら》を相語らい、非拠《ひきょ》の請文《うけぶみ》を誘《こしら》え取り、御下文《おんくだしぶみ》を掠め賜り、通忠九州在陣の隙を伺い、当庄に乱入せしむ……

（すると三吉式部大夫入道道秀が、地毘荘は敵方の所領であると言い出し、幕府をだまし、仲間と示し合わせてニセの証言をでっちあげ、幕府から「地毘荘を三吉に与える」というお墨付きをだまし取り、通忠が九州に在陣している隙をうかがって、地毘荘に乱入しました……）

地毘荘は現在の広島県庄原《しょうばら》市に所在した荘園で、三吉氏は庄原市に隣接する三次《みよし》市のあたりを根拠地としていた武士である。つまり三吉氏は山内氏のお隣さんである。通忠不在の隙を狙って、地毘荘に侵入したのである。

この三吉氏の行為について通忠は「御定《ごじょう》に違背《いはい》し、いたずらに在国せしめ、軍陣当参《とうさん》の輩の所領内に打ち入り、雅意に任せ乱妨《らんぼう》を致すの条、希代の所行なり」と口を極めて非難している。軍役をサボって国元にいる武士が、遠征に参加している忠義の武士の留守を襲うなど言語道断、というわけだ。

しかし、同じく九州遠征に参加した長井貞広（一六〇頁、一六三頁）や田総能里《たぶさよしさと》も、留守の間に近隣武士の押領を受けており、三吉氏が特段卑怯なわけではない。むしろ、戦乱の世を生き抜くたくましさを感じる。逆に遠征参加組は、真っ正直すぎるというか、立ち回りが下手である。

山内通忠は恩賞に目がくらみ、あえて身を戦乱に投じたのであろうが、九州遠征によって得られたものは少ない。備後国三上郡の高郷《たかごう》地頭職と永江荘《ながえのしょう》半分を兵粮料所として預け置かれた程度である。これらの所領にしても、遠征費をカバーするために一時的に預けられたにすぎず、以後も山内氏が継続的に支配できたわけではない。

在陣のために長期間にわたって本領を空けた結果、恩賞をもらって所領を拡大するどころか、本領を近隣武士に侵略される。「正直者が馬鹿を見る」ではないが、内乱の長期化によって、幕府の出陣命令に素直に従って遠征に参加することは、メリットよりもデメリットの方が大きくなってしまったのである。やがて山内氏も、地域密着型の武士へと方針転換する。

第二章で述べたように、鎌倉後期以降、武士たちは地域に根を張り、きめ細やかな支配を行うことを迫られるようになった（九一頁）。農業指導を行い、用水や山野を管理し、百姓間の争いを調停する。そのために他の権利保有者を排除する。これがいわゆる「一円化」という現象である。幕府からの度重なる軍役賦課は、武士たちの「一円化」への努力を妨害するものであった。幕府の遠征に長期間従事していては、綿密な所領経営などできるはずがないからだ。

　南北朝内乱という大規模戦争の勃発は、「一円化」の流れを停滞、逆流させた。そして、北朝対南朝という不毛な「戦争」から下りて、「一円化」に専念した武士だけが、生き延びることに成功したのである。

## 「危機管理システム」としての一揆

　武士が自分の所領を守る手段としては、武力をたくわえ防衛体制を整えるのが第一である。幕府から安堵を受ける、つまり支配を承認されることも有効である。だが、忘れてはならないのが、近隣の武士との協力関係の構築である。戦乱相次ぐ南北朝時代には、近隣武士との相互協力が特に重要になった。

　建武三年（一三三六）十一月七日に南朝方の攻撃により、当主の茂木知貞が出張中の茂木城が陥落したことは既に述べた（一五七頁）。「無足」になってしまった茂木氏は、足利方の大将に代わりの所領を要求したが、その願いはかなわなかったようである。結局、知貞の代官の祐恵は同月十七日、「近隣人々」の協力を得て茂木城を奪回している。

　さらに祐恵は、足利方大将の桃井貞直《もものいさだなお》に対し、「近隣の輩」に茂木城を守るよう命じてほしい、と依頼し、今回協力してくれた近隣武士のリストを送っている（「茂木文書」）。茂木城防衛のために援軍の派遣を要請しているのではない点がミソである。大将の権威を利用するにせよ、近隣の武士との軍事的協力関係なくして自分の所領を守ることはできないのである。

常陸合戦に参加していた山内経之も、留守宅の妻に対して、新井殿は万事につけ頼もしいので、何事も新井殿と相談せよ、所領経営も新井殿に任せて他の人には心を許すな、と伝えている。遠征による当主不在の長期化を契機として、単なる〝ご近所づきあい〟を超えた集団的自衛のあり方が模索されたのである。

そして、このような戦略的互恵関係を一歩進めて、「契約」として明文化することで誕生した軍事同盟、危機管理システムこそが、国人一揆である。

既存の研究では、「一対一の同盟関係は、一揆とはいえない」と言われてきたが、前著『一揆の原理』で論証したように、二人だけでも一揆は結べる。こうした小規模な一揆が、しばしば当主の戦死を契機として結ばれたことは、もっと注目されて良い。

薩摩の比志島《ひしじま》氏の場合、惣領の比志島義範《よしのり》が建武三年の湊川の戦いで討死し、嫡子の彦一丸《ひこいちまる》（のちの範平《のりひら》）が後を継いだ。しかし彦一丸はまだ幼かったため、義範の後家は義範の所領の一部を同族の比志島貞範《さだのり》に与え、協力を仰いだ。彦一丸が長ずるにおよび、協力関係の再確認が求められ、貞和四年（一三四八）、比志島彦一丸と比志島貞範は一揆契約を結んでいる（「比志島文書」）。

こんな事例もある。前に述べたように、元弘の乱の時、大友貞宗は、千代松丸に家督を譲った（一五五頁）。面白くないのが、千代松丸の長兄にあたる大友貞順である。貞順は後醍醐方に走り、足利方についた千代松丸に対抗する。建武三年三月、足利方は大友貞順がたてこもる玖珠城《くすじょう》（現在の大分県玖珠郡玖珠町の伐株山《きりかぶやま》）を包囲し、八ヶ月におよぶ攻防の末、玖珠城は陥落した。

この時、貞順に味方した大友一族の出羽季貞《すえさだ》が戦死した。出羽季貞の本領である豊後国直入郡《なおいりぐん》入田郷《にゅうたごう》半分と同国玖珠郡内大隈村《おおくま》は、足利方に没収された。出羽季貞の息子である宗雄《むねお》は足利方に帰順し軍功を立てたので、一色範氏や畠山直顕ら足利方の大将は宗雄に本領の返還を約束したが、実現しないまま宗雄は亡くなった（戦死か？）。

その後、足利方の志賀頼房や野津氏の尽力により、「入田郷半分」のそのまた半分にあたる矢《や》倉名《くらみょう》・太田名《おおたみょう》と、大隈村の半分が、宗雄の息子である千手丸《せんじゅまる》に返還された。これは、敵方から降参してきた武士の所領の半分を没収し、半分は安堵するという「降参半分の法」の適用によるものだった。なお、出羽季貞の遺領の残り半分は、志賀氏や野津氏が獲得したようである。

ところで、入田郷（現在の大分県竹田市）は、もともと出羽氏と入田氏が半分ずつ支配していた。つまり両者はお隣さんである。そして入田泰顕《にゅうたやすあき》が出羽千手丸の所領を侵略するようになった。そこで貞和四年（一三四八）、出羽千手丸は志賀氏や野津氏と一揆を結び、入田氏の侵攻に備えるようになった（「志賀文書」）。幼少の千手丸が所領を守るには、以前から協力関係を結んでいた志賀氏や野津氏と共同戦線を張ることが最善の策だったのである。

既述の通り、内乱期には当主が討死することが珍しくなかったので、幼少の新当主が出現する確率は非常に高かった。そして、幼少の当主が自己の所領を防衛するためには、一族・近隣武士と一揆を結ぶ必要があった。このような「非常時」特有の危機への対応として、国人一揆は成立したのであり、鎌倉期の在地領主連合の単純な延長として把握することはできない。

## 戦時立法だった一揆契状

石母田以来の領主制論は、在地領主の領域支配が時代を経るにしたがって深化していくという展望を示していた。これは、歴史を進歩させる原動力は観念ではなく、具体的物理的な生産力と生産様式である、というマルクスの唯物史観に依拠した考え方である。つまり、「下部構造（生産諸関係）が上部構造（政治、文化、イデオロギー）を規定する」のである。

右の見方に立つ時、「在地領主」の土地所有のあり方の究明が最重要課題となる。よって、国人一揆の結成についても、武士たちの所領支配の強弱を計測する指標として位置づけられた。右の発想は現在の学界にも引き継がれており、用水問題や堺相論など、安定的な所領経営をおびやかす日常的なトラブルを解決するためのシステムとして一揆を評価する見解が根強い。一揆契状が、「在地領主」による地域支配のための法律（「在地領主法」という。前著を参照されたい）と把握されてきたのも、このためである。戦後歴史学の生命力にはつくづく感心させられる。

しかし、当該期の一揆契状が平時の法ではなく、南北朝内乱期、特に観応の擾乱以降に制定された戦時の法である点に注意すべきだろう。たとえば建武三年（一三三六）の禰寝《ねじめ》氏一族一揆契状には「世上騒乱」、前掲の山内氏一族一揆契状には「世上いまに静謐に属せず」と記されている。「非常時」の到来をきっかけとして、一揆契状が制定されたことが分かる。

そのことがより明確に表れているのが、建徳《けんとく》三年（北朝応安五年、一三七二）二月の、大隅の肝《きも》属《つき》一族が禰寝久清《ひさきよ》に送った一揆契状（「禰寝文書」）だろう。この時期、九州探題の今川了俊が北九州で勢力を広げつつあり、禰寝氏ら南朝方の武士に対しても幕府への帰参を呼びかけていた。

禰寝氏らは、このまま南朝に従うか、幕府方に転じるか、決断を迫られていたのである。

そのような緊迫した政治情勢の中で、肝属・禰寝両氏は「世上錯乱の時分、堅く申し談じざれば、自他先途ありがたく候の間、かくのごとく契約仕る所なり」と言って一揆を結んでいる。すなわち、世の中が混乱しているので、しっかり「契約」を結ばないと先行きが不安である、という認識が示されているのである。

以上のように、普段は友好的な関係にある一族・近隣との激突も想定しなければならない「非常時」への対応として、一揆契約は締結された。したがって一揆契約とは、まさしく〝戦時立法〟であって、単なる親和・協力関係に留まる鎌倉時代の領主結合とは一線を画すものだった。

南北朝期の一揆契状の最も注目すべき特色は、将軍や大将、守護などの「公方《くぼう》」に対する忠誠、中でも軍事的忠誠（「軍忠」）を誓う条文が全国的に確認できる点にある。鎌倉時代にも一揆契状に似た文書は作成されており、これを「一揆の法」と命名した研究者もいるが、「公方」への「軍忠」を誓う条文は鎌倉期の「一揆の法」には見られない。「公方」条項の存在は、南北朝期の一揆契状の戦時立法としての性格を顕著に表現していると言えよう。

この「公方」条項がある一揆契状として一番有名なのは、松浦《まつら》一族の一揆契状である。応安六年（一三七三）、五島列島の松浦一族三十二家が締結した一揆契状の第一条には、

君の御大事の時は、一味同心の思《おもい》を成し、一所において軍忠を抽《ぬき》んずべし。いささかも思い思いの儀あるべからず。

（将軍家の一大事の時は、われわれ松浦一族は心を一つにして、同じ戦場で将軍家のために戦うべきである。少しでも自分勝手な行動をとってはならない）

とある（「青方《あおかた》文書」）。ここで言う「君」とは将軍のこと、そして「御大事」とは、具体的には合戦のことを指す。だから「君の御大事」とは、将軍の名の下に行われる合戦、戦争のことである。ただし、将軍である足利義満はもちろん京都にいるので、実際に九州の武士たちを指揮するのは、九州探題の今川了俊である。

このため旧来の研究は、右の条文を、今川了俊が松浦一族に対し自らへの忠誠を誓わせたもの、と解釈してきた。この一揆契状の文面じたい、今川了俊が考えたもので、松浦一族の面々は言われるままに一揆契状を作成したにすぎない、という意見すらあった。

だが、松浦一族の佐志《さし》勤《つとむ》が嫡子の成《なる》に宛てた康永元年（一三四二）の譲状を読んでみると、右のような見解は成り立たないことが分かる。そこには、

一味同心して、君の御大事出で来たる時は、一所において合戦を致し、軍忠の旨に任せ、恩賞においては、面々これを申すべし。

とある（「有浦《ありうら》文書」）。ちなみに勤は、次男の披《ひらく》・三男の湛《しずむ》・四男の彦隈丸《ひこくままる》・五男の万寿丸《まんじゅまる》・六男の実寿丸《じつじゅまる》にもほぼ同内容の譲状を与えている（ただし、合戦に出ない女子宛ての譲状には「君の

御大事」うんぬんの一文はない）。つまり勤は、六人の息子たちに対し、バラバラに参戦するのではなく、一致団結して戦うべし、と申し置いているのである。一方で、恩賞に関しては各自が申告すべし、と規定している。

合戦時には一致団結するが、恩賞申請は別々に、という佐志勤が提示した兄弟協力の方式は、対モンゴル戦争を想定した鎮西御家人・相良長氏《さがらながうじ》の置文に見られる方式（五二〜五三頁）の延長上に位置すると考えられる。

これまで本章で論じてきたように、南北朝期の武士たちは、「家」内部での対立が「戦争」と結びつくことによって内紛が激化し、ひいては「家」が滅亡してしまうことを恐れていた。よって、右の決まり事は、「家」の団結を維持するためのものと言えるだろう。

そして、一つの「家」内部における共同軍事行動規定が、多数の家を拘束するそれへと拡大したものが、一揆契状の「公方」条項と評価できると思う。つまり、「公方」条項は了俊の発案ではなく、武士たちが自発的に生み出した規範である。

南北朝時代の武士たちは、上から〝有事法制〟を押しつけられるまでもなく、自ら知恵をしぼって生き残るための術を案出していった。彼らは、戦後歴史学がもてはやしてきたような命知らずの革命児ではなかったが、少しでも判断を誤れば命を落としかねない極限の状況下で必死に生きようとしたことには、率直に敬意を表したい。

# 第五章　指揮官たちの人心掌握術

## 催促か勧誘か

戦場に出てきて戦うよう命令する文書を、学者言葉で「軍勢催促状《ぐんぜいさいそくじょう》」という。たとえば、建武政権に反旗を翻した足利尊氏は、豊後の大友氏泰《うじやす》（一五五頁、一八一頁を参照）に次のような軍勢催促状を出している（「大友文書」）。

新田右衛門佐《えもんのすけ》義貞を誅伐《ちゅうばつ》せらるべきなり。一族を相催《あいもよお》し、不日馳せ参じ、軍忠《ぐんちゅう》を致すべきの状《じょう》、件《くだん》のごとし。

建武二年十二月十三日　（花押）（足利尊氏）

大友千代松丸（氏泰）

さすがに「後醍醐天皇を討つ！」と書くわけにはいかないので、新田義貞を討つ、と書いている……と従来は考えられてきた。ただ第三章で論じたように、尊氏は後醍醐を打倒する意思を持っていなかった。尊氏は、義貞とは武家の棟梁の地位をめぐって不倶戴天のライバル関係にあるが、後醍醐との間には妥協できる余地があるからだ（一〇八〜一〇九頁）。

それはともかく、この軍勢催促状で尊氏は、大友氏泰に対し、一族に動員をかけて、すぐにオレ（尊氏）のところに来て戦え、と命じているのである。

軍勢催促状じたいは、蒙古襲来の際に鎌倉幕府や九州の守護が御家人に対して出している。南北朝時代になって初めて登場したわけではない。だが、この時代には、戦争の大規模化に伴い、軍勢催促状の発給が飛躍的に増加する。幕府も南朝も、軍勢催促状をあちこちに送り、武士たちに参戦を命じたのである。

もう一つ注意しておきたいのは、南北朝期の軍勢催促状には、「命令」と呼ぶにはあまりに丁重なものが多く含まれているという事実である。左に実例を示そう（「毛利家文書」）。

御方《みかた》に参り忠節を致さば、本領相違あるべからざるの状、件のごとし。

貞治《じょうじ》六年三月五日　（花押）（足利義詮《よしあきら》）

毛利右馬頭《うまのかみ》殿（元春）

室町幕府二代将軍・足利義詮が、当時幕府方から南朝方に転じていた毛利元春（一六七頁を参照）に対し、味方に戻り軍功を立てるよう要請したもので、軍勢催促状の一種と理解できる。しかし、その文面は決して高圧的なものではない。どちらかというと、本領安堵をエサに帰降を促しているように見える。つまり、勧誘である。

将軍でさえ、時として右のような低姿勢の軍勢催促状を出すのだから、その下の軍事指揮官たちが居丈高に命令できるはずはない。いきおい彼らの行為は「軍勢催促」というより「勧誘」に近づいていった。本章では、大将たちの工夫をこらした勧誘術を見ていきたい。

## 戦うお公家さん

一般に、武士は弓矢で戦い、貴族は歌を詠んだり蹴鞠をしたりと優雅な生活を送っていた、というイメージがある。だが、この時代には、多くの南朝方の貴族が指揮官として参戦した。

いくつか例を挙げよう。建武年間、南朝方の石見・安芸両国の大将は万里小路《までのこうじ》継平《つぐひら》、備後の大将は吉田《よしだ》高冬《たかふゆ》という貴族であった。彼らの以前の経歴は不明だが、万里小路家・吉田家は「名家」と呼ばれる代々実務官僚を務める家柄で、れっきとした貴族である。学問よりも武芸を好み、倒幕戦で功を立てた後醍醐天皇の寵臣・千種《ちぐさ》忠顕《ただあき》も名家出身である。

もう少し身分の高い「戦うお公家さん」としては、四条《しじょう》隆資《たかすけ》がいる。鎌倉末期、後醍醐天皇によって権中納言《ごんのちゅうなごん》兼検非違使《けびいし》別当《べっとう》の要職に任じられた後醍醐側近で、後醍醐の倒幕計画に当初から深く関わっていた。元弘の乱で後醍醐に随行して笠置山に入るが、鎌倉幕府軍の猛攻により陥落。後醍醐と側近の多くは、楠木正成がいる赤坂城へ逃れようとして捕らえられるが、隆資は脱出に成功した（息子の隆量《たかかず》は捕縛された）。鎌倉幕府は姿をくらました隆資を全国指名手配しており、隆資が後醍醐方の重要人物の一人と目されていたことが分かる。

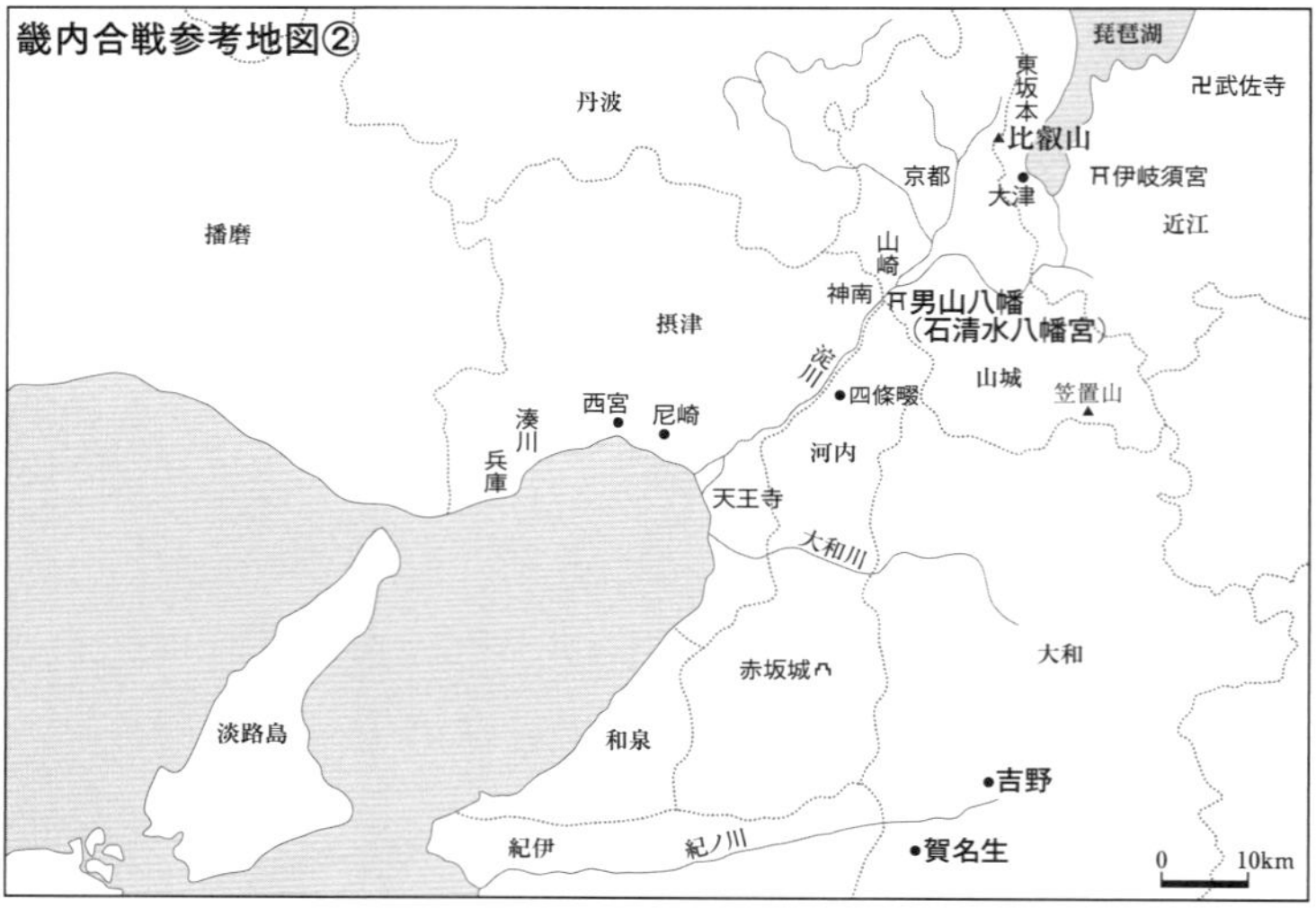


鎌倉幕府が滅びると、隆資は護良親王らと共に京都に凱旋し、建武政権で重きを成す。延元元年（一三三六）、湊川の戦いに勝利した足利尊氏が京都へと進撃すると、隆資は後醍醐天皇の比叡山行幸に供奉する。その後、隆資は畿内各地を転戦し、後醍醐が吉野に逃れると、これに合流し、南朝の重臣として活躍する。正平三年（北朝貞和四、一三四八）、北畠親房・楠木正行と連携して四條畷《しじょうなわて》の戦いに臨むも、衆寡敵せず、高師直軍に完敗。

正平七年閏二月、観応の擾乱の混乱を突いて、南朝方が尊氏との和睦を破棄して京都に攻め入ると（一七二頁参照）、北畠親房が京都の占領にあたる一方、四条隆資は男山八幡《おとこやまはちまん》の本営に留まり後村上《ごむらかみ》天皇（後醍醐天皇の後を継いだ南朝の天皇）を護衛した。三月、足利義詮は態勢を立て直して京都を奪還すると、さらに八幡に迫った。五月十一日、幕府軍の総攻撃で城は落ち、後村上天皇は山を下りて大和へ向かった。隆資は後村上を逃がすために追撃してくる幕府軍と戦い、命を落としたらしい。時に隆資、六十一歳であった。

なお隆資の子息たちは、隆量は鎌倉幕府によって処刑、隆貞《たかさだ》は護良親王の側近として軍功を重ねるも護良の失脚の余波で建武政権によって処刑、隆俊《たかとし》は文中《ぶんちゅう》二年（一三七三）に幕府軍との戦いで討死、有資《ありすけ》は伊予（現在の愛媛県）で南朝方の大将として活動するも興国四年（一三四三）以降行方不明と、みな悲劇的な最期を遂げている。ともあれ、男子全員が戦場に出た経験がある点は注目される。公家だから軟弱と決めつけてはならないだろう。

より知名度の高い戦う貴族は、北畠顕家だ。若い方はご存じないだろうが、一九九一年のNHK大河ドラマ『太平記』では後藤久美子が演じて話題になった（もちろん顕家本人は男性である）。本書でも既に何回か触れたが、陸奥から大軍を率いて上洛して足利尊氏をいったんは西国に追いやるなど、その軍事的功績は絶大である。尊氏に関東統治を任されていた斯波家長（一五二頁を参照）に至っては、顕家との対戦成績は三戦全敗、しかも最後には家長は戦死している。

なぜ北畠顕家は、これほど強かったのか。本人の能力もさることながら、陸奥将軍府《むつしょうぐんふ》の存在が大きかったと思われる。陸奥将軍府とは、建武政権が陸奥統治のために陸奥多賀城《たがじょう》に設置した地方出先機関で、従来から同城に存在した陸奥国府の権限を大幅に拡充したものである。陸奥はもともと北条氏の勢力が強い地域で、鎌倉幕府滅亡後も北条氏の残党が建武政権転覆の機会をうかがっていた。そのため、中央集権体制を志向していた後醍醐天皇も、こと陸奥に関しては、大きな裁量権を持った統治機関を現地に置く必要を認めたのである。

元弘三年（一三三三）八月、北畠顕家は陸奥守《むつのかみ》（陸奥国府の長官）に任命され、同年十月には父親の北畠親房と共に、後醍醐皇子の義良《のりよし》親王（のちの後村上天皇）を奉じて陸奥国に下向した。後に親房が著した『神皇正統記《じんのうしょうとうき》』によれば、はじめ顕家は、自分には武芸の心得がないので陸奥の平定など無理だと固辞したが、後醍醐天皇の強い要請を受け、従ったという。

陸奥将軍府の支配機構は、結城宗広《むねひろ》ら陸奥の武士を要職に就け、また旧鎌倉幕府の吏僚《りりょう》層を積極的に登用するなど、武士をかなり重視したものだった。この一事を見ても、北畠親房・顕家父子が単なる守旧的・観念的な公家ではないことは明らかである。後醍醐天皇もこれをバックアップすべく、建武二年に顕家を鎮守府将軍に任命した。後世の歴史家が顕家の政庁を「陸奥国府」ではなく「陸奥将軍府」あるいは「奥州小幕府」と呼ぶのは、このためである。

現実を直視し、旧幕府に似た支配体制を構築し、陸奥の武士たちの支持を集める。それが、北畠顕家が短期間に強大な軍隊を創設することができた最大の要因であった。

## 北畠顕家の地方分権論

とはいえ、陸奥には足利尊氏に心を寄せる武士も少なくなかった。畿内で尊氏軍を破った功績によって鎮守大将軍に任命され（同時に下野・常陸・出羽の支配権も与えられた）、意気揚々と陸奥に帰還した北畠顕家であったが、陸奥での戦局は次第に南朝不利に傾いていった。顕家は多賀城を捨て、伊達郡（現在の福島県伊達市）の霊山城《りょうぜんじょう》に移った。

そんな中、後醍醐天皇は顕家に再度の上洛を命じた。吉野に逃れた後醍醐は、京都奪還のために顕家の軍勢を必要としていたのである。顕家は、足下すら固まっていない状態で遠征なんてとんでもない、と思っただろうが、主命とあらば拒否できない。ついに延元二年（北朝建武四、一三三七）八月十一日、顕家は義良親王を奉じて結城宗広らと共に霊山を下った。

顕家は途中、苦戦しつつも奥大道《おくたいどう》を南下し、十二月二十四日には鎌倉を攻略した（前述のように、この時に斯波家長が戦死している）。顕家軍はここで食糧を補給＝略奪し（「円覚寺文書」）、新年を迎える。

年が明けて、顕家は東海道を猛スピードで進撃する（一三〇頁）。延元三年正月二十八日、顕家は美濃の赤坂・青野原《あおのがはら》で足利方の土岐《とき》頼遠《よりとお》らを撃破する（次頁の地図参照）。なお青野原は、あの関ヶ原とほぼ同じ地域だ。時代が変わっても地形はそれほど変わらないので、大きな合戦が行われる場所は、どの時代でもだいたい同じなのである。

だが、顕家軍の攻勢もここまでだった。本来ならば、そのまま直進して、黒地川《くろちがわ》東岸に展開する高師泰らの足利方第二陣を突破すべきだったのだが、兵力の消耗が激しかったと思しく、垂井から南に折れて伊勢路に向かった。

従来の研究では、この時点で顕家は京都への侵攻をあきらめた、と解釈されてきたが、実際には伊勢に迂回し、鈴鹿山を越えて甲賀の水口《みなくち》→草津→大津→京都と進撃する予定だったと思われる。だが鈴鹿の守りは固く、やむなく顕家は伊勢から伊賀を経て吉野に入った。

その後、顕家は各地で幕府軍と戦うが、既に勝機は去っていた。五月二十二日、顕家は和泉堺浦《さかいうら》（現在の大阪府堺市）で戦死。享年二十一。

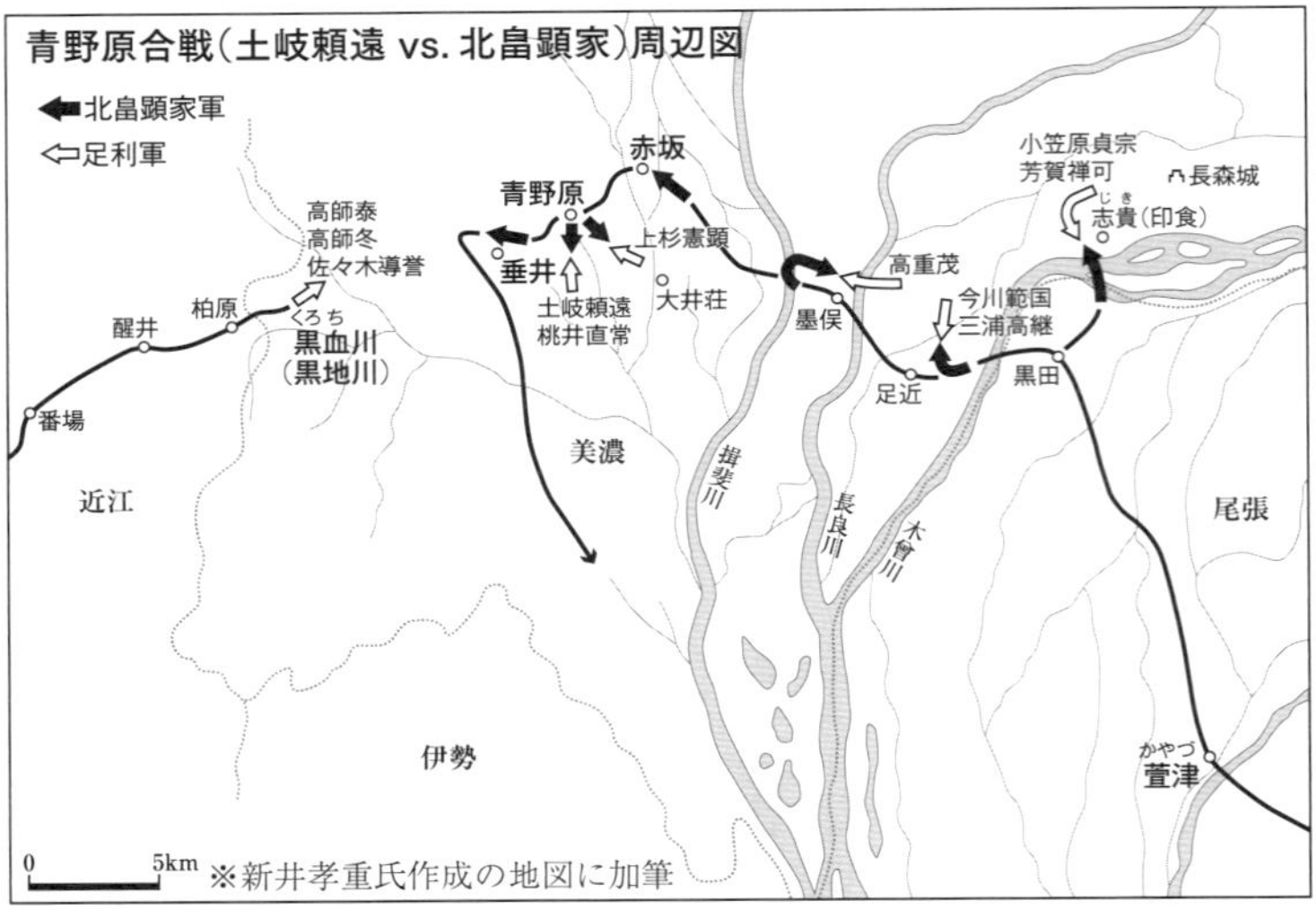

青野原合戦（土岐頼遠 vs. 北畠顕家）周辺図
※新井孝重氏作成の地図に加筆

さて顕家は戦死の一週間前、後醍醐天皇に対する政策提言書を執筆している。学界ではこれを「北畠顕家奏状《そうじょう》」と呼ぶ。それは後醍醐の政治を厳しく批判し、政策の転換を訴えるものだった。顕家が死を予感して遺言書代わりに書いたわけではないだろうが、その内容は命がけの諫言と呼ぶにふさわしい。「今の体制では足利軍には勝てない」という強烈な危機感が執筆の動機であったことは疑いない。以下で、その一部を現代語訳で紹介しよう（「醍醐寺文書」）。

建武政権の発足後、地方分権は進んでいません。陸奥の者たちが朝廷に従っているのは、陸奥に行政機関（陸奥将軍府）を設置したからです。九州には行政機関を置かなかったため、敗走した足利尊氏は九州の武士たちを糾合し、再び京都を占領してしまいました。地方に行政機関を設置することのメリットは、ここから明らかです。中央で日本全国のことを全て決めようとしたら、政治が混乱するばかりです。地方に権限を委譲することは、古代の中国・日本で実施された素晴らしい政策です。速やかに九州と関東に優秀な軍政官を派遣すべきです。さらに山陽道・北陸道にも一人ずつ軍政官を置いて、その地域を治めさせるべきです――。

北畠顕家の主張は、現代風に言えば地方分権論である。鎌倉時代、陸奥はいわば北条氏の植民地であった。そこへ顕家らが下向し、陸奥将軍府を開設した。これによって陸奥の武士たちの〝自治〟が中央から認められたわけで、だからこそ彼らは続々と顕家の下に集ったのである。

しかし後醍醐は、京都奪回という中央の都合で、顕家に遠征を無理強いした。地方の事情などお構いなしである。後醍醐の介入によって〝地方分権〟は中途半端なものになってしまった。顕家は奏状で、吉野の貴族・僧侶が何の手柄もないのに後醍醐に取り入って莫大な恩賞をもらっていることを批判し、一方で陸奥の武士たちが後醍醐からの恩賞が十分でないにもかかわらず命を捨てて戦っていることを強調し、功なき者から恩賞を没収して武士たちに分け与えるべきだと主張している。そこには、〝現場〟の苦労を知らない中央の人間の場当たり的な指示に振り回され、陸奥経営に専念できなかった悔しさがにじむ。

北畠顕家は名門の家に生まれた上級貴族であり、基本的には武家中心の政治には反対であった。だが彼は、地方に下り武士たちと顔をつきあわせて戦いの日々を送る中で、武士たちの支持を得られなければ天下を治めることはできないという現実を理解していった。この時代、公家が世間知らずだと一概には言えないのである。

## 北畠親房は〝上から目線〟か

もう一人有名な「戦うお公家さん」は、北畠顕家の父、北畠親房である。親房は一般には後醍醐天皇の側近と理解されているが、後醍醐天皇の倒幕計画には直接荷担していない。摂関や幕府を廃止するという急進的な建武の新政にも批判的であった。彼が歴史の表舞台に立つのは、息子の顕家と共に陸奥に下ってからである。

前述のように陸奥守北畠顕家の権限は、他国の国守に比べて並はずれて大きく、陸奥国府＝陸奥将軍府は〝構造改革特区〟とでも呼ぶべき存在であった。しかし陸奥守就任当時、顕家は弱冠十六歳であり、巨大な権限を十分に駆使するには行政経験が不足していた。親房は息子顕家の後見人として、顕家の陸奥経営を補佐したと考えられる。

建武二年（一三三五）十月、尊氏反逆の報を受けて北畠親房は急ぎ上洛し、後醍醐天皇らと対策を協議した。そして翌年には顕家が上洛し、足利尊氏を西国に追い落とす。顕家は先に述べたように陸奥に帰国するが、親房は京都に残留して後醍醐政権の中枢を担った。

その後、親房は伊勢に下り南朝勢力の拡大に腐心する。延元三年（一三三八）の青野原の戦いに勝利した後、顕家が伊勢に転進したのは、一つには父の親房との合流による勢力回復に期待していたからであろう。現実には、伊勢における南朝の支配力は盤石なものではなく、顕家は各地を転戦したあげくに戦死する。親房は「身体は空しく苔の下に埋もれて忠孝の名声のみが残った」と息子の死を嘆いている（『神皇正統記』）。

北畠顕家、そして新田義貞の相次ぐ敗死により（一一六頁）、南朝は戦略の立て直しを迫られた。延元三年九月、北畠親房は東国・奥羽（陸奥と出羽）における南朝勢力の再建のため、義良親王や結城宗広らと共に伊勢大湊から海路、陸奥を目指した。彼らが陸奥を目指したのは、陸奥将軍府という成功体験が念頭にあったからだろう。夢よもう一度、というわけだ。しかし一行は遠州灘で暴風雨に遭い、義良らは伊勢に戻り、親房は常陸に漂着した。

以後、親房は常陸に留まり幕府方と戦い続けたが（一四四〜一四五頁）、最終的には高師冬軍に敗れて吉野に逃げ帰った（一六九頁）。親房はなぜ敗れたのだろうか。

戦前に「南朝の忠臣」と称えられた反動からか、戦後歴史学における北畠親房の評判はえらく悪い。親房が常陸で敗れたのは、彼が時代の変化についていけず旧来の秩序に固執し、独善的な選民意識に基づいて武士たちを見下していたからだ、というのである。

その典型として必ずといっていいほど紹介されるのが、親房の「商人のごとき所存」発言である。これは、延元三年十一月、結城親朝《ちかとも》（結城宗広の長男）から北畠親房に送られてきた書状に対する返事の中に見える言葉である。左にその一部を掲げよう。

石川一族が味方に参りたいと申しているとのことだが、まずは感心なことである。石川氏がほしがっている所領についてであるが、その土地の所有者である五大院兵衛入道《ごだいいんひょうえにゅうどう》は既に味方となっている。本領安堵についても、貴殿が言うように、石川氏の本領は現在、結城宗広以下の功績ある人々が知行しており、石川氏への返還はすこぶる難しい。しかし最近の情勢を考えると、敵が一人でも降参してくれれば、世間の評判も良くなる（南朝方有利という評価が広がる）ので、何とか石川氏に本領を返還したい。その際、現在、石川氏の本領を支配している人々に対しては、どんなに小規模な所領であっても、ただで召し上げたりはせず、代替の所領を与えるので、どうか安心してほしい。

したがって、まず本領を安堵すると石川氏に伝えてほしい。望みの所領については、現在は与えることはできない。そもそも貴殿らは代々弓矢をもって仕える武士であり、朝廷のために戦うのは当たり前のことである。しかし戦乱の世になり、勘違いする者が出てきたのは残念である。朝廷に逆らったことを悔いて降参してきた場合、その者の所領の半分もしくは三分の一を安堵するのが古くからのしきたりである。それなのに（半分どころか）本領全てを安堵するというのは、非常に寛大な処置ではないか。にもかかわらず、長年敵方として活動してきた者が、まだ味方として馳せ参じてきてもいないのに、法外な要求をするのは、武士として恥ずかしいことではないだろうか。また朝廷も、道理に基づいて武士たちを登用してこそ、今後は全幅の信頼を寄せることができるのである。商人のような損得で動く卑しい考えの持ち主をどうして重用することができようか。

そこで、まず本領については安堵しよう。そして今後大きな戦功を立てたなら、恩賞を与えよう。このことを石川氏に伝えてほしい。何も石川氏が望む所領が惜しくて言っているわけではない。現在味方として大きな功績を立てているにもかかわらず、今も恩賞をもらっていない者が大勢いるはずだ。それなのに朝敵を勧誘するために恩賞を与えては、首尾一貫した公正な政治が行えなくなり、一時的には上手くいっても、やがて矛盾が生じ、天下統一が難しくなってしまうだろう。(「白河結城文書」)

北畠親房が石川氏の恩賞要求を「商人のような卑しい考え」と切り捨てたことについて、戦後の歴史研究者は厳しく批判してきた。要は、恩賞を望む武士たちの気持ちを理解しようとしない〝上から目線〟の発言である、と言いたいらしい。

確かに「武士とはかくあるべき」というお説教をくどくどと述べる親房にはうんざりさせられる。だが、そういうタテマエ論を除くと、親房の主張は結構筋が通っている。いくら敵を勧誘したいからと言って、今まで懸命に戦ってくれた味方よりも優遇するのは、誰がどう考えても問題がある。結城親朝は親房と石川氏との仲介を行っているが、実は白河結城氏と石川氏はライバル関係でもあった。仮に親房が石川氏に恩賞をバンバン与えたら、親朝がヘソを曲げる恐れがある。

実際、前著『一揆の原理』でも言及したが、九州探題の今川了俊《りょうしゅん》の場合、今まで敵対してきた島津氏を味方につけるために大幅な譲歩を行おうとして、前々から了俊に従ってきた武士たちの反感を買っている。敵を勧誘しつつ、従来からの味方の反発を避けるには、慎重に落とし所を探る必要がある。新しい所領がほしいという石川氏の虫が良すぎる要求は拒絶しつつ本領安堵は認めるという親房のバランス感覚はそう悪くないと思う。

加えて、まだ参陣していない武士を過度に甘やかさない、という親房の姿勢も正しい。この時代の武士は抜け目ないので、「お味方します」という手紙だけ出しておいて、一向に戦場に現れない、といったズルを平気でやる。だから武士たちの口約束に対して、いちいち恩賞を与えていては、キリがない。

室町幕府は、降参してきたばかりの武士に対して恩賞として新規の所領（これを「新恩地《しんおんち》」という）を与える、なんて大サービスはしていない。それどころか、味方になって戦功を立てたら本領を安堵する、というのが幕府の基本原則であった（「志賀文書」など）。こうした幕府の方針と比較すると、石川氏の本領を安堵するという親房の措置は、掛け値なしに寛大なものだった。事実、この後、石川一族の多くは南朝方に参じているのである。

### 親房の「失敗の本質」

もう一つ、親房が「武家は公家よりも格下だから、どんなに功績があっても高位高官につけるべきではない」という強固な身分意識から、武士に高い官位を与えることをしぶった、という意見も良く耳にする。だから親房はダメなのだ、と。

なるほど北畠親房は、功績のあった武士たちを高官に抜擢することに批判的であり、結城親朝に対しても「他人が不正な手段で官職を得たとしても、伝統を誇る家の武士は昔ながらのしきたりを守るべきだ。大きな功績を立てた時に任官してこそ名誉なことではないか」とたしなめている。

だが、親房はブツクサ文句を言いつつも、親朝をはじめ、味方の武士たちが望みの官職につけるよう、取りはからってやっている。実は、軍功に対する恩賞として官位を与えるようになるのは、幕府より南朝の方が早い。中でも親房はかなり熱心で、配下の武士たちが任官できるよう、しばしば推薦状を書いてやっている。そして吉野の朝廷は、親房の推薦に基づいて、東国武士に官職を与えたのである。

近年の研究によると、恩賞としての官位授与を始めたのは建武政権であり、南朝はこのシステムを引き継いだが、室町幕府の政務担当者であった足利直義は鎌倉幕府を理想視していたため、建武政権の任官システムを採用しなかったのだという。室町幕府が恩賞として官位を与えるようになるのは、直義が失脚した観応の擾乱以降であり、南朝よりだいぶ遅れている。

いずれにせよ、軍事的に劣勢で与えられる所領が少ない南朝にとって、官位を恩賞として与えるという方法は非常に便利だった。親房は任官を推挙する権限をフルに活用して、武士たちを引きつけたのである。

このように見直してみると、北畠親房の施策は意外とイイ線いっているというか、内乱の実情を見すえた実効性のあるものだったと評価できる。では、にもかかわらず北畠親房が常陸で失敗したのはなぜか。この答えを得るには、最初に問題の立て方を逆にしてみる必要がある。すなわち、幕府方が圧倒的に有利な軍事情勢の中で、北畠親房が五年間も東国でねばれたのはなぜか、という問題である。

実は北畠親房は、伊勢を出発するにあたり、後醍醐天皇から東国・奥羽支配の全権を任せられた。要するに、吉野朝廷＝南朝は東国・奥羽の武士に直接命令することはできず、親房を通じて命令を下す。そして東国・奥羽の武士も吉野に安堵や恩賞などを直接要求してはならず、親房を介して申請しなければならない。

後醍醐の親房に対する全権委任は、陸奥将軍府の再興を目指したものと考えられる。いわば地方分権の復活である。親房は常陸に漂着し、結局は陸奥に行けなかったが、北畠親房の次男で顕家の弟である顕信《あきのぶ》を陸奥介兼鎮守府将軍として陸奥に下向させた。また五辻顕尚《いつつじあきひさ》・広橋経泰《ひろはしつねやす》・多《た》田《だ》貞綱《さだつな》・中院具信《なかのいんとものぶ》らの貴族・武士を吉野から陸奥へと呼び寄せ、顕信を補佐させた。このように親房は、自身は常陸にいながら、陸奥の支配を着々と進めていたのである。

一方の室町幕府は、関東執事の高師冬に北畠親房の討伐を、陸奥国大将の石塔義房に北畠顕信の討伐を命じたが（一六九頁参照）、師冬と義房の上下関係や役割分担は実のところアイマイで、二人の連携は必ずしも有効に機能しなかった。よって指揮系統という点では、東国・奥羽における指揮権を親房に一元化した南朝の方が有利だったのである。

ところが、後醍醐天皇が亡くなり、後村上天皇が後を継ぐと、親房に全権を委任したはずの吉野が、東国・奥羽に口を出すようになってきた。興国元年（北朝暦応三、一三四〇）五月には後村上側近の僧侶である忠雲《ちゅううん》が結城親朝に対し上洛を命じ、また同年十二月には四条隆資《しじょうたかすけ》が親朝に鎌倉攻略を命じるなど、親房を無視した命令伝達がなされた。親房は、まず北関東を制圧し、顕信と協力して陸奥多賀城を奪還するという現実的な戦略を立てていたが、こらえ性のない吉野は早急な鎌倉・京都奪還を望んでいたのである。北畠顕家に遠征を強要して結局は戦死させてしまった失敗から、南朝は何も学んでいなかったようである。

翌二年五月に親房側近が結城親朝に宛てた書状には「陸奥・出羽と関東八ヶ国の武士の任官・恩賞については親房の手を経て吉野に申請することになっているのに、吉野とのコネを使って、親房を通さず不正な手段で綸旨《りんじ》（天皇のお墨付き）を得る者がいるようだ。石川一族の矢葺光義《やぶきみつよし》も先日送ってきた書状で『駿河権守《するがごんのかみ》』と名乗っていた。こちらで推薦した覚えはない。誰を通じて任官したのだろうか」とある。「吉野への直接申請禁止」というルールが崩れつつあることが分かる。

さらに翌三年五月には、陸奥国の郡奉行《ぐんぶぎょう》の人事にも吉野が介入してきた。かつて陸奥将軍府は陸奥国の各郡に郡奉行を設置した。常陸の親房は、陸奥将軍府時代の体制を復活させ、郡奉行を配置した。この人事権は親房に属していたはずなのに、吉野は親房に無断で多田宗貞《むねさだ》を石川郡の郡奉行に任命した。

北畠親房を通す形でしか恩賞を獲得できないからこそ、東国・奥羽の南朝方武士は親房のために命がけで戦うのである。親房を飛ばして吉野と直接交渉して恩賞が得られるのなら、親房の命令に従う必要はない。いきおい親房の求心力は低下せざるを得ない。これが常陸合戦の後半で、東国・奥羽の南朝方武士が次々と親房の下を去っていった最大の要因であろう。興国四年八月には、南朝のために一生を捧げた結城宗広を父に持つ親朝もついに足利方に降り、同年十一月には親房は関東を後にした。

大げさに言えば、親房は後ろから撃たれた。当時の親房は南朝内で最大規模の軍団を擁しており、吉野にいる後村上天皇の側近たちが親房の絶大な権勢を警戒したであろうことは、想像に難くない。〝後方不注意〟が親房の真の敗因だろう。

## 今川了俊は悲劇の名将か

五年の常陸滞在の間、北畠親房とその側近たちが結城親朝に送った書信は一〇〇通を超える。しかも、その多くはたいへんな長文で、親朝に対してしつこく出陣要請を行っている。手紙魔、現代風に言えばメール魔と言って差し支えないレベルだろう。

その約四〇年後、九州で、親房と同様に怒濤の出陣要請を行った武将がいる。室町幕府三代将軍・足利義満《よしみつ》から九州探題に任命された今川了俊である。この時期になると、南朝は完全に有名無実の存在となっており、事実上、室町幕府の天下が確立していたが、九州だけは例外であった。後醍醐天皇の皇子である懐良《かねよし》親王が南朝から九州支配の全権を任されて九州に下り、肥後の菊池氏の協力を得て、陸奥将軍府の九州版とも言える征西将軍府《せいせいしょうぐんふ》を設立したからである。この九州に覇を唱えた征西将軍府を滅ぼすことが、了俊の任務であった。

今川了俊は毛利・熊谷・長井・山内氏といった安芸・備後の武士を招集するなど、十分に準備を整えてから渡海したので（一七七頁）、九州下向のわずか半年後には征西将軍府から大宰府を奪回し、北九州における支配権を確立した。だが、南九州戦線では苦闘の連続だった。

今川了俊による南九州攻略には、大隅の有力武士、禰寝久清を味方につけることが不可欠だった。しかし久清は形式的には幕府方であったが、必ずしも了俊の軍事活動に積極的に協力しなかった。このため了俊は、久清に対しひっきりなしに書状を送り、参陣を促したのである。了俊とその関係者が禰寝氏に送った書状は、一〇年間で一〇〇通。親房の半分程度の頻度だが、幕府方の武将の中では突出している。

さて今川了俊に関しては、九州攻略に成功した名将でありながら、それゆえに主君の足利義満から警戒され、九州探題の職を不当に解任された、と学界で評価されている。このような見方が定着したのは、足利義満が土岐康行《やすゆき》の乱で土岐氏を、明徳《めいとく》の乱で山名氏を、そして応永の乱で大内氏を討つなど、力のありすぎる部下を粛清する傾向があったからだろう（第六章を参照）。いわゆる「狡兎《こうと》死《し》して走狗《そうく》烹《に》らる」のイメージだ。了俊自身、『難太平記』を著し、佞臣の讒言を信じて大功ある自分を左遷した、と義満への怒りを表明している。

ところが近年の研究は、今川了俊に多大な功績があったという前提に疑問を投げかけている。確かに了俊は北九州の攻略には成功したが、南九州の制圧には失敗した、というのである。そこで、了俊を「悲劇の名将」と捉える従来の見解にとらわれずに、了俊の行動を客観的に見直してみよう。

永和元年（一三七五）八月、今川了俊は幕府方に帰順してきた少弐冬資《しょうにふゆすけ》を肥後水島《みずしま》の陣（現在の熊本県菊池市）に招き、謀殺した（『山田聖栄自記《やまだしょうえいじき》』）。了俊に依頼されて冬資を幕府方に勧誘した島津氏久《うじひさ》は面目丸つぶれとなり、激怒して即座に帰国、南朝方に転じた。

今川了俊は南九州の反島津派の武士たちに呼びかけ、一揆を結成させた。そして一族の今川満範《みつのり》を「大将」として南九州に派遣し、一揆を統率させた。しかし満範による島津氏討伐は難航した。

だが永和三年九月、突如として島津氏久・伊《これ》久《ひさ》は了俊に降参してきた。了俊にとっての最優先事項は、なりゆきで南朝方となった島津氏の討伐ではなく、征西将軍府の軍事力の中核である菊池氏の討伐であった。このため了俊は、島津氏の降参を受け入れ、本領安堵を認めた。

しかし、了俊は一揆を組織するにあたり、島津氏から所領を没収して一揆に恩賞として与えることを約束していた。よって、島津氏の本領を全て安堵するという了俊の決定は約束違反、一揆に対する背信行為であった。

憤懣やるかたない一揆をなだめるため、了俊は書状を送っている。その中で了俊は「自分は私利私欲のために行動したことは一度もなく、常に我が身を顧みずに将軍家のためだけに行動している。菊池退治に並行して島津退治を行っても良いが、その場合はあなた方にたいへんな苦労をかけることになって申し訳ないので、島津退治は行うべきではないと思う。また島津問題が平和的に解決すれば菊池退治も容易になり、天下のためにもなると考える」と苦しい言い訳をしている。あげくのはてには「氏久が降参したが、あれはあれ、これはこれで、あなた方とは関係ない。あなたたちは各々、将軍家への忠義に励めば良いのだ」などと強弁するあり様だった（「禰寝文書」）。屁理屈で煙に巻こうとする点は北畠親房と共通する。

けれども島津氏の降参は偽装であった。早くも同年十二月末、了俊は「氏久参陣の事、その実《じつ》あるべからず。事を延ばし申さんがためなりとうんぬん」「今度《このたび》氏久をはなれて、御方《みかた》仕《つかまつ》る国の人々の事、近日《きんじつ》氏久とかく籌策《ちゅうさく》すとうんぬん」とのウワサを耳にしている。島津氏の降参は時間稼ぎにすぎず、氏久から離れて了俊に従った武士たちを再び味方につけようと、密かに内応を促しているというのだ。

かくして了俊と氏久は再び敵対関係に戻るが、永和五年（一三七九）三月の都城《みやこのじょう》合戦で今川満範が島津氏久に大敗を喫する。この敗戦にショックを受けた了俊は、一揆に対して「あなた方の中に油断する者がいて、勝手に帰宅したり参陣しなかったりしたので負けたのだ」と八つ当たりしている。このような一揆の非協力的な姿勢は、了俊の島津氏優遇措置への不満、そして島津氏による切り崩し工作が影響したと考えられる。自分のことを棚に上げて相手を非難する傾向がある北畠親房に対して戦後の歴史家は厳しいが、今川了俊に対する同種の批判はあまり聞かない。私には、二人の性格はかなり似たものに見えるのだが……。

その後、了俊は態勢を立て直し、永徳元年（一三八一）六月には今川勢が再び都城を包囲した。都城包囲に窮した島津氏久は再び幕府に帰参した。了俊は征西将軍府（というか菊池氏）の拠点である八代《やつしろ》攻略を優先するため、島津氏の投降を許した。

だが今回の降参も偽りであった。了俊は禰寝久清に対し「島津は将軍家の御威光を利用するために『幕府のために戦います』と言っているだけで、本心ではない。今回もピンチになったから降参してきたにすぎず、仕方なく許してやったら、将軍家のために戦おうとはせず、私に従ってきた武士たちの所領を侵略する始末だ」と島津氏への怒りをぶちまけている。同じ手に二度もひっかかる了俊にも問題がある、と思うのは私だけだろうか。結局、了俊は島津氏の横暴を問題視しながらも具体的な対策を示さず、一揆に八代出陣を命じるだけであった。

一揆の人々は了俊の対応に不信感を抱き、一揆は崩壊する。以後、了俊と島津氏との争いは終始、島津氏優位の形で展開する。幕府は了俊による南九州平定は不可能と判断し、了俊を解任したのである。けっして了俊の勢威を恐れたからではない。新名《にいな》一仁《かずひと》氏が指摘するように、「九州探題今川氏と島津氏の抗争は、名実ともに島津氏の勝利で終わりを迎えた」のである。

## 足を引っ張られた了俊

もっとも、今川了俊ばかりを責めるのは酷である。室町幕府の姿勢にも問題があった。今川了俊を全面的にバックアップしていたとは言い難く、了俊の頭越しに九州政策を進めることも少なくなかったからである。永和二年には足利義満の弟である満詮《みつあきら》（二五三頁の系図を参照）を九州に派遣するという計画を勝手に立てて、了俊が「援軍が来るまでに一勝を挙げなければ」とあわてるという一幕もあった（「禰寝文書」）。この話は結局、立ち消えになったが、もし実現していたら、了俊の権限は大幅に制約されたに違いない。

しかし何と言っても、幕府の了俊軽視の最たる例は、対島津氏政策である。幕府は九州の武士による直接申請を禁じ、今川了俊を通して安堵や恩賞を願い出るよう命じていた。北畠親房と同様、了俊も全権を委任された軍政官だったのである。だが島津氏は、しばしば了俊を無視して幕府との直接交渉を試みた。そして幕府もこれに応じることが少なくなかったのだ。

幕府にとって重要なことは、南九州の武士たちが（征西将軍府ではなく）幕府に従ってくれることであって、そのまとめ役がどうしても今川了俊でなくてはならない、ということはない。幕府に忠実でさえあれば、島津氏久に任せても良いのだ。そして島津氏久も、これまでの経緯から分かるように、自分の顔に泥を塗った上に将軍の代理人を自認して威張っている今川了俊のことが嫌いなだけで、幕府に対して積極的に刃向かう意思はない。幕府と島津氏の利害は基本的に一致しており、ゆえに今川了俊を蚊帳の外に置くという選択肢が常に見え隠れした。

この幕府の姿勢は、島津氏久が亡くなって息子の元久《もとひさ》が後を継いでからも変わらなかった。幕府は今川了俊の要請に応えて、たびたび島津元久討伐命令を出しているが、これはあくまで形式的なものにすぎなかった。島津氏が帰参を求めると、幕府はすぐにこれを受け入れているのである。幕府は南九州情勢を安定化させるには島津氏を懐柔する必要があると考え始めており、今川了俊を京都に召還するだいぶ前から、了俊を半ば見捨てていたのである。

現代でも「お前に全て任せる！」と言っておきながら、後から色々と口を出す上司は少なくないだろう。今川了俊は幕府からハシゴを外されたのであり、その点では同情の余地がある。次項では、親房や了俊のような、中央から派遣された現地司令官たちの苦労を紹介しよう。

## 大将はつらいよ

前章で見たように、大将にとって武士たちを参戦させることは難題であった。鎮西大将軍の一《いっ》色範氏《しきのりうじ》（道猷《どうゆう》）は暦応三年（一三四〇）十一月、肥前国長嶋荘《ながしまのしょう》内墓崎村《つかざきむら》（現在の佐賀県武雄市武雄町）の武士である後藤氏に対し、多くの武士が尻込みする中で後藤氏が筑後国赤司城《あかじじょう》（現在の福岡県久留米市北野町赤司）に入って南朝方と対峙したことに感謝している（「武雄神社文書」）。

大将たちは、なかなか動かない武士たちに対し、あの手この手で働きかけた。道猷は九州の武士を動員する際、「命令を無視して参陣しない場合は今後、幕府に対する恩賞申請を取り次がない」（「龍造寺文書」）とか「早く出陣しなければ敵方とみなす」（「都甲文書」）、「参陣が遅れた場合は幕府に報告する」（「深堀文書」）などとおどしている。陸奥国大将の石塔義房も「出陣しなければ、その旨を京都の将軍に報告する」というおどし文句をしばしば使っており（「相馬文書」）、大将たちが将軍尊氏の権威を後ろ盾にして武士たちを指揮していたことが分かる。現地に地盤を持たない〝よそ者〟の大将の唯一の強みが、中央とのコネだった。

しぶしぶ出てきた武士たちの士気は低く、参陣したものの戦わずに帰ってしまう者もいたらしい。尊氏が日向国（現在の宮崎県）に派遣した大将・畠山直顕《ただあき》は、参陣した禰寝清武《きよたけ》に対し、「着陣の証明を受けても勝手に帰ったら無効にする」と念を押している（「禰寝文書」）。

また、大隅国（現在の鹿児島県東部）の守護である島津貞久《さだひさ》（氏久の父）は、暦応三年、比志島《ひしじま》彦一丸《ひこいちまる》に対し、「合戦の最中に陣を捨てて勝手に帰宅した一族を連れ戻せ」と命じている。貞和三年（一三四七）にも貞久は彦一丸に出陣要請を出していて、正月休みでほとんどの武士が帰宅してしまい陣が手薄になっているところに南朝方が数百の軍勢で迫りつつある、と窮状を伝えている（「比志島文書」）。他にも、ちょっと手柄を立てると、恩賞申請のために勝手に戦場を離れる武士もいて（「小代文書《しょうだい》」）、現地の指揮官にとっては悩みの種であった。
武士たちを従わせるには〝ムチ〟だけでは不十分で、やはり〝アメ〟も必要である。その中核は何といっても恩賞、新しい所領である。とはいえ、恩賞を大盤振る舞いできるほど、大将たちの懐は温かくなかった。
暦応三年二月、一色道猷は幕府に対して申請書を提出している。その中には次のような訴えが含まれていた（「祇園社家記録《ぎおんしゃけきろく》」）。

最初に幕府がお預け下さった料所の多くは、百姓たちが逃げだして土地が荒廃したため、収入がありません。残る所領は瀬高荘《せたかのしょう》を除くと小規模なものばかりです。これらを分配して家来を召し使っていましたが、生活が苦しいのでほとんどは逃げ去ってしまい、現在私に付き従っているのは二〇人余りにすぎません。去年、恩賞として新たに拝領した、九州にある四ヶ所の所領についても、一ヶ所を除いて有名無実です。その上、瀬高荘に関しても、以前に支配していた武士たちが返還を要求してきて、幕府の引付《ひきつけ》（裁判所）がそれを認めてしまいました。瀬高荘を取られては、私が九州に持つ所領は実質ゼロになってしまいますので、別の料所をお預けいただきたい――。

佐藤進一氏は「気の毒というか、なさけないというか、文字通り笑止千万な内容」と評している。散々な言われようで、それこそ道猷が気の毒である。

## 約束手形をばらまく

むろん道猷の訴えについては、幕府から料所《りょうしょ》（暫定的に家来に預ける所領）を獲得するために、道猷がおのれの苦境を誇張している側面がある。実際には道猷は配下の武士に積極的に恩賞を与えている。

ただ、九州における経済基盤が脆弱な道猷が与える恩賞は、基本的に敵方所領の支配を認める「切り取り次第」パターン（二三三頁）で、武士たちが拝領地を現実に支配できるとは限らなかった。何せ道猷自身、幕府から拝領した所領を実効支配できていないのである。一例を挙げると、志賀《しが》氏の場合、道猷から与えられた恩賞地を実際に支配できるようになるまで、四年以上かかっている（「志賀文書」）。

南北朝時代になって新しく出現した文書に「軍陣《ぐんじん》の御下文《おんくだしぶみ》」がある。「下文」とは、上位者が下位者に与える公文書のことで、その多くは受給者の権利を保障するものである。要するに、戦場に駆けつけた武士に対して、その場で将軍が安堵状や充行状《あておこないじょう》（二二四頁）といった下文を与えるということだ。

本来、所領を安堵したり恩賞を与えたりする時には、厳格な審査が必要である。しかし、武士たちを味方につけるためには、迅速に下文を発給することが望ましい。そこで、審査を省略して、参陣してきた武士に機械的に下文をあげてしまうのである。

後先考えずに下文を乱発すれば、当然、後で混乱を招く。観応の擾乱で鎌倉に下っていた足利尊氏は、京都にいる息子の義詮に次のような書状を送っている（東京国立博物館所蔵）。

関東にある赤松則祐《そくゆう》の所領を、そうとは知らずに、別人に恩賞として与えてしまった。西国に適当な所領があったら、そこを代わりに則祐に与えてほしい――。

この時代には、誰の所領なのかも確認せずに恩賞地として与えてしまった結果、一つの所領に関して二人の武士が下文を持つ事態が発生することも珍しくなかった。このようなバッティングを解消するために替地《かえち》（代替地）を与えるというケースも多かった。

実に頼りない紙切れだが、それでも下文がもらえれば、まだ良い方であった。結城親朝《ちかとも》・顕朝《あきとも》父子は「降参すれば本領を安堵する」という足利方の誘いに乗って、北畠親房《ちかふさ》を裏切ったのだが、それから数年経っても幕府から「安堵の御下文」をもらえず、「約束が違う」と大将に抗議している（「白河結城文書」）。なお、こうした傘下の武士からの抗議を受けて、幕府に「早く本領安堵をしてやってほしい」と掛け合うのも、大将の仕事であった（「志賀文書」）。

敵方を勧誘する際には甘い条件を提示するが、土地は有限なので、降参してくる者が増えると、約束を履行できなくなる。結果的にだます形になってしまうことも少なくなかったのである。約束手形を大量に発給すれば、一時的には武士たちの支持を集められるが、その約束を果たせなければ、武士たちの信頼を失う。まさに諸刃の剣である。

そうはいっても、指揮官たちは文書をばらまき、恩賞の期待によって武士たちの心をつなぎとめるしかなかった。彼らは「手柄を立てれば恩賞を与える」と言って武士たちに参陣を促し、参陣した武士に対しては感状を与えて「恩賞については追って沙汰があるだろう」と伝えた。アベノミクスではないが、仮にその場しのぎであろうと、人々に夢を見させて支持率を上げないことには、何もできないのである。その期待を現実に転化させることができるかどうかは、大将の腕次第であった。

## 大義名分を説く

恩賞として与えられる所領に限りがある以上、コトバの力、つまり書状によって武士たちの心をつかむ説得術も、大将に求められる重要なスキルである。今まで歴史研究者は、北畠親房の書簡を「口先だけで誠意がない」「恩賞を求める武士たちの心情を理解しようとせずタテマエ論ばかり振り回す」と分析してきたが、現実問題として恩賞地が不足しているのだから、弁舌でカバーするしかない。それは何も北畠親房に限ったことではなく、幕府方・南朝方を問わず、多かれ少なかれ大将たちは文章術で武士たちを動員しようとしている。

今川了俊は九州の武士たちに出兵を促す際、「天下のため」「将軍家のため」「公方のため」といった言葉を連呼する。つまり大義名分を説いているのだ。

これに関連して、「私の宿意」（私的な怨恨）や「私合戦《しがっせん》」（私的な合戦）を棚上げして、公方のために戦うべきだという説得も目立つ。武士たちの「私の宿意」に基づく「私合戦」は、ほとんどの場合、所領をめぐる争い、領土紛争である。個々の武士にとって所領を他の武士に奪われることは死活問題なので、「私合戦」に勝利することこそが重要である。だが了俊の立場から見ると、それは〃仲間割れ〃でしかない。内輪でケンカするだけの武力があるなら、一致団結して南朝方に立ち向かえ、所領のためではなく天下のために戦え、ということになる。

この説得方法は北畠親房と全く同じである。それなのに、これまでの研究者は、親房に対してだけ「武家を軽視する伝統的価値観に固執し、空虚な論理を振りかざす」と冷淡だった。それは、新興勢力たる武家が、守旧勢力である公家を圧倒していくという「階級闘争史観」から抜け出せていないからである。公家は頑迷固陋で武家は進歩的であるという先入観を排して、素直に史料を読めば、今川了俊の論理やレトリックは親房のそれと大差ない。

親房は歴史書『神皇正統記』や有職故実書《ゆうそくこじつしょ》『職源鈔《しょくげんしょう》』などを著した当代一流の学者であり、了俊も歴史書『難太平記』や紀行文『道《みち》ゆきぶり』の作者としてだけでなく歌人としても有名であった。二人とも、巧みな文才を活かして、武士たちを口説いていたのである。

だがそれは、セレブで教養人の親房や了俊が、所領の維持や「家」の保全を第一に考える武士たちの切実な思いに無関心であったことを意味しない。彼らは武士たちに「あるべき秩序」を説き続けたが、必ずしも傲岸不遜で〃上から目線〃だったわけではない。

単純に利害得失を考えた場合、本領を長期間留守にしてまで遠征に従軍することは、武士たちにとって割が合わない。だから恩賞の約束で武士を釣るのは困難だった。親房や了俊は、南北朝内乱のシビアな現実や武士たちの功利的な行動原理を理解していなかったわけではなく、むしろ熟知していたがゆえに、事あるたびに大義名分を持ち出したのである。

## 大将同士の交渉

大将が配下の武士を心服させるには「頼りがいのある大将」と思われなければならない。武士たちにとっての「頼りがい」とは何か。戦《いくさ》に強い、ということは大前提だが、それに劣らず重要なポイントは、自分の戦功を上部権力に報告してくれて、安堵や恩賞などについて掛け合ってくれることである。第三章で論じたように、幕府方で一門・譜代の大将の人気が高かったのは、外様守護よりも幕府とのパイプが太く、恩賞などの申請で有利だったからである（一二四頁）。

とりわけ遠征に参加している武士にとって、自分の所領が無事に維持されているかどうかは非常に気がかりなことだった。前章で触れたように、山内時通《やまのうちときみち》は関東を転戦している間に、備後にある自分の所領を広沢氏に押領された（一五九頁）。時通は幕府の引付に訴えて勝訴したが、広沢の押領は止まらなかった。

そこで山内時通は常陸合戦に随行している最中に、司令官である高師冬《こうのもろふゆ》に口利きを依頼した。高師冬はまず幕府の奉行人（官僚）である松田氏に対し足利直義《ただよし》への披露を依頼した。そして首尾良く直義の許可を得ると、今度は備後守護の細川頼春《よりはる》に対して「直義様が御承認されたので、広沢氏を追い払い所領を時通に返してやってほしい」と頼んでいる。この時、師冬は、時通は「当陣において忠を致すの仁」、すなわち自分の下で戦功を挙げている人間なので、よろしく取りはからってほしい、と述べている（「山内首藤家文書」）。

本来、備後にある所領をめぐる裁判など、関東執事の高師冬にとって管轄外のことであり、山内氏のために尽力する義務もないし、口をはさむ権利もない。だが、当時の師冬は北畠親房討伐という難事業を遂行中であり、自軍にただよう厭戦気分を払拭するのに必死だった（一五〇頁）。そのため、献身的に戦ってくれている麾下の武士に便宜を図ることをいとわなかったのである。

さて、言うまでもなく幕府は全国各地に大将を派遣していた。大将にとって大事なのは目の前の敵を倒すことであり、全国的な戦局にまで気が回らない。個々の大将にしてみれば、極端な話、他の戦線で幕府方が負けていても、自分さえ勝利していれば良いのである。ここに、大将が自身の軍事的課題を優先するあまり全体の戦略を破綻させてしまう危険性が潜在する。

武蔵武士の成田基員《なりたもとかず》は、建武年間には関東執事の斯波家長《しばいえなが》に属して武蔵・上野《こうずけ》（現在の群馬県）で戦っていた。すると、播磨守護の赤松円心《えんしん》は、成田氏が播磨に持っていた所領を没収して、別の武士に与えてしまった（「八坂神社文書」）。

幕府のために戦っているのに幕府方の大将に所領を没収されるというのはヒドい話だが、赤松円心の言い分は「成田氏は播磨国に居住していないから」というものだった。成田氏がいくら関東で軍功を挙げても、播磨守護赤松氏には関係ない。赤松氏が保護すべき対象は、播磨で自分のために戦ってくれる武士であり、たとえ幕府方の武士であっても播磨に不在の者など、どうなろうと知ったことではない。そんな奴の所領は没収して、配下の武士にあげてしまった方が合理的なのだ。要は、地元民への〝利益誘導〟である。

とはいえ、留守中に勝手に所領を没収されるようでは、武士たちはおちおち遠征に赴くことができない。そこで大将は、配下の武士のために、他の大将と交渉した。

一例を挙げよう。観応の擾乱が勃発すると、毛利師親《もろちか》（のちの元春）は尊氏についたが、父親の親衡《ちかひら》は直義方として戦った（一六七頁）。尊氏の信頼厚い安芸守護の武田信武《のぶたけ》は息子の氏信《うじのぶ》を安芸に派遣し、直義方の武士たちを攻撃させた。この際、毛利親衡が直義方であることが問題視され、毛利氏の所領は武田軍に侵略されてしまった。師親にしてみれば、自分の所領が侵略されるのはもちろん、親衡の所領についても、自分に無断で占領されるのは心外であった。

この頃、毛利師親は、尊氏派の有力武将である高師泰《もろやす》の指揮下にあった。そこで師親は師泰に武田信武との交渉を依頼した。師泰は信武に書状を送り、「この仁、多年当手《とうて》に属し軍忠を致し候《そうろう》」と述べている。毛利師親は長年、私（師泰）の指揮下で戦功を立てているので、毛利氏の所領に対する侵略行為をやめてほしい、と師泰は信武に頼んでいるのだ。

このように、多数の指揮官が各地を転戦する南北朝期においては、味方の大将同士での意思疎通は難しく、連携不足が原因で味方から攻撃されることすらあった。したがって、他の大将と密に連絡をとり、配下の武士の権利が侵害されないよう調整を行うことも、大将には求められたのである。

高一族は戦上手で知られ、その秘訣として、畿内近辺の新興武士を戦力として積極的に活用したことがしばしば指摘される。これは「悪党」の武力を使いこなしたから強い、という「階級闘争史観」的な発想に基づく説である。だが山内氏や毛利氏に見られるように、高一族の下で奮戦した武士は必ずしも〝成り上がり者〟ではなく、鎌倉時代以来の御家人も多い。むしろ、配下の武士に対する面倒見の良さが、高軍団の精強さの源であったと考えられる。

## 軍勢の「勧進」

さて、話を再び常陸の北畠親房に戻そう（一九七頁）。一三三八年十一月、親房は小田城に入り、周辺武士に対して精力的な勧誘活動を行った。そのかいあって、親房の東国経営の初期段階では、全体的には押され気味とはいえ、南朝方が幕府方にしばしば軍事的攻勢をかけることができた。

前章で述べたように、一三三九年末から翌年にかけて幕府方の高師冬軍は常陸駒城《こまじょう》を攻撃するが、山内経之が戦死するなど多くの犠牲を出した（一四九頁）。一三四〇年五月にいったん駒城を陥れるが、すぐに南朝軍に奪回され、古河《こが》まで撤退している。南朝方の圧勝である。

同年六月に北畠顕信が陸奥に下向すると、結城親朝ら陸奥の南朝方武士の軍事行動も活発になり、幕府方大将の石塔義房は苦戦を強いられた。意気揚がる南朝方では、顕信が陸奥北部の南朝方勢力を結集して南下し、常陸の親房も北に軍を進めて、多賀国府《たがこくふ》の石塔義房を南北から挟撃するという壮大なプランまで一時は持ち上がった（実現はしなかったが）。

こうした一進一退の戦局を一変させたのが、興国二年（一三四一）五月の藤氏一揆《とうしいっき》のウワサである。親房が結城親朝に宛てた書状によれば、南朝の重臣である近衛経忠《このえつねただ》が北朝に寝返ったものの冷遇されたため、東国の藤原姓武士たちに呼びかけて一揆を結成し、自らが天下の覇権を握り、藤原秀郷《ふじわらのひでさと》の末裔たる小山氏を「坂東管領」に任じようと企てたものだという。これは事実上、親房の東国支配を否定する運動であった。南朝首脳部の足並みの乱れは東国の南朝方武士に動揺を与え、以後、小田氏の離反（一四五頁）などによって親房の勢力は急速に弱体化する。

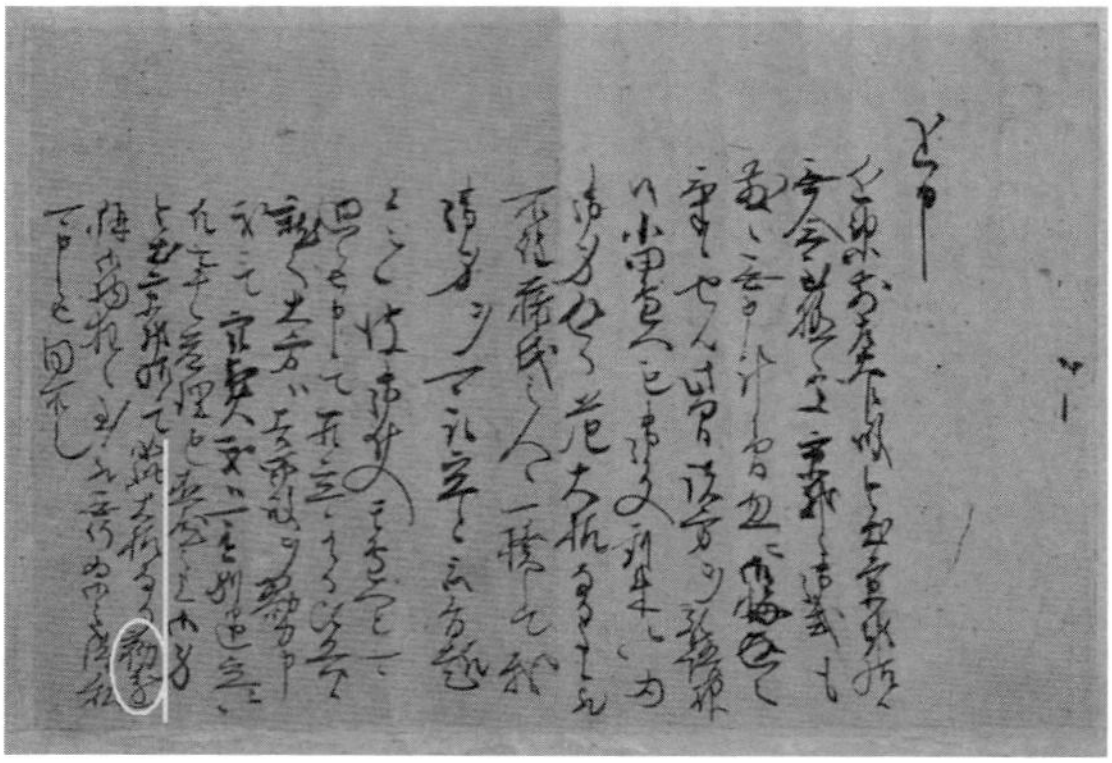

「白河結城文書」より。北畠親房の側近が結城親朝に送った書状の追伸部分。傍線部には「如此大様なる勧進」とある（白河市歴史民俗資料館）

さて私が注目したいのは、親房が近衛経忠の策動を非難するに際して、「於前左府勧進事者、非荒説候（近衛経忠の勧進についてはデマ情報ではない）、乍被坐京都、是程短慮之事ヲ令勧進給候上、可被沙汰之外之御所存歟」（「白河結城文書」）とあるように、「勧進《かんじん》」と表現している点である。この「勧進」という言葉は、どのような意味で用いられているのだろうか。

伊藤喜良《きよし》氏は「京都に坐されながら、これほど短慮の事を勧進せしめ給い候上、沙汰せらるべきの外の御所存か」の部分を「自分自身が京都に帰り、このような途方もない物乞いをするとは、気が狂ったとしかいいようがないのではないか」と訳している。

確かに「勧進」には「物乞い」という意味もある。しかし親房は、別の書状（結城親朝に対する救援要請）の中で「諸人を勧進し、大儀を成され候はんこそ大切に候へども、それまで事も待ち付くべからず（諸人を勧進した上で大決戦を行うことがベストだが、それまで待っていられない。早く援軍を送ってほしい）」と述べている。つまり自派の行為についても「勧進」と表現しているのであって、ここでの「勧進」に否定的な意味が込められているとは考えがたい。

まず「勧進」の語義を確認しておきたい。勧進とは元来、人に仏教を勧めることを意味した。だが中世においては、寺社の堂塔の造営・修復や道路・橋などの建造・修理に際して、身分の上下を問わずに広く寄付を募り、作善《さぜん》（仏教的な善行を積むこと）を促すことを意味した（転じて「物乞い」の意味も）。その基本的な形態は、勧進聖《ひじり》・勧進上人《しょうにん》と呼ばれる律僧《りっそう》（律宗の僧侶）や山伏が勧進帳（歌舞伎の「勧進帳」で弁慶が朗々と読み上げるアレのことである）を携えて諸国を遍歴し、人々から喜捨を求める、というものだった。余談であるが、二〇一二年度の東大入試の日本史第二問は「勧進」がテーマで、受験生にはかなり難しかったと思われる。

実は経忠の政治工作も、外形的には右に類似している。すなわち親房によれば、「かの御使所々を廻り候」「かの使節、当所小田方へも御状を帯び来たり候しか」と、経忠の状を帯びた使節が東国武士たちの間を回っていることが知られるのである。

親房秘書の結城親朝宛て書状でも、「諸方を語り仰せられ候」「かの御使、その辺へも廻るべきのよし申し候て、罷《まか》り立ち候」と親朝に注意を喚起した上で、「かくのごとき大様《おおよう》なる勧進、しかしながら御物狂《おんものぐるい》の至り候か（このようないいかげんな勧進は全く正気とは思えない）」と経忠を批判している（前頁の写真を参照）。経忠の使節は「勧進」のために廻国していたのである。

親房はこの時期、小山氏が「一族一揆して別建立《べっこんりゅう》の沙汰を致すべし」というウワサを耳にしている。これも経忠の藤氏一揆計画と関係したウワサと思われる。

右の「別建立の沙汰」とは、親房に従わず分派活動を行うことを指すのだろうが、「建立」という記述に注目したい。やはり親房は、寺社の建立（建設）を目的とする本来的な勧進を念頭に置いて、このような言葉を用いたのではないか。親房が経忠の思惑を説明する際に「旨趣《しいしゅ》」（主旨）という仏教的な用語を使っていることも、経忠の陰謀を造寺造仏の勧進になぞらえる意図があったことを裏づけていよう。

つまり南朝方の反親房派たる近衛経忠の今回の策謀は、藤氏一揆を「建立」するために、経忠の意を受けた使節が所々《しょしょ》を回って小山・結城・小田ら藤原姓武士を勧誘するというものだった。いわば軍勢の「勧進」である。

## 旅する僧侶

ところで、経忠の使節として実際に所々を巡回したのは、どのような人物だったのだろうか。この問題を考える上で注目すべきは、藤氏一揆事件の一年後の興国三年（一三四二）、南朝の後村上天皇の綸旨を持って東国に現れた「吉野《よしの》殿御使《どのおんつかい》」「律僧」浄光《じょうこう》である。

親房によれば、この浄光という僧は、後醍醐天皇在世中から、このような使節としてあちこちをうろついていたという。前述の通り、親房は亡き後醍醐天皇から東国支配を全権委任されていたが、浄光は親房を無視して東国武士に恩賞を勝手に与えるなど親房の権限を侵害した。これに親房は激怒し、親朝に対して吉野の朝廷への不信感を洩らしている。

また親房は「(小田）治久《はるひさ》が裏切った頃に浄光は小田城にやってきており、私が小田城から関《せき》城《じょう》に移った時も浄光は小田に残ったので、あやしい」と述べ、小田治久の親房からの離反に浄光が関与している可能性を示唆している。さらに親房は、浄光が「御使」であるというのは偽りではないかとも疑っているが、後村上天皇の命を受けているかは別にしても、浄光の背後に吉野の人間がいることは間違いないだろう。すなわち、南朝内部に存在する反親房派の存在である。

したがって、この律僧浄光の活動は、方々の武士の居所《きょしょ》を訪問して支援を訴え、親房勢力とは異なる独自の南朝勢力を築こうとする「勧進」であった。

経忠使節の工作も、浄光の工作も、反親房勢力の結集という点で一脈相通じるものがある。両人が同一人物であるとまでは断言できないが、経忠と浄光の背後にいる人間が南朝の同一派閥に属する可能性は高い。とすると、経忠の使節もまた、律僧ではなかろうか。経忠の使節は僧侶を案内人として小山に向かっており、傍目には宗教活動と映ったであろう。

要するに、親房は経忠への憎悪の念から「勧進」＝物乞いと見下したというより、経忠の使節の活動がまさしく「勧進」のように見えたから、そのまま「勧進」と評しただけなのではないか、と思うのである。

実際、親房も「道顕書記《どうけんしょき》」や「恵紀上人《けいき》」といった禅僧（禅宗の僧侶）・律僧や、「時衆《じしゅう》」（一遍を開祖とする時宗《じしゅう》教団の構成員）、「山臥《やまぶし》」（山伏）などを使者として派遣して諸方に救援を求めており、やっていることは経忠と大差ない。北畠親房の東国諸将への働きかけも、客観的には遊行僧《ゆぎょう》（諸国を旅する僧侶）を介した軍勢の「勧進」と評価できるのである。

かつて網野《あみの》善彦《よしひこ》は、時衆・禅律僧が戦闘する軍勢の間をぬって使者として自由に往来することができたのは、彼らが「無縁《むえん》」の原理を身につけた「平和」の使者だったからである、と主張した。

しかし一方で、彼らは各地を回って武士たちに出陣を要請する「戦争」の使者でもあった。この両義性をどう評価したら良いか。

ここで想起されるのが、鎌倉末期に後醍醐天皇の近臣として活躍した日野俊基《ひのとしもと》の逸話である。『太平記』によれば、俊基はわざと失態を犯し、謹慎すると称して出仕を止め、山伏に変装して諸国を視察し、鎌倉幕府を滅ぼすための挙兵に備えたという。山伏など漂泊の宗教者の姿になれば、諸国を往来しても見とがめられることがないのであろう。勧進聖という外見は、「戦争」の使者にとって絶好の隠れ蓑だったのである。

### 「勧進」も軍功

こうした軍勢の「勧進」は、南朝方だけでなく、幕府方も行っていた。観応三年四月十三日に、陸奥の「僧形の武士」、岡本観勝房良円《かんしょうぼうりょうえん》が足利尊氏に提出した軍忠状によれば、良円の軍功とは次のようなものであった。

去年（観応二年）、京都から足利尊氏様のお供をしましたところ、駿河国手越宿《てごしのしゅく》（現在の静岡市駿河区手越）において尊氏様から「東国御使節として東国に下れ」との御命令を受けましたので、観応二年十二月三日に手越宿を出発して敵中（足利直義方）をかいくぐって小山氏・宇都宮氏に出陣を催促しましたら、すぐに馳せ参じました。そこで常陸国に下り、佐竹貞義《さたけさだよし》に出陣を催促し、貞義から請文《うけぶみ》（出陣承諾書）を取りました。また那須氏・白河結城氏のところに行って催促しましたところ、那須資忠《すけただ》は請文を提出しませんでした。結城顕朝《あきとも》（結城親朝《ちかとも》の子）は請文を提出し、味方につきました。このように私の軍功は明白なので、尊氏様にお認めいただき、末代まで武勇の証としたいと存じます。（「岡本文書」）

岡本良円は戦場で太刀をふるって手柄を立てたわけではないが、自身には軍功があると考え、それを尊氏に認めてもらおうとしていた。一つには、良円が足利直義方の勢力圏をくぐりぬけるという危険を冒して、東国の有力武士たちに会いに行ったからであろう。

この時代は、敵方の人や物の移動を阻止するため、関所を設けて検問を行うことが少なくなかった（「白河結城文書」など）。良円は直義方に捕まるリスクを負って任務を遂行したのであり、それは確かに軍功と言える。ついでに言えば、尊氏が「僧形の武士」である良円を使節に起用したのは、既述のように、勧進僧の格好をしていれば関所を通過しやすいからだろう。

また一つには、東国諸将を説得し、味方につけたことは軍功である、という認識もあったと思われる。観応二年十二月に行われた薩埵山《さったやま》合戦は尊氏対直義の最終決戦であったが、尊氏方の最大の勝因は、良円の説得に応じた宇都宮氏綱《うじつな》や小山氏政《うじまさ》が大軍を率いて北関東から駆けつけたことにあった。

直義軍は尊氏の本陣がある薩埵山（静岡市清水区由比西倉沢に所在。二三四頁の地図を参照）を包囲したが、南下してきた宇都宮軍が足柄山（金時山。箱根山の北西に位置）の直義方を撃破して箱根・竹下《たけのした》（現在の静岡県駿東郡《すんとうぐん》小山町竹之下）に着陣し、また小山氏政が国府津《こうづ》（現在の神奈川県小田原市）に着陣すると、戦況は一変した。尊氏本隊と宇都宮・小山軍との挟撃を恐れた直義方からは逃亡者が続出し、尊氏軍は反撃に転じる。尊氏方は直義の本陣がある伊豆国府に押し寄せ、直義は敗走した。つまり、宇都宮・小山軍の「後詰《うしろづめ》」作戦（一四六頁）が勝敗を決したのだ。

日本の戦国時代に詳しい人ならば、戦国期に主力決戦や殲滅戦の事例は少なく、敵方の武将を味方につける「調略《ちょうりゃく》」の積み重ねによって勝利することが一般的である、ということを知っているだろう。これは南北朝時代も同じで、戦争の勝敗を左右するのは、戦場での決戦よりも、いかに多くの武将を味方につけるかという外交戦である。その意味で良円の「勧進」、勧誘活動は、尊氏方の勝利を決定づけた立派な軍功と言えよう。

歴史小説や歴史ドラマ、歴史ゲームに囲まれている私たちは、えてして戦場での槍働きのみを武功と考えがちだが、実際にはそれ以外の活動も幅広く戦功として認定された。備後守護の岩松頼宥《らいゆう》は観応の擾乱で尊氏方に属し、備後南東部にある正戸山城《しょうとやまじょう》（現在の広島県福山市御幸町に所在）に本拠を構えた。この際、尊氏党の長井貞頼《さだより》（一五六頁、一七四頁）は備後北部の信敷荘《しのぶのしょう》（現在の庄原市に所在）から逐一、現地の戦況を報告している（「福原家文書」）。後に頼宥は、貞頼の戦況報告を軍功として幕府に報告しており、情報提供も軍功の一つと考えられていたことが分かる。

この時代、時衆が軍事連絡の使者として活躍していた事実は、既に指摘されている。東国各地の武将を勧誘した良円も、勧進僧の姿であちこちを回るついでに、様々な情報収集を行っていたことだろう。戦争に勝利するには正確な軍事情報を得ることが不可欠であり、良円は情報収集の点でも尊氏方の勝利に貢献したと考えられるのである。

## 大将たちの「大本営発表」

味方を鼓舞するにせよ、敵方を勧誘するにせよ、「我々は勝っている」というアピールは重要だ。誰だって勝ち馬に乗りたいからである。

貞和二年(一三四六)九月四日、島津一族の伊作宗久《いさくむねひさ》(島津貞久の従兄弟)と二階堂行仲《にかいどうゆきなか》は、幕府に救援要請をしている。それは以下のような内容だった(「二階堂文書」)。

伊集院忠国《いじゅういんただくに》が再び南朝方に転じ、薩摩国日置郡若松城に攻めてきて合戦になりましたところ、(幕府方である)若松氏の親類・若党が戦死し、八月二十七日には落城しました。敵は日置郡にある宗久の所領を占領し、道路を封鎖したので、私たちは幕府方の大将と連絡を取ることもできません。

渋谷《しぶや》一族は私たちの城を助けるために出陣し、阿多《あた》郡野崎村に城を築きました。ところが、敵の大軍が貝柄崎《かいがらさき》に「向城《むかいじろ》」(一四四頁を参照)を築くと、今日九月四日の卯の刻(午前六時ごろ)、渋谷一族は一人残らず野崎城を捨てて逃げてしまいました。

(中略)

前々から申し上げておりますように、薩摩半島は南朝方に制圧され、幕府方の城は私たちの城だけでした。(新たに築かれた)野崎城が落ちたら、たいへんなことになりますので、このように救援要請をしているのです。

（中略）

この城は、（足利尊氏様が）御上洛されてから敵中に孤立し、私たちは既に一〇年間もたてこもっています。今や兵粮を確保する手段も失いました。近日中に稲を刈り取り、それを食糧として決戦を挑むと決めましたので、命は捨てる覚悟です。ですから、薩摩の南朝方攻略はもちろんですが、まずはこの城を救援するよう、急いで武士たちにお命じ下さい。敵に交通路を押さえられていますので、この書簡は（敵に見つからないよう）切紙《きりがみ》（小さく切った紙）にしました。このことをどうか尊氏様にお伝え下さい。

悲痛なSOSだが、これに対して足利尊氏はどう応えたのか。尊氏は二人に宛てて書状を送った。そこには「伊作宗久・二階堂行仲が今まで堪えて戦ってきたことは感心である。（南朝方がたてこもっていた）尾張国の羽豆崎城《はずざきじょう》も攻略した。（南朝方である）越中の井上俊清《としきよ》も降伏してきた。こちらの軍事情勢は順調なので、そちらもがんばってほしい（以下略）」とある（「島津家文書」）。

尊氏は「（薩摩では南朝方が優勢かもしれないが）他の地域では幕府方が勝っている」と伝えることで伊作宗久・二階堂行仲を勇気づけようとしたのだろうが、二人は「そんな話はどうでもいいから援軍を早く送ってくれ！」と思ったに違いない。景気の良い戦勝報告とは裏腹に、本州の軍事情勢はまだ予断を許さず、薩摩に援軍を派遣する余裕が幕府にはなかったのではなかろうか。

南北朝時代には、遠方の味方に対して、彼らとは直接関係のない地域での戦局の好転を連絡するという事例がしばしば見られる。はげますと言えば聞こえは良いが、苦境にある武士にしてみれば、そんな報告を受けても気休めにしかならないと思う。いくら遠くで味方が勝っても、自分が負ければ元も子もない。

このような戦況の伝達を「督戦《とくせん》」と前向きに評価する声もあるが、敵方に寝返らないよう釘を指す、という側面もあったと考えられる。「お前は苦戦しているかもしれないが、全体的には味方が有利なのだから、早まって裏切ったりするなよ」という含意があるのではないか。

次に、今川了俊の情勢報告の一例を掲げよう。永徳元年（一三八一）正月に、了俊が薩摩南部にいる南朝方の武士たちに送った書状である（「禰寝文書」）。主要部分を現代語訳して左に示す。


日本国は今や将軍家（足利義満）の支配下に入ったが、九州だけは例外である。しかし（征西将軍府のある）肥後も今春には平定されるだろう。そこで島津氏久《うじひさ》をすぐに討伐しようと思う。ご協力いただければ、あなた方の所領が全て安堵されるよう取りはからう。いつでもあなた方の訴えは私自身の訴えとして、幕府に取り次ぐ。また薩摩守護島津伊久《これひさ》とは今後は手を切り、私と心を一つにしてほしい。今度参陣してくれたら、島津伊久の所領を料所としてあなた方に預けよう。近日、愚息の治部少輔《じぶのしょう》（今川義範《よしのり》）を薩摩に派遣するので、よろしくお願いする。

今川了俊は島津氏打倒のため、島津氏の傘下にいる薩摩南部の武士たちを取り込もうとしていた。だが薩摩における島津氏の勢威は圧倒的であり、武士たちを寝返らせるのは容易ではない。そこで了俊は「薩摩では南朝方が優勢かもしれないが、大局的に見れば幕府方の勝利は明白だぞ」と伝えることで、彼らを島津氏から切り離そうと試みたのである。

現実には、征西将軍府の拠点である肥後隈府城《わいふじょう》（現在の熊本県菊池市隈府に所在）が陥落したのは同年六月のことで、了俊の見通しはいささか楽観的である。とはいえ、自軍の有利を実態以上に宣伝するのは、幕府方・南朝方を問わず、当たり前の作戦だった。

味方の戦果を誇大に語ることにかけては、南朝方の北畠親房も人後に落ちない。興国二年（一三四二）六月、小田城の北畠親房は白河の結城親朝に対し、小田城攻防戦の状況を伝えている。それによれば六月二十三日の合戦で、南朝方は高師冬軍に大勝し、師冬軍の戦死・戦傷者はなんと一〇〇〇人に達したという。

しかし現実には、第三章の末尾に記したように、小田城は明らかに危機に瀕していた。この頃から親房の親朝への出兵要請は急増し、文面にも切迫感がにじみ始める。本当は、師冬の鉄壁の包囲作戦を前に、親房は有効な対策を取れないでいた。よって、南朝方大勝利の報は極めて疑わしい。小田城の軍勢が出撃した際に、師冬軍がいったん後退したのは事実だろうが、それは敗走ではなく既定の行動だったと考えられる。師冬は持久戦に徹することで自軍の被害を最小限に留めようと考えていた節があるのだ（一四五頁）。

親房は、師冬軍が周辺の村落を荒らし回るだけで正面決戦を挑んでこないことを根拠に、敵兵力が弱小であることを強調する。だが、力攻めを避けて兵粮攻めを行うのは、攻城側の鉄則である。師冬は駒城攻略戦での失敗（一五〇頁）を教訓に、地味だが確実な勝利を得ようとしていた。

連戦連勝しているはずの親房が、何度も何度も親朝に救援を求めるのは不自然である。この矛盾に関する親房の説明は「味方が勢いに乗っている今こそ敵にトドメを刺すチャンス」とか「合戦が長引くのは味方にとって良くない」とか、いかにも苦しい。親房の懇請にもかかわらず、親朝が腰を上げなかったのは、遠征の負担もさることながら（陸奥では軍事行動を起こしている）、親房の「大本営発表」が眉唾であると見抜いていたからだろう。

それでも親房は「我々は勝っている」と言い続けるしかなかった。真実を告げれば、親朝が来援してくれる可能性はますます低下するからである。だが戦勝報告は、「味方が優勢なら、私が急いで助けに行かなくても大丈夫ではないでしょうか」と親朝が反論する材料にもなってしまった。「貴殿が来られないなら、せめて御子息一人が一族を率いて、こちらに馳せ参じて下されば、大きな功績である。それもすぐには無理というのなら、東海道にでも高野《たかの》（現在の白河市東栃本《ひがしとちもと》）にでも那須にでも出兵して下されば、しばらくは小田城も持ちこたえられる」とすがりつく親房の姿は痛々しい。

虚偽の戦勝報告によって親朝を参陣させようとする親房の行為は、決してほめられたものではないが、その涙ぐましい努力を少しは評価してあげてもいいと思う。苛酷な条件下でベストを尽くした北畠親房を〝上から目線〟と決めつける後世の歴史家たちこそが、知らず知らずのうちに〝上から目線〟になっているのではないだろうか。

# 第六章　武士たちの「戦後」

## 遠征は諸刃の剣

建武二年（一三三五）十二月八日、建武政権の命令を受けて尊氏討伐のために東海道を下りつつある新田義貞を撃退すべく、足利尊氏は鎌倉を出発した。小山・結城・佐竹など多くの東国武士が尊氏の遠征軍に参加したことは、既に述べた通りである。この時、尊氏は嫡子千寿王《せんじゅおう》（のちの義詮《よしあきら》。以下、義詮で統一）を鎌倉に留めた。尊氏の留守を預かる形だが、義詮はわずか六歳だったので、実質的には関東執事の斯波家長（一五二頁、一九一頁、二一七頁）らが関東の政務をとりしきった。

建武三年六月、足利尊氏は光厳《こうごん》上皇を奉じて入京する（一一四頁）。鎌倉幕府を理想視する足利直義《ただよし》は、鎌倉への帰還を主張するが、後醍醐天皇らが畿内で軍事活動を展開している状況で尊氏が京都を離れることは不可能だった。結局、尊氏は京都に幕府を開き、義詮が関東を統治する体制が継続する。ただし、全ての関東武士が鎌倉の義詮の指揮下に入ったわけではない。その一部は上洛して尊氏・直義に仕え、畿内での合戦にも参加している。

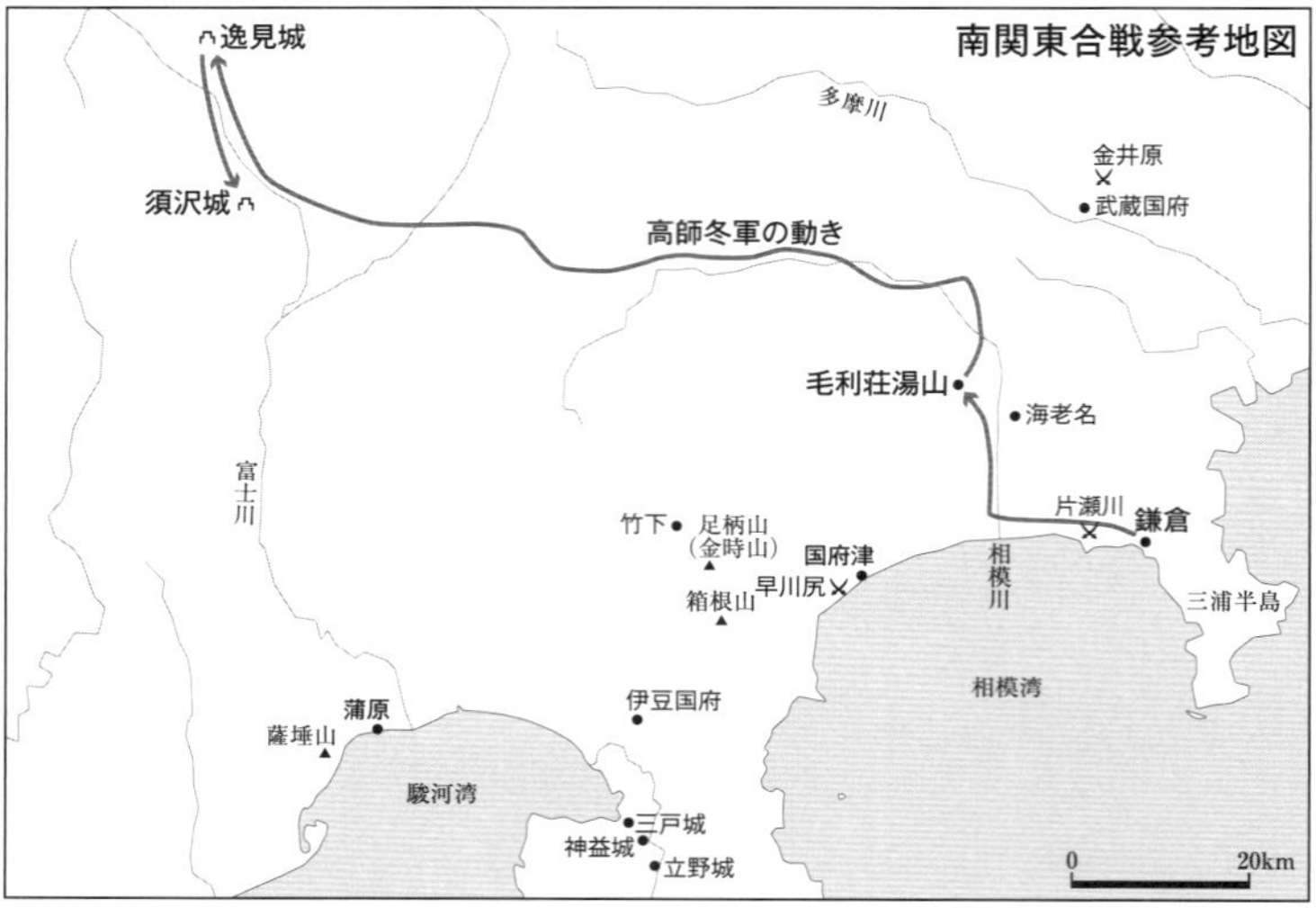


貞和五年（一三四九）、高師直《こうのもろなお》のクーデターで足利直義が失脚すると（一一九頁）、足利義詮は鎌倉を発って入京した。尊氏は二十歳の青年に成長していた義詮に政務を任せた。そして義詮上洛の代わりに、義詮の弟である基氏《もとうじ》が鎌倉に下向することになった（実際の動きとしては、基氏の鎌倉到着の後に、義詮が鎌倉を出発している）。基氏の関東の主としての地位を、学界では「鎌倉公方」と呼ぶ。基氏はまだ十歳であったので、高師冬と上杉憲顕《のりあき》が補佐することになった。

しかし、高師冬は高師直の従兄弟にして烏帽《えぼ》子子《しご》（元服時に師直から烏帽子をかぶせてもらった）、上杉憲顕は足利直義の信任厚い武将で、犬猿の仲の二人が基氏を支える体制は最初から波乱含みであった。はたして翌観応元年十一月、上杉憲顕の息子である能憲《よしのり》が常陸国信太荘《しだのしょう》（旧茨城県稲敷郡）で挙兵した。翌十二月一日、憲顕は鎌倉を脱出して上野国に下向、能憲軍と合流した。師冬は鎌倉を守りきれないと判断し、同月二十五日、基氏を連れて鎌倉を脱出した。

ところが毛利荘湯山《もうりのしょうゆやま》（現在の神奈川県厚木市飯山）で事件が起こった。基氏の近臣団の中で内紛が発生し、直義派の者たちが師直派の者たちを殺害したのだ。彼らは基氏を連れて上杉憲顕の軍に投じてしまった。十二月二十九日、足利基氏は上杉憲顕らに守られて鎌倉に帰還する（「醍醐寺報恩院所蔵古文書録」）。一方、〝玉〟を奪われた高師冬は甲斐国逸見城《へんみじょう》に逃げ込むが、そこも危なくなり、同国須沢城《すさわじょう》（現在の山梨県南アルプス市須沢に所在）にたてこもった。だが観応二年正月十七日、上杉能憲に攻められ、師冬は自害した（「市河文書」）。

この師冬の敗死は、中央での師直と直義の抗争にも影響を与えた。京都では基氏・憲顕が大軍を率いて上洛するとのウワサが流れ、基氏の上洛こそ実現しなかったものの、二月八日には能憲が数千騎を率いて入京した（『園太暦』）。『太平記』によると、二月十七日の打出浜の合戦に敗れた高師直・師泰《もろやす》は、兵庫から舟で鎌倉に逃れ、師冬軍と合流し再起を図るという計画を立てていたが、二十五日に師冬自害の報に接し、降伏を決意したという。

観応二年七月末に足利尊氏・直義兄弟は再び決裂し（一二〇頁）、近江での戦いに敗れた直義は、直義方の勢力圏である北陸道を経由して、越後→上野→武蔵→相模と進み、十一月十五日には基氏のいる鎌倉に達した。直義がこのような長大なルートを選択したのは、直義の股肱の臣である上杉憲顕が越後・上野・武蔵・相模を押さえていたからだろう。

足利尊氏は直義を討つべく、南朝に降参した上で親征の軍を起こした。第四章で触れたように、この遠征軍には九州の武士も参加している（一五三頁）。足利基氏は尊氏と直義の間を仲介しようとしたが、直義が調停を断ったため、安房に避難して局外中立を保ったという（『喜連川判鑑《きつれがわはんかがみ》』）。

直義軍を破った尊氏は（二二五～二二六頁）、翌正平七年（一三五二）正月に鎌倉に入った。翌二月、直義が突然亡くなるが、上杉憲顕ら旧直義党の勢力は未だ侮りがたいものがあったため、尊氏はそのまま鎌倉に逗留した。以後、幕府の支配体制は、将軍尊氏が鎌倉を拠点に東国を統治し義詮が京都を拠点に西国を統治するという、変則的な形になった（二二一～二二三頁を参照）。

閏二月十五日、新田義貞の息子である義興《よしおき》・義宗《よしむね》が上野で挙兵し、また後醍醐天皇の皇子である宗良《むねよし》親王が信濃で挙兵した。これに呼応して上杉憲顕も挙兵した。かつて憲顕は幕府方の大将として越後で宗良親王や新田一族と対戦していたのだが、長年の仇敵と手を結んで尊氏打倒に立ち上がったのである（一二七～一二八頁）。南朝方・旧直義党連合軍は、いったんは鎌倉を占拠するが、尊氏の反撃を受けて敗退した（この間の一連の合戦を「武蔵野合戦」という）。

同じ頃、畿内でも南朝方が蜂起し、幕府との和議（「正平一統」。一七二頁を参照）を一方的に破棄し、京都へと進軍した（一九〇頁）。足利義詮は大敗して近江に逃れた。なお、南朝の裏切りを受けて、義詮は南朝年号の正平七年から再び北朝年号の観応三年に戻している。一七年ぶりに京都に入った北畠親房は、京都に取り残されていた北朝の光厳《こうごん》・光明《こうみょう》・崇光《すこう》の三上皇と直仁《なおひと》親王を捕らえ、八幡の南朝軍本営に送った。

義詮は美濃の土岐頼康《よりやす》・近江の佐々木導誉《どうよ》らを率いて反撃に転じ、三月には京都を奪回、五月には八幡を攻略したが、三上皇と親王は南朝方に拉致され、三種の神器も持ち去られてしまった。やむなく義詮は、観応三年八月、出家する予定だった光厳上皇の皇子、弥仁《いやひと》王を三種の神器なしで天皇に擁立することにした。天皇の践祚《せんそ》には上皇の承認が必要だったが、その上皇が一人もいなかったため、光厳天皇の母である広義門院寧子《こうぎもんいんねいし》に上皇の代役を頼むというウルトラCで践祚にこぎつけた。後光厳《ごこうごん》天皇の誕生である。翌九月には文和元年と改元された。

軍記物『太平記』が凡庸な二代目として描いた影響もあり、学界での足利義詮の評価は芳しくなかった。だが近年は、一次史料に基づき義詮の再評価が進んでいる。今回の京都失陥に関しても、尊氏が主力を率いて鎌倉に下向しており、義詮が抱えている軍勢はいわば留守部隊であった点に留意する必要がある。全ての責任を義詮一人に帰するのは、いささか気の毒である。尊氏は直義打倒のために遠征軍を組織し、見事に目的を達したが、その反面、京都防衛に穴を開けることになった。遠征は戦局打開の切り札であると同時に本拠地を危険にさらす作戦であった。要するに諸刃の剣なのだ。

ただし、これはあくまで後世の歴史家から見た客観的な評価である。当時の人々が尊氏の冒険策を批判したり義詮を擁護したりしたとは思えない。むざむざと京都を敵手にゆだねた義詮のふがいなさに内心あきれていたに違いない。「義詮が無能だった」という『太平記』の評価は事実に反しているが、「『義詮は無能だ』と同時代人が考えていた」という事実を反映しているとは言えるだろう。

### 足利義詮の挫折

文和元年の暮れ、足利直冬《ただふゆ》が南朝に降伏した。もっとも「降伏」と言っても、実態としては同盟に近かった。翌二年六月、南朝方・直冬党連合軍が挙兵し、京都に迫った。足利義詮は前回の反省を活かして、六月六日、いちはやく後光厳天皇を比叡山に逃がした。九日、義詮は京都から敗走し、十日に近江坂本（現在の滋賀県大津市坂本）に着いた（『園太暦』）。しかし、比叡山延暦寺が戦乱に巻き込まれることを拒んだため、義詮は後光厳を連れて美濃の垂井に走った。途中、落ち武者狩りにあい、佐々木導誉の長男・秀綱《ひでつな》が戦死している（『園太暦』）。

足利義詮は後光厳天皇を美濃守護の土岐頼康に託して、京都の奪回に向かった。後光厳は、小《お》島《じま》（現在の岐阜県揖斐郡揖斐川町春日六合）にある土岐頼康の館を行宮《あんぐう》（仮の住まい）とした。小島行宮で無聊の日々を送る後光厳は、一度ならず二度までも京都を奪われた義詮の器量に不安を感じたらしく、足利尊氏に上洛を要請した。

関東の南朝方勢力が弱体化してきたこともあり、尊氏はいよいよ上洛を決断した。尊氏は上洛に先立って、畠山国清《はたけやまくにきよ》を関東執事に任命し、基氏を補佐させることにした。七月二十八日、基氏は国清らと共に鎌倉を出発して入間川に陣を構えた。この「入間川陣」の場所は正確には分かっていないが、埼玉県狭山市徳林寺周辺ではないかと言われている。この辺りは入間川と鎌倉街道上道《かみつみち》が交わる交通の要衝であり、越後・上野の新田・上杉勢への備えと考えられる。

このように、万全の布石を打った上で、七月二十九日、尊氏は上洛の途につく。小山氏政・結城直光《なおみつ》・佐竹義篤《よしあつ》・小田孝朝《たかとも》・大掾高幹《だいじょうたかもと》・那須資藤《すけふじ》・武田信武など、東国の名だたる武士のほとんどが尊氏に従軍した（河越直重・宇都宮氏綱・千葉氏胤《うじたね》は関東に残留）。

九月三日、尊氏軍は垂井で後光厳天皇と合流した。既に義詮が京都を回復していたが、後光厳は上洛しようとはしなかった。八月末に尊氏が尾張（現在の愛知県西部）に到着したと聞き、ようやく小島から垂井まで出てきたのである。後光厳がいかに義詮を頼りなく思っていたかが分かろうというものだ。九月二十一日、後光厳は尊氏と共に京都に戻った。尊氏と共に上京した関東の武士たちは、そのまま京都に留まって尊氏に仕えた。

文和三年（一三五四）十月、足利義詮は佐々木導誉・赤松則祐《そくゆう》らを率いて直冬討伐に向かい、播磨弘山（現在の兵庫県たつの市誉田町《ほんだちょう》広山）に着陣した。正平七年の時とは逆に、義詮が遠征に出かけ、尊氏が京都を守ったのである。この親征に、軍事的実績を上げて世間を見返そうとする義詮の焦りを見いだすのは、うがちすぎであろうか。

義詮軍は直冬軍と一進一退の攻防を繰り広げるが、十二月十三日、足利直冬・山名時氏らは伯耆国を出発し、陽動作戦によって義詮軍を播磨に釘付けにした上で、山陰道から京都に迫った。越中の桃井直常《もものいただつね》、越前の斯波《しば》高経《たかつね》もこれに呼応して挙兵、空前の大作戦が敢行された。

義詮が大軍を率いて播磨に出陣していたため、京中の兵力は乏しかった。京都防衛は不可能と判断した尊氏は十二月二十四日、後光厳を連れて近江の武佐寺《むさじ》（一九〇頁の地図を参照）に逃れた（『太平記』、「田代文書」など）。この時、佐竹・結城ら東国勢も付き従ったという（『源威集《げんいしゅう》』）。

明けて文和四年正月下旬、足利直冬・山名時氏・桃井直常・斯波氏頼《うじより》らが続々と入京し、これを受けて尊氏は東坂本に進出、比叡山に登り陣を構えた。裏をかかれた義詮もあわてて弘山の陣を引き払い、京都へと反転した。義詮軍は摂津神南《こうない》山（現在の大阪府高槻市に所在）に陣を構え、尊氏軍と連携して京都に突入する構えを見せた。これを阻止すべく山名軍が山崎（現在の京都府乙訓郡《おとくにぐん》大山崎町）に陣を構え、二月六日、義詮軍に攻めかかった。義詮の本陣にまで敵兵が迫る激戦であったが、赤松勢の奮戦で何とか山名軍を撃退し、義詮は山崎の天王山に進軍する。この神南合戦の勝利により戦場は京都市内へと移るが、戦線は膠着した。

戦局を動かしたのは、関東からの援軍だった。畠山国清の弟である義深《よしふか》・義熙《よしひろ》が平《へい》一揆・白旗《しらはた》一揆など東国勢三〇〇〇騎を率いて上洛してきたのである。これに力を得た尊氏は、三月十二日、直冬がたてこもる東寺への総攻撃を命じる。直冬軍も出撃し、七条西洞院で合戦となった。

味方の苦戦を知った尊氏は前線のすぐ近くまで進出し、那須資藤を呼び寄せてこう言った。「そなたを頼もしく思っていたので、今まで側に留めておいたが、前線は苦戦しており、このままでは日が暮れてしまう。急ぎ出撃せよ」と。奮い立った資藤は一族郎党を率いて進撃し、敵を破ったが、重傷を負ってしまう。資藤は担架で尊氏の御前に運び込まれ、尊氏は資藤の傷を直に点検し、「今度の活躍は見事である」と言葉をかけた。資藤は感極まった様子で絶命したという（『源威集』）。他にも佐竹兼義《かねよし》が戦死するなど、東国武士の決死の奮戦によって戦況は逆転し、直冬軍は京都から撤退した。これを「文和東寺合戦」という。

それにしても、高師冬の常陸合戦にすら協力しようとしなかった東国武士たちが（一五〇頁を参照）、はるばる京都まで遠征し、文字通り命を捨てて戦ったことには驚きを禁じ得ない。「さすが尊氏」と言うべきだろう。しかし裏を返せば、武士たちを遠征に参加させ、懸命に戦わせることは、将軍尊氏のカリスマ性があって初めて成せる芸当なのである。

それは、義詮の遠征が失敗したことからも明らかである。文和四年の京都攻防戦について、軍記物『源威集』は「直冬軍を京都に入れて、西から義詮軍が、東から尊氏軍が攻撃を加えるという挟撃作戦」と解説しているが、これは結果的にそうなっただけのことである。最初から直冬軍を京都に入れるつもりだったのなら、義詮が四ヶ月以上も播磨に滞陣する必要はない。

要するに、義詮遠征軍は直冬軍本隊を捕捉撃滅することに失敗し、京都への侵入を許した。どう見ても義詮の失策である。義詮が神南合戦に勝利したことを評価する声もあるが、そもそも義詮が遠征でしくじっていなければ、このような不利な態勢での決戦は避けられたはずである。この点、関東への遠征で直義を屈服させた尊氏との将才の差は明らかである。

以後、義詮は直冬・時氏に対する積極攻勢策を断念し、播磨守護の赤松則祐や「中国大将」の細川頼之《よりゆき》らを山名氏への押さえとして配置しておくに留めた。

## 畠山国清の勘違い

延文《えんぶん》三年（一三五八）四月三十日、足利尊氏は五十四歳の生涯を終えた。尊氏に従って上京した東国武士たちも、関東に帰っていったようである。

さて、尊氏の後継者は当然、義詮であるが、将軍の補佐役である執事を誰にするかが問題だった。高師直の死後、執事職は尊氏に忠実な仁木《にき》頼章《よりあき》が務めていたが、尊氏が亡くなると頼章は出家して政界から引退してしまった。代わって執事になったのが、文和東寺合戦などで功績のあった細川清氏《きようじ》であった。

同年十二月、義詮は征夷大将軍に任じられた。義詮―清氏の新政権が目玉政策としてぶちあげたのが、畿南の南朝勢力の討伐であった。すなわち新将軍の威信を示すための軍事作戦であり、義詮は関東にいる弟の基氏にも軍勢派遣を要請した。基氏はこれに応じて延文四年二月、そして九月に動員令を出し、東国武士たちに上洛を命じた。十月八日、関東執事の畠山国清は数万の大軍を率いて入間川陣を出発、十一月六日に入京を果たした（『園太暦』）。八日には義詮を中心に作戦会議が開かれた（『愚管記《ぐかんき》』）。

翌十二月十九日に義詮は京都を進発し、摂津の尼崎に陣を布いた。国清が率いる関東勢は同月二十四日に京都を出て河内に入り、ここで年を越した。延文五年（一三六〇）、国清軍は河内から紀伊に進み、苦戦の末、南朝方の重要拠点である龍門山城《りゅうもんざんじょう》（現在の和歌山県紀の川市黒土に所在。一〇一頁の地図を参照）を攻略した。

一方、細川清氏も延文五年五月九日、河内赤坂城（かつて楠木正成がたてこもった城で「楠木城」ともいう）を陥落させる。南朝の後村上天皇のいる河内観心寺《かんしんじ》（現在の大阪府河内長野市に所在）は、もう目と鼻の先である。

ところが、足利義詮は五月二十七日、撤兵を宣言、二十八日には京都に戻った（『愚管記』）。細川清氏・畠山国清・土岐頼康ら諸将も次々と京都に帰還した。南朝方をあと一歩のところまで追いつめながら軍を返したのは、なぜだろうか。

幕府軍の進撃は一見すると快調であったが、京都を出発してから既に半年を費やしていた。国清麾下《きか》の東国武士たちは馬や武具を売って戦費を調達するほどに困窮し、ついには国清に無断で帰国してしまったという（『太平記』）。これ以上の長陣《ながじん》は無理という判断は妥当だろう。

では、幕府が大軍を動員し、著しく弱体化している南朝軍を相手に戦っているにもかかわらず、長期戦化した理由は何だろうか。一つは南朝方が地の利を得ていたということが挙げられる。南朝が根拠地としている大和・河内・紀伊三ヶ国にまたがる山岳地帯は、攻めにくく守りやすい地形をなしていた。楠木正成が鎌倉幕府の大軍を翻弄できたのも、圧倒的に劣勢な南朝方が二〇年以上生き延びてこられたのも、山岳戦に持ち込むことで兵力の不利を補ったからだ。

もう一つは、将軍義詮の指導力不足だろう。今回の遠征には、仁木頼章の弟で「勇士の名望、世にもって隠れなし」(「東大寺文書」)と言われた義長《よしなが》も参加していたが、義長は西宮に陣取って、淀川を越えず、一戦も交えずに京都に戻った。義長は自分ではなくライバルの細川清氏が執事になったのが面白くなかったので、職務放棄してしまったのである。義詮が後方の尼崎を動かなかったこともあり(万一の山名の蜂起に備えての在陣だろうが)、諸将の戦意は低く、はりきっていたのは国清と清氏だけだった。これでは遠征がうまくいくはずがない。

ともあれ、戦わずに傍観していただけの義長に対する風当たりは強かった。南朝方の和田正《わだまさ》武《たけ》・楠木正儀《まさのり》(正成の三男)らが再蜂起すると、七月六日、細川清氏・畠山国清・土岐頼康ら諸将は、これを討伐すべく義詮の命を待たずに出陣、天王寺に向かった。しかしこれは偽装で、実は仁木義長を討つための策謀であった。これを知った義長は将軍御所の警備と称して義詮の身柄を確保したが、佐々木導誉の手引きで義詮は御所を脱出した(『太平記』)。不利を悟った義長は十八日、京都を脱出した。やがて義長は南朝方に転じた。

かくして幕府執事の細川清氏と関東執事の畠山国清は政敵・仁木義長の排除に成功したが、権力闘争にうつつを抜かす両人の姿勢には世論の反発も大きかった。また義詮も、義長を追い落とす過程で自分の身を危険にさらした清氏・国清に不信感を持った。長期遠征で疲弊した東国武士たちが次々と脱落していったこともあり、八月、国清は軍をまとめて京都を後にした。

今回の国清の上洛は、おそらく文和二年の尊氏上洛の再現をねらったものだった。東国武士を従えた堂々たる姿を新将軍義詮や諸将に見せつけることで、自身の権勢を示そうとしたのだろう。そして南軍討伐で功績を立てれば、幕府内での発言権も強まる。ひょっとすると、京都政界への復帰を画策していたのかもしれない。

だが、国清は尊氏ではない。武士たちを心服させるカリスマ性が、国清には不足していた。そもそも東国勢は上洛の道中から士気が低く、国清が尾張熱田宮で遅参者を待つという有り様だった。緩慢な行軍にしびれをきらした国清は自分だけさっさと入京し、東国武士たちは二、三日後にバラバラと入京した。文和二年の尊氏の上洛時、諸将が競って隊列の先頭を望んだのとは雲泥の差である。戦う前から統制が全くとれていないのだから、先が思いやられる。

そして案の定、遠征の長期化により厭戦気分が広がり、脱落者が続出した。中途半端な形で遠征は中止になった。焦る国清は、クーデターによって覇権を得ようとした。しかし、その強引な政治手法は、かえって東国武士たちの離反を招くばかりだった。

関東に戻った失意の畠山国清は、怒りにまかせて無断帰国した武士たちの所領を没収した。それでも東国武士たちは堪え忍んでいたが、康安《こうあん》元年（一三六一）九月に京都で国清の盟友・清氏が失脚すると、彼らはついに決起する。一揆を結んで鎌倉公方足利基氏に対し、国清の罷免を要求したのである（『太平記』）。基氏の妻は国清の妹なので、国清は基氏の義兄にあたるが、基氏も国清の専横を苦々しく感じていた。二十二歳の青年公方は、ついに自立を決意した。

同年十一月二十三日、基氏は国清を罷免し、国清は自身が守護を務める伊豆へと下っていった（『鎌倉大日記《おおにっき》』）。同月二十六日、基氏は追い打ちをかけるかのように、関東八ヶ国の武士たちに国清討伐令を出した（「安保《あぼ》家文書」）。

畠山国清は弟の義深・義熙と共に伊豆で徹底抗戦する構えを見せたが（二三四頁の地図を参照）、国清には大きな誤算があった。

畠山国清はこの一〇年余り、足利基氏を妹婿に取り、家は繁栄を極めた。その上、関東執事の職について巨大な権力を握った。このため関東八ヶ国の武士たちがすり寄ってくるのを、自分の人望と勘違いし、何もしなくても自分が挙兵すれば四、五〇〇〇騎は駆けつけてくるだろうと考えていたのに、意外にも他国からの援軍は一騎も現れず、あげくの果てには大将の一人として頼りにしていた狩野《かのう》氏も基氏に降参してしまった。（『太平記』）

肩書きに人々が寄ってくるのを「自分に人間的魅力があるからだ」と誤解するという悲喜劇は、現代でもしばしば見られる。とはいえ、国清は善戦した。国清征伐が本格化したのは翌年の三月からだが、国清は三戸城《みとじょう》（三津城）、神益城《かみやましじょう》（神余城《かみあましじょう》）、立野城（修善寺城）と移動しつつ、しぶとく抵抗を続けた。九月、国清はついに降伏した。関東八ヶ国の軍勢をもってしても国清を屈服させるのに半年を要したという事実は、遠征の難しさを改めて私たちに教えてくれる。

## 遠征はもうこりごり

同じ頃、京都も混乱していた。康安元年九月、足利義詮と対立した細川清氏が京都を脱出し、自分が守護を務める若狭に落ちていった。しかし義詮はただちに討伐軍を派遣した。なにぶん若狭は京都のすぐ近くなので、若狭への侵攻は容易だった。戦いに敗れた清氏は逃避行の末、南朝に降参した。

十二月、細川清氏・楠木正儀ら南朝勢は京都に進撃し、将軍義詮は後光厳天皇を伴って近江の武佐寺に逃れた。あまりにもあっさりと京都を占拠できたので、南朝方は先行きを楽観視したという（『太平記』）。

けれども、南朝首脳部の期待に反して、大内弘世《ひろよ》・桃井直常・新田義宗・仁木義長といった諸国の南朝勢力は、幕府軍に行く手を阻まれ、上洛することができなかった。特に、最強軍団を擁する山名時氏が美作から伯耆に引き返してしまったのが痛かった。兵力不足の南朝方は京都を放棄せざるを得なかった。義詮はわずか二十日ほどで京都を取り戻した。南朝方が京都を占領するのは、これが最後となった。

山名時氏が京都に進軍しなかったのは、赤松・細川の〝山名シフト〟が有効に機能したということもあろうが、もはや時氏が幕府転覆に関心を失いつつあったことが大きいのではないか。この点、時氏が軍の疲弊を問題視して撤収したという『太平記』の記述は示唆的である。

元来、盆地にある京都は守りにくく攻めやすい都市である。兵力の劣る南朝方が四度にわたって京都を攻略できたのはこのためであるが、幕府軍に反撃されると、京都を維持することはできなかった。特に琵琶湖の西岸を走る湖西路《こせいじ》は、越前・若狭から京都へ物資を運ぶ上での大動脈であり、幕府軍にここを押さえられると、京都に駐留する南朝軍はたちまち日干しになってしまう。足利尊氏や義詮が、南朝の京都侵攻に際して、いったん近江に逃れて態勢を整えた上で逆襲するという作戦を繰り返したのは、このためである。

南朝方・直冬党連合軍が総力を結集した文和四年の京都攻防戦で敗れて、時氏に心境の変化が訪れたのではないだろうか。「遠征は無益だ」と。以後、時氏は山陰での勢力拡張に専念する。天下をうかがうことをあきらめ、地方に自らの王国を築くことにしたのである。

このような方針転換を行ったのは、時氏一人ではない。征西将軍府の懐良《かねよし》親王は、もともとは九州の武士たちを束ねて京都奪還の遠征を行うことを期待されて、後醍醐天皇から九州に派遣された人物であった(二〇四頁)。しかし懐良親王は、康安元年(南朝正平十六、一三六一)八月に大宰府を制圧して九州に覇を唱えてからも、南朝からの再三の援軍派遣要請に応じることはなかった。懐良親王を軍事的に支えていた菊池氏らは中央の政治・軍事情勢に対する興味を失い、征西将軍府を独立的な地方政権にしようと考え始めたのである。四半世紀前、陸奥将軍府の北畠顕家が無謀とも言える尊氏討伐の大遠征を敢行したことを思い返すと、隔世の感がある。

頼みの綱である地方からの援軍に期待できない以上、もはや南朝は京都奪還を断念するしかなかった。山奥にひきこもって守りを固めるだけのジリ貧である。だが、一方の幕府も手詰まりになっていた。直冬討伐の遠征も、南朝撃滅の遠征も頓挫した。畠山国清の失脚により、関東からの援軍もあてにできなくなった。今や幕府の軍事的優勢は明らかであったが、南朝・直冬にとどめを刺すだけの力は義詮にはなかったのである。結果として、大規模な会戦は行われなくなり、紛争は局地化していく。

従来の研究は、武士たちが富と名声を求めて喜び勇んで戦乱の渦に身を投じてきたかのごとく南北朝時代を叙述してきた。そういう側面がなかったとは言わない。だが、鎌倉幕府の滅亡から既に三〇年近く経過し、潮目は変わりつつあった。戦場を疾駆した室町幕府の功臣たちも、五十代、六十代の老境に入っていた。功成り名を遂げた彼らは度重なる戦争に倦《う》んできた。そして〝三十年戦争〟を生き延びた末端の武士たちも、積極的に攻める姿勢から、勝ち取った果実を守る姿勢へと変わってきた。つまり、リスクの大きい遠征に嫌気がさしてきたのである。

基本的に戦後歴史学は、革命が大好きなので、「なぜ内乱が始まったか」という命題は熱心に論じてきたが、「なぜ内乱が終わったか」という問題には関心を寄せてこなかった。要は、そういう景気の悪い話はしたくない、ということなのだろう。武士たちが変革への情熱をずっと持っていた、と歴史学者は考えたいのである。

しかし、現実は現実である。「革命」が達成されたから、内乱が終わったのではない。変化を嫌い、冒険を避け、安定を求める気持ちが武士たちの間に芽生えてきたからこそ、内乱は収束へと向かったのである。

## 大内氏・山名氏の「降参」

貞治二年（一三六三）の春、南朝方として周防・長門両国（現在の山口県）に勢威をふるっていた大内弘世が幕府に帰参を申し入れてきた。弘世は帰順にあたり周防・長門両国の守護職を要求したが、足利義詮は「西国を安定させるためだ」として、これをすんなり認めた（『太平記』）。収まらないのが、幕府方として長年尽くしてきた厚東義武《ことうよしたけ》である。何の落ち度もないのに長門守護職を剝奪された義武は憤激し、九州に渡海して征西将軍府に仕えた。

幕府が味方を切り捨ててまで大内氏を抱き込もうとしたのは、九州制圧の足がかりを得るためである。早速、弘世は九州侵攻を開始する。『太平記』によると、弘世は豊後で菊池・厚東連合軍と戦い大敗し、命乞いをして許されたとあるが、そのような歴史的大敗は一次史料からは確認できない。ただ、弘世の九州攻略作戦がなかなか進捗しなかったのは事実らしい。渡海して一時的に勝利を得ても、弘世が山口に引き上げると菊池氏らが再蜂起するという始末で、なかなか決定的な打撃を与えることはできなかったようである（『山田聖栄自記《やまだしょうえいじき》』）。

さて、幕府にとって一番の悩みの種である山名氏はどうしていただろうか。前年の六月から足利直冬・山名時氏は美作・備前・備中・備後・丹波に攻勢をかけていた。他の国はともかく丹波は京都の北西に位置し、ここを取られれば京都がまた危うくなる。足利義詮は若狭守護の石橋和義《かずよし》・遠江守護の今川貞世《さだよ》（のちの了俊）・三河守護の大島義高《よしたか》を投入し、丹波の山名勢を何とか追い払った。

さて山名勢は全体的には優勢に戦いを進めていたが、直冬が指揮をとる備後戦線では苦戦していた。貞治二年の八、九月頃、直冬は備後から石見へと退却した。先に幕府に降参した大内弘世が石見に進出してくるのも時間の問題であった。直冬では支えきれないだろう。

ついに時氏は直冬を見限った。幕府の誘いに応じて帰参したのである。山名氏が実力で切り取り本拠地としていた伯耆・因幡両国に加え、幕府方の赤松貞範《さだのり》と争奪戦を繰り広げていた美作国、幕府方の仁木義尹《よしただ》と抗争していた丹波・丹後両国の、計五ヶ国の守護職が山名氏に与えられた。幕府をさんざん苦しめてきた最大の難敵に対する処遇としては、破格のものと言えるだろう。

これは、佐藤進一氏が指摘するように、山名氏の幕府方への転向は、「降参」とは名ばかりで、実質的には対等の交渉による講和だったからである。山名氏を軍事力によって制圧することのできない幕府は、その要求を丸飲みすることで、最大の強敵を取り込んだのである。

また足利義詮は、鎌倉公方の足利基氏と相談し、越後の上杉憲顕を帰参させようとした。上杉憲顕は旧直義党の有力武将で、南朝方の新田一族と連携して幕府と敵対し続けていた（二三六頁）。越後守護の宇都宮氏綱《うじつな》（二二五頁）はやっきになって上杉を討伐しようとするが、成果ははかばかしくなかった。そこで義詮は方針を転換し、上杉氏の取り込みを図ったのである。

上杉憲顕は貞治元年六月までに宇都宮氏綱に代わって越後守護に復帰し、貞治二年三月には足利基氏が憲顕に対し関東管領《かんれい》（鎌倉公方の補佐役で従来の関東執事の権限を拡充したもの）就任を打診し、鎌倉に呼び寄せようとした。同年の六、七月頃には憲顕は鎌倉に帰還している。

宇都宮氏の重臣で、越後支配を氏綱から任されていた芳賀禅可《はがぜんか》は憲顕の復権に反発し、反乱を起こす。八月下旬、足利基氏は芳賀一族討伐の軍を起こし、武蔵岩殿山《いわどのやま》（現在の埼玉県東松山市大字岩殿に所在）に着陣する。基氏は、この岩殿山合戦で勝利を収め、さらに進撃すると、宇都宮氏綱が謝罪に訪れ、自らの乱への関与を否定したという（『太平記』）。基氏は宇都宮氏綱の上野守護職を取り上げ、上杉憲顕に与えた。これにより上杉憲顕の帰参は確定する。

大内と山名、そして上杉の帰順によって、内乱は急速に終息していった。九州など一部地域を除いて南朝方の活動は停滞する。また、中国地方の平定によって京都の安全が確保された。南朝方に京都を占領されるという醜態をさらすことは、もはやあり得ない。幕府は大きな妥協を強いられながらも、ようやく「平和」への道筋をつけたのである。

戦線の縮小を受けて、諸将の上洛が進む。これまでは諸将が南朝勢力の討伐のために地方に下向することが多く、京都の守りが手薄になった隙をつかれて南朝方に京都を攻略されるという事態が繰り返された。足利義詮は、山名・大内との和平成立を良い機会と捉え、諸将に軍勢を率いて上洛するよう命じたのである。彼ら有力守護は京都に常駐し、幕府の政治に深く関わるようになった。当時、このような人々を「大名《たいめい》」と称した。

内乱期には守護の交代がひんぱんに行われたが、貞治年間以降、守護の固定化が進む。守護職は父から子へと世襲される一種の財産になり、よほどのことがない限り、将軍は守護職の世襲を認めた。「守護家」の確立により、室町幕府の政治秩序は安定化する。

山名時氏は「自分は、建武年間以降、足利将軍家のおかげで人並みの生活を送っているが、元弘年間以前は民百姓のような暮らしをしていた。上野国の山名という田舎を飛び出し、苦労して今の地位に登りつめたので、この世の悲しさも、自分の身の程も知っている。戦争の苛酷さも骨身にしみている。だからこそ今の平和な世をありがたく思っているのである」と語ったという（『難太平記』）。無名の武士が立身出世を夢見る時代は終わりを告げようとしていた。人々は野心を捨てることで安定を得た。曲がりなりにも戦乱終結への道を切り開いた足利義詮の政治手腕には一定の評価を与えるべきだろう。

けれども、幕府に反抗的で独立心旺盛な巨大勢力をそのまま容認するという足利義詮の〝政治決着〟が将来に禍根を残すものであったことは否定できない。長年幕府のために戦ってきたのにロクに恩賞をもらえない武士たちは、大敵だった山名一族が栄華を極めていることを妬んで「多く所領を得ようと思ったら、幕府に敵対するのが一番だ」とささやきあった（『太平記』）。また苦労人の時氏は、子息たちがおごりたかぶり将軍を軽んじていることを案じながら亡くなったという（『難太平記』）。山名・大内の牙を抜き幕府に従順な勢力へと改変するという課題は、次代の足利義満に持ち越されることになる。

## 応安大法は〝大規模戦闘終結宣言〟

貞治六年（一三六七）四月二十六日、足利基氏が死去した。嫡男の金王丸《こんのうまる》（のちの氏満《うじみつ》）が後を継いだが、九歳という幼さもあり、足利義詮は関東の直接統治を考えたようである。五月、義詮が最も信頼する老臣、佐々木導誉が「関東の事成敗のため」（『後愚昧記《ごぐまいき》』）、鎌倉に下った。

だが、その義詮も同年十二月七日に没した。嫡子春王《はるおう》が後継者となった（翌年に元服して「義満」と名乗る）。わずか十歳であったため、細川頼之が管領として政務を取り仕切った。

翌年正月、上杉憲顕は春王の相続祝いのために上洛する。すると二月末、憲顕の京都滞在の隙をねらって関東の反上杉勢力が蜂起する（武蔵平一揆《へいいっき》の乱）。憲顕は関東に帰国し、六月十七日の河越合戦で河越直重《かわごえなおしげ》らを撃破、さらに反乱軍の鎮圧を進め、九月には宇都宮氏綱らを下した。

武蔵平一揆の乱の鎮圧によって、関東管領上杉氏の関東における勢威は比類なきものとなった。これを見た細川頼之は、関東統治を鎌倉公方に任せ、関東管領上杉氏を通じて公方の暴走を抑止するという間接支配のシステムを確立する。関東の武士たちは基本的に将軍から切り離され、鎌倉公方に仕えることになる。京都への遠征を命じられることは、二度となかった。

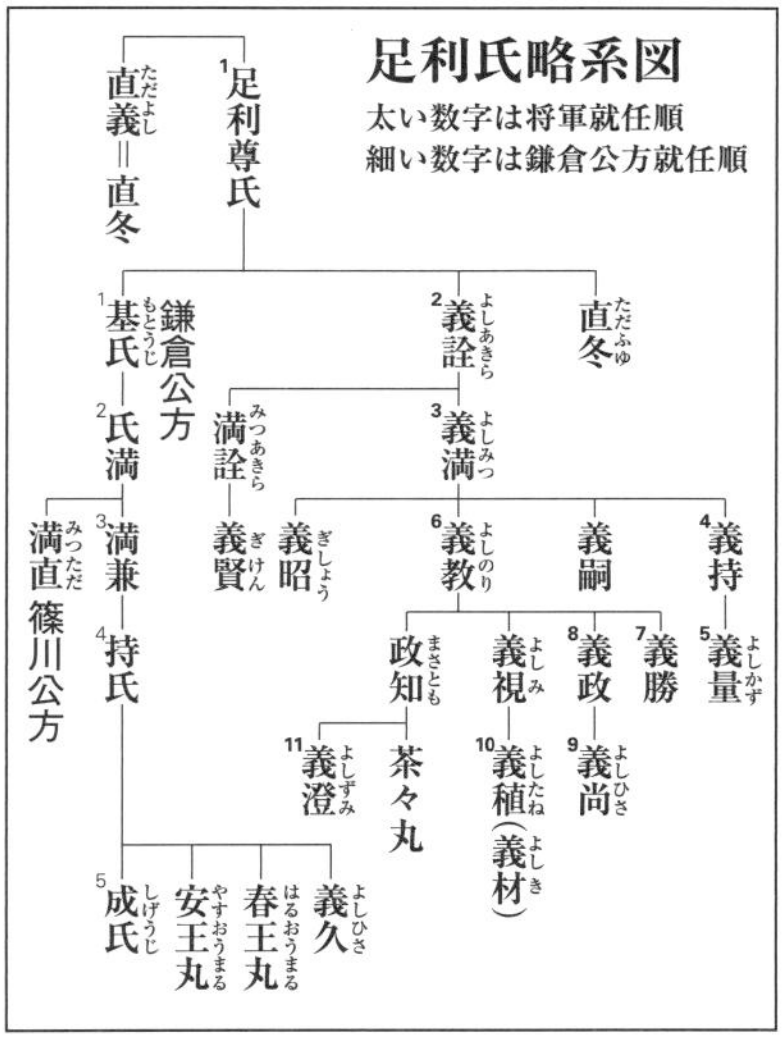


応安元年（一三六八）六月、義詮の仏事、応安への改元、義満の元服など諸々の行事を終えて、いよいよ本格始動した足利義満政権――実質的には細川頼之政権だが――が最初に行った政策が、「応安大法《おうあんたいほう》」の制定であった。

学界では通常、この法令を「応安の半済令《はんぜいれい》」と呼ぶが、村井章介氏が論じたように、「応安大法」はもっと包括的な所領関係立法であり、「半済令」はその一部でしかない（半済については一三五頁を参照）。もともと幕府の半済令は半済禁止に主眼がある。例外的に半済を認めるというスタンスなので、寺社本所《じしゃほんじょ》保護法と言った方がしっくり来る。特に応安令は、今までの法令より半済廃止を強く打ち出しており、「半済令」という表現にはやや語弊があるように思う。

京都を本拠地とした室町幕府は、南朝との対抗関係もあり、京都の公家・寺社の支持を集めなければならなかった。特に足利義詮は、守護などの武家勢力によって侵略された寺社本所領の回復を公約していたが、内乱を乗り切るためには、軍事指揮官である守護の横暴＝戦費調達に目をつぶらざるを得ないのが現実であった。

内乱の収束を受けて、義詮は晩年の貞治六年、寺社本所保護法を改めて制定した。それは、守護不設置の山城国にある寺社本所領で、武士の恩賞地や将軍直轄領になってしまい、その後、寺社本所への返還命令が出されていながら返還が実現していない所領については、すべて侍所《さむらいどころ》が責任を持って寺社本所に引き渡せ、という内容だった（『師守記』）。

この義詮の寺社本所保護路線を引き継ぎ、これまで幾度となく出されてきた所領返還令を集大成すべく発令されたのが、応安大法であった。まず、寺社本所領のうち「禁裏《きんり》仙洞《せんとう》御料所・寺社一円仏神領《いちえんぶっしん》・殿下渡領《でんかわたりりょう》」については、一切の半済を排除する。「禁裏仙洞御料所」とは禁裏（天皇）・仙洞（上皇）を本家とする王家領荘園、「殿下渡領」とは藤原氏の氏長者を本家とする摂家領荘園のことである。「寺社一円仏神領」は本家職《しき》・領家職ともに寺社が持つ荘園を指す。これらの荘園は寺社本所領の中でもランクが高いため、特別に優遇されたのである。

この三つのカテゴリーを除いた「諸国本所領」については、当面は半済を認める、とある。ただし、半分の土地を本所側の雑掌《ざっしょう》（荘園の現地管理人）に引き渡せ、と書いてあるので、武士への半済給与に法の重点が置かれているわけではない。武士が荘園を丸ごと実効支配してしまっている状況を踏まえ、「土地の半分は本所に返してやれ」という形で本所の権利を保護しているのである。単純に計算すると、これまで武家勢力が全国各地で侵略してきた土地の半分が公家側に戻るのだから、額面通りに受け止めれば〝次元の異なる〟大改革と言える。

しかし、応安大法には構造的な問題があった。土地を寺社本所に引き渡す実務を担うのは各国の守護─守護代《だい》（京都に駐在する守護の代わりに国元を支配する守護の家臣）であるが、そもそも寺社本所の権利を侵害しているのは当の守護勢力なのである。守護は半済地を恩賞として給付することで国内の武士を組織化していたのであり、応安大法が出たからといって、はいそうですかと寺社本所に半済を返付するわけにはいかない。

現実の適用例を見ると、応安大法の効果は、武士が土地の支配を継続するが年貢を分ける際に寺社本所側の取り分を少し増やすとか、寺社本所の権益が若干回復した程度にすぎない。威勢の良い掛け声とは裏腹に、応安大法は実効性に乏しい法令だったのである。政策というよりも施政方針と見た方が実態に即しているだろう。

村井氏は、応安大法には「代始《だいはじめ》の徳政」の意味合いがある、と指摘している。中世の日本では、為政者が交代した時には、「徳政」を行うことが人々から期待された。「徳政」というと、永仁の徳政令の「借金チャラ」のイメージが強いが、中世で徳政といえば、寺社徳政が第一である。「国家安全」を祈禱する寺社を支援してこそ、神仏の御加護を得られ、社会は安定する、と考えられていたのである。応安大法が公家よりも寺社の荘園を手厚く保護しているのも、この法が寺社徳政の性格を色濃く有していたからだろう。

もっとも、戦乱相次ぐ南北朝時代ともなると、人々の信仰心はだいぶ薄れてきていた。寺社を保護すれば世の中は良くなる、と心の底から信じられるほど、中世人もおめでたくはない。だがタテマエとしては寺社を大切にすべきなのであって、「寺社なんてどうなってもいい」とは口が裂けても言えない。「治世の最初には寺社徳政を行うものだ」「今までもそうしてきたから、そうするべきだ」という形式的な前例踏襲によって、一種のスローガンとして応安大法が発令された、という側面も否定できない。

とはいえ、応安大法が中世の法としては珍しく体系性を持った法令であることも、また事実である。ややこしくなりすぎるので省略したが、応安大法には細かい付則がついている。要するに、幕府の意気込みが感じられるのである。

加えて、細川頼之が各国の守護に大法の内容を伝達し、「来月までに実施状況を報告せよ」とわざわざ命じている点も注目される。およそ中世の権力は、法を制定するだけ制定して、それをきちんと人々に伝達することに意を払わないのだが、応安大法の場合には発令から一月ほどで寺社側が大法を根拠とした返還訴訟を提起している。室町幕府は大法の周知徹底を図っていたのだ。

では、なぜ細川頼之は、応安大法を大々的にぶちあげる必要があったのだろうか。もともと半済は、観応の擾乱の勃発に伴い「勇士の懇望」「戦士の要須《ようしゅ》」(武士たちの要望)に応える形で特例的・一時的に幕府が認めた軍事措置であった。つまり半済は戦乱の象徴であった。

その半済を大きく制限する応安大法の発令は、〝戦時体制〟の終了を意味する。幕府による全国支配、完全なる平和の実現がまもなく訪れることを内外に印象づけ、新しい為政者たる足利義満の威信を高めることにこそ、応安大法の真のねらいがあったと考えられるのである。

### 戦闘態勢の解除

この「貞治・応安の平和」の時期に、小早川《こばやかわ》・山内《やまのうち》・熊谷《くまがい》といった安芸や備後の在地領主の「家」で、嫡子単独相続への移行が示し合わせたかのように一気に進んだのは、偶然ではないだろう。すなわち内乱の沈静化に伴い、庶子や養子の、惣領の代理やスペアとしての役割が低下した結果、嫡子単独相続に移行した、と考えられるのだ。

右の私見に対しては、「後世の歴史家が客観的に見れば社会情勢が安定化してきたと評価できるだろうが、当時の武士たちは本当に内乱の収束を実感できていたのか」との批判があるかもしれない。そこで次の史料を見てみよう。貞治四年（一三六五）に備後の山内通継《みちつぐ》が作成した譲状《ゆずりじょう》である（「山内首藤家文書」）。なお、冒頭に掲げられている所領の一覧は省略した。

右の所領等、通継相伝の所帯なり。しかりといえども、通継子なきにより、舎弟刑部《ぎょうぶし》四郎《ろう》通《みち》忠《ただ》を養子として、代々の証文ならびに通時《みちとき》の譲状を相副《あいそ》えて、永代譲与するの上は、相違なく知行せしむべし。また所々のうち他国の所領等、近年動乱により謂われなき他人等押領せしむるものなり。京都において訴え申し、これを知行すべし。よって譲状くだんのごとし。

（右に書き載せた所領群は、私、通継が相続した財産である。しかし、私には息子がいないので、弟の刑部四郎通忠を養子として、先祖代々の証拠文書と父・通時が私に与えた譲状を添付して、永久に通忠に譲渡するので、通忠が間違いなく支配すべきである。また所領群のうち、備後国以外に所在する所領については、近年戦乱によって、赤の他人が不当に占拠している。京都で訴訟を起こし、これらの所領を取り戻すべきである。よって、このように譲状を書き記す）

これ以前に、通忠は一族の時通《ときみち》の養子となっていた。その通忠が改めて兄の通継の養子になるということは、時通の所領と通継の所領を一本化するということを意味する。これには、一貫して尊氏方として戦ってきた〝勝ち組〟の通忠が、直冬方だった〝負け組〟の通継の所領を吸収するという側面もあった。内乱の収束が所領の集約を促したと言えよう。

さて、傍線部の記述は古くから注目を集めており、内乱期に武士たちが遠隔地の所領を失っていくことが説かれてきた。武士たちは遠隔地所領の防衛を断念し、本領とその周辺の支配に精を出すようになる。これを学術的に表現すると、「所領の一円化集中化」ということになる。全国各地に所領が散らばっている状態では、一族を分散配置しているパターンが多く、ゆえに分割相続が適合的である。だが、一族を一つの地域に結集させるようになると、単独相続によって強固な支配体制を確立する必要性が生じる。これは領主制の〝進化〟である、と。

一見すると、もっともらしい理屈であるが、第四章で扱ったように、内乱まっただ中の時期には、単独相続はあまり見られない（一六一～一六三頁）。むしろ平和になってから、単独相続が時代の趨勢となるのだ。この点で既存の学説は矛盾を抱えている。

そこで、傍線部に続く記述を見てみよう。「京都において訴え申し、これを知行すべし」。なにげない表現なので従来は見過ごされてきたが、この文の意味するところは重大である。

実は、戦闘中に訴訟目的で上洛することは、幕府から原則として禁止されていた。そんなことを認めたら、武士たちが次々と持ち場を離れて櫛の歯が欠けたような陣地になってしまい、敵と戦えないからだ。たとえば長門の由利基久《ゆりもとひさ》は自分の戦功を申告するために京都へ行こうとしたが、大将の上野頼兼《うえのよりかね》から「合戦の最中だからダメだ」と制止されている（「根津嘉一郎氏所蔵文書」）。

また、武蔵武士の野本朝行《のもとともゆき》は建武二年から翌三年にかけて足利方として転戦したが、建武三年二月の尊氏の九州没落には同行せず、関東に戻った（一二五〜一二六頁参照）。同年六月に足利尊氏が帰洛すると、朝行は尊氏の元に馳せ参じて今までの軍功を申請しようとするが、関東では後醍醐方との戦闘が続いており、朝行は身動きが取れなかった。合戦が終わるのを待っているうちに、朝行は他界してしまった。遺児の鶴寿丸《つるじゅまる》は参洛を試みるが、やはり「合戦最中」のため、なかなか京都に行けず、戦功の申請が遅れてしまった。地方で戦う武士たちにとって、「京都において訴え申す」という行為は、気軽にできることではなかったのだ。

そして第五章で見たように、直接京都に行って訴えることのできない武士のために、彼らの戦功を幕府に報告し、恩賞がもらえるよう取りはからってあげるのが、指揮官たる大将の仕事だった（二一六頁）。もちろん大将も無断で戦線離脱することはできないので、代官を京都に派遣するのである（「佐竹文書」）。

もう一つ忘れてはならないのは、幕府側の事情である。戦乱が激化している時期には、訴訟を受け付けている余裕がないのだ。第五章で触れたように、観応の擾乱において毛利親衡《ちかひら》は足利直冬に従った。これに対し息子の毛利師親《もろちか》は長年、高師泰《もろやす》の麾下で戦ってきたこともあり、尊氏方についた（二一八頁）。師親は親衡の所領も自分に安堵してもらおうと、尊氏への訴訟を計画した。しかし自身は師泰の指揮下に入り石見を転戦、尊氏は直冬討伐のために京都を発ち備前福岡（現在の岡山県瀬戸内市長船町《おさふねちょう》福岡）に下向した。その後、師泰軍と尊氏軍は合流して畿内に戻るが、摂津打出浜の合戦で足利直義方に敗れる（一一九頁、一二七頁、二三五頁）。この間、尊氏は訴訟受理をストップし、そのため師親は安堵申請ができなかったという（「毛利家文書」）。

戦乱の時期には京都での訴訟は困難。この事実を踏まえた上で、「京都において訴え申し、これを知行すべし」という規定を読み直してみよう。そう、山内通継は戦乱の終結を見通していたのだ。戦争が収まってきたから、単独相続に移行する。平和が目前に迫ってきたから、「所領の一円化集中化」をやめて、南北朝内乱の過程で失った遠隔地所領を裁判で取り戻そうとする。戦時から平時への移行をにらんで、武士たちは戦闘態勢を解除していくのである。

### 足利義満の一族離間策

話を幕府政治に戻そう。管領細川頼之の執政は、いつしか他の大名との軋轢を生んでいった。康暦《こうりゃく》元年（一三七九）、反頼之派の蜂起によって頼之は失脚し、讃岐へと落ちていった。この康暦の政変は、一般に細川派 vs 斯波派の文脈で語られる。だが実際には、幕府内の最長老であり（山名時氏と佐々木導誉は既に死去）、頼之との対立が原因で政権中枢から排除されていた土岐頼康が、斯波義将《よしゆき》をかつぐ形で仕掛けた側面が強い。

いずれにせよ、この政変における最大の受益者は、頼之に代わって管領に就任した斯波義将というより、政界復帰を果たした上、伊勢守護職を獲得した土岐頼康であろう。これにより頼康は、美濃・尾張・伊勢の三ヶ国の守護職を兼任し、東海道の入口を完全に掌握した。かつて南朝勢力の京都侵攻に際して、尊氏・義詮が近江―美濃方面に落ち延びて、東海方面の勢力を結集して京都を奪回したことを思い返せば（二三六～二三九頁）、この事実が義満に深刻な脅威を与えたであろうことは想像に難くない。クーデターを実行した結果、頼康は外様守護ながら畿内近辺における最大勢力となり、義満の首根っこをつかんだのである。

信頼する細川頼之を遠ざけなければならなかったことは足利義満にとって痛手ではあったが、頼之の失脚は、義満が自立するきっかけにもなった。義満は徐々に政治手腕を発揮していく。

嘉慶《かけい》元年（一三八七）、土岐頼康が七十歳の生涯を閉じると、養子の康行《やすゆき》が三ヶ国の守護職を継承した。だが義満は以前から在京して自身に仕えていた満貞《みつさだ》（康行の弟）をかわいがっており、康行から尾張守護職を取り上げ、満貞に与えた。

これにより康行と満貞が対立し、頃合いを見計らって義満は軍事介入した。明徳《めいとく》元年（一三九〇）閏三月、京都で康行討伐軍が編成され美濃に攻め入り、康行は越前に敗走した。美濃は京都の死命を制する重要な地域であったが、京都に近いだけに幕府軍が進攻してきた場合は抗しきれない。この辺り、京都から遠く離れた地に本拠を構えて遠征軍をはねのけた、かつての山名時氏とは対照的である。

土岐康行が没落した結果、美濃守護は土岐頼康の弟の頼忠《よりただ》が継承、伊勢守護は仁木義長の子の満長《みつなが》が就任した（義長がかつて伊勢守護を務めていたことに配慮しての起用と思われる）。康行討伐の尖兵となった満貞はというと、翌年の明徳の乱での失態を口実に尾張守護職を罷免された。満貞は義満のワナにまんまとひっかかり、鉄砲玉の役目を負わされたのである。

義満の次なる標的は山名氏だった。幕府への帰参にあたって、山名一族が五ヶ国の守護職を獲得したことは既に述べた。その勢威は応安四年（一三七一）に時氏が亡くなってからも、衰えるどころか、ますます盛んになった。永和四年（一三七八）には紀伊で南朝方の橋本正督《まさたか》が蜂起した際、これを鎮圧した功績により、一族が紀伊・和泉の守護職を獲得、康暦の政変でも守護職を増やし、山名一族の分国（守護として管轄している国）は一一ヶ国に達した（次頁の系図参照）。これは日本全国の六分の一にあたるため、山名一族は「六分一衆《ろくぶんのいちしゅう》」と呼ばれたという。

しかし山名氏にもウィークポイントがあった。一族内対立である。山名一族は内乱期に急成長した〝成り上がり〟で所領は山ほどあるので、時氏は全ての財産を嫡子師義《もろよし》に譲る気にはなれなかった。むしろ、多方面に軍を展開する時に指揮官として活躍した次男・義理《よしまさ》、三男・氏冬《うじふゆ》、四男・氏清《うじきよ》、五男・時義《ときよし》にもそれなりの分け前を与えたいと考えた。結果、時氏は生前から五人の息子に財産を分与し、時氏が没すると時氏が手元に残していた財産も含め再分配された。

ところが永和二年、時氏の後を継いだ師義が急逝する。師義の嫡男である義幸《よしゆき》は病弱で他の息子も幼少であった。死ぬ間際、師義は自分の息子がすぐに山名氏の惣領になるのは無理と判断し、家督を末弟の時義に譲った。師義が義理・氏清（氏冬は死没）を差し置いて、最も権力基盤の弱

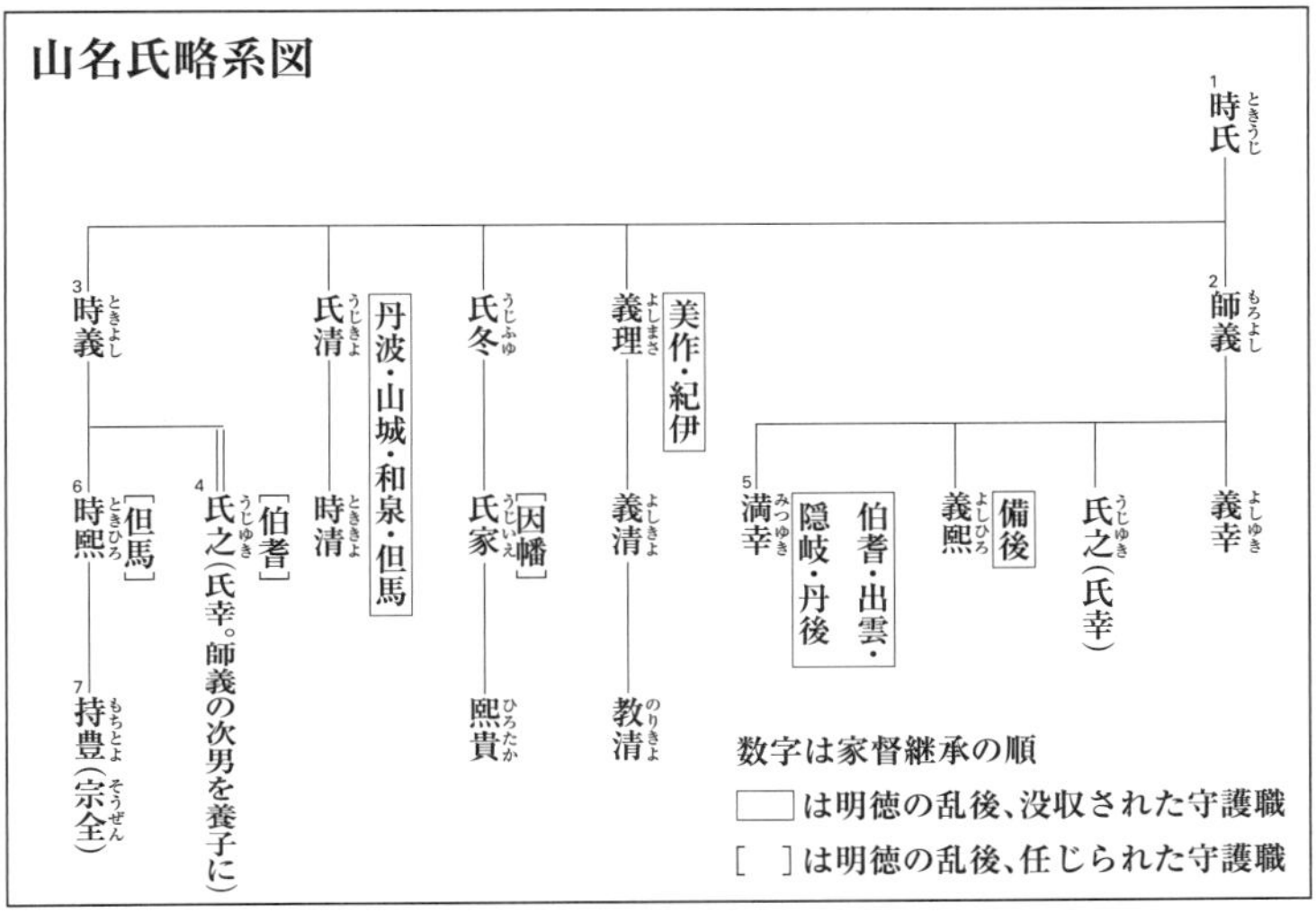


い時義に譲ったのは、時義を中継ぎとして、自分の息子を惣領にするためだろう。

だが、中継ぎとはいえ惣領は惣領であり、義理たちにとってみれば面白いはずがない。さらに、時義が師義次男の氏之《うじゆき》を次期惣領に指名すると、氏之の弟である満幸《みつゆき》が反発した。ここに内紛の火種がまかれたのである。

これに目をつけた義満は、山名一族の反主流派である義理・氏清・満幸を重用した。山名時義は義満の姿勢に不満を持ち、分国の但馬に引きこもり、義満の命に従わなくなった。

康応《こうおう》元年（一三八九）五月、時義が死去すると、伯耆と隠岐は時義養子の氏之が、但馬は時義実子の時熙《ときひろ》が継承した。すかさず足利義満は動いた。翌年三月、満幸・氏清に氏之・時熙を攻めさせたのである。氏之・時熙は敗走し、満幸は伯耆・隠岐の、氏清は但馬の守護職を獲得した。これにより満幸の分国は伯耆・出雲・隠

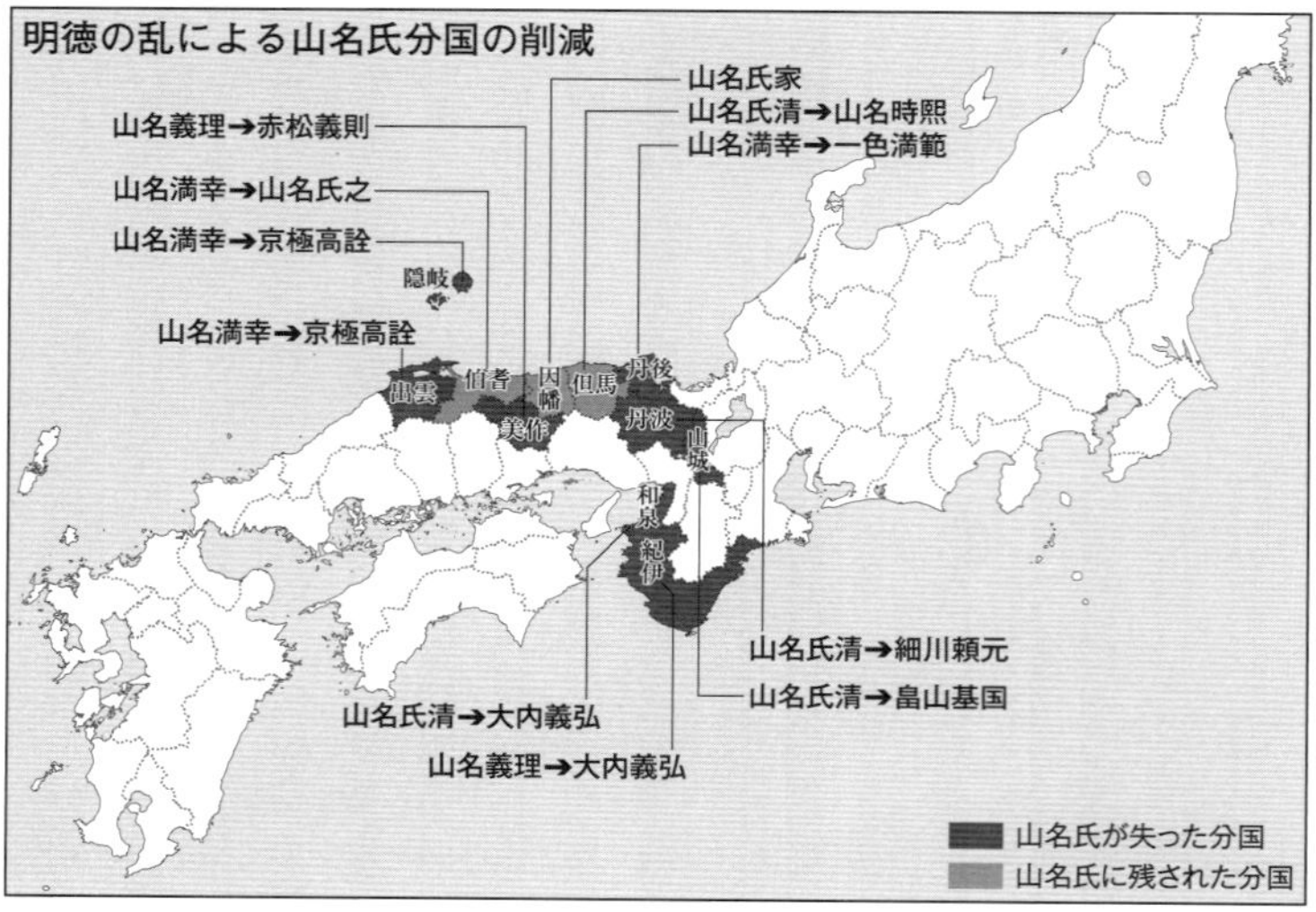

明徳の乱による山名氏分国の削減

岐・丹後の四ヶ国となり、山名一族の惣領の地位を確保した。

ところが翌明徳二年になると、義満は氏之・時熙をあっさりと赦免してしまう。さらに満幸が仙洞御料の出雲国横田荘を占拠し、再三の命令にもかかわらず後円融《ごえんゆう》上皇に返還しないことを理由に、義満は満幸の出雲守護職を没収、京都からの退去を命じた。十一月、満幸は丹後へ下った。京都から追放された以上、満幸が他の守護職を奪われるのも時間の問題だった。憤懣やるかたない満幸は舅の氏清を誘って十二月、ついに挙兵した。世に言う明徳の乱である。

明徳の乱の要因として、満幸が応安大法に公然と違反したことに対する義満の怒りを重視する見解がある。しかし、反主流派を焚きつけて惣領にそむかせ、一転、反主流派を切り捨てるという義満の手口は、土岐氏の乱と共通する。仮に横田荘問題がなかったとしても、遠からず満幸は葬り去られる運命だったであろう。全ては義満の思惑通りであった。

満幸・氏清らは京都に向けて進撃した。義満は京都の内野《うちの》（かつて平安京の大内裏《だいだいり》が存在した原っぱ）に本陣を構え、迎撃態勢をとった（このため当時は「内野合戦」と呼ばれた）。十二月三十日、両軍は衝突し、激しい攻防の末に氏清は戦死、満幸は丹後に敗走した（『明徳記』）。

山名一族を分裂させ、同士討ちの形に持っていったこともさることながら、満幸らを京都におびき寄せたところに義満の狡猾さがうかがわれる。義詮の時代とは異なり、今や京都には大兵力が駐留しており、容易に抜ける都市ではなかった。わずか一日の戦闘で反乱軍は壊滅した。

明くる正月、論功行賞が行われ、山名氏の分国が戦功のあった諸大名に分配された。山名一族では、幕府軍に加わった氏之・時熙がそれぞれ伯耆・但馬を与えられた。反乱軍に加わった氏家《うじいえ》（氏冬の子）は消極的な戦いぶりであったことを考慮され、因幡を安堵された。一方、山名一族の長老で中立を保った義理は許されず、分国を全て没収され、討伐軍を差し向けられて没落した。

明徳の乱によって山名一族の分国は一一ヶ国から三ヶ国へと激減した。三ヶ国でもかなりの勢力と言えるが、京都近くの分国を全て喪失したことで幕府への影響力は著しく低下した。なお、土岐氏の乱と明徳の乱を「斯波派に対する粛清」と捉える見方もあるが、義満の治世下で斯波氏は足利一門の筆頭として順調に勢力を拡張している。むしろ、内乱で巧妙に立ち回り強大化した外様守護から京都近辺の分国を取り上げ、京都の安全を強化する――それは将軍権力の強化にもつながる――ことに、義満の真の目的があったと考えられる。

## 内乱の幕引き

明徳の乱をきっかけに、山名氏に代わって最有力大名へと躍進したのが大内氏であった。周防・長門・石見三ヶ国の守護であった大内義弘《よしひろ》は、康暦の政変で豊前を獲得、さらに明徳の乱での戦功により、山名義理・氏清の分国であった紀伊・和泉を獲得した。これは、義理・氏清兄弟が担っていた南朝攻略の任務を義弘が引き継いだことを意味する。

周防の山口と和泉の堺という瀬戸内海水運の東西の端を掌握し、海外貿易を推進した大内氏の富強は他の大名を圧するものだった。猜疑心の強い義満が義弘にここまでの権力を与えたのは不思議ですらあるが、幕府の長年の悲願である南朝制圧、そして九州平定を実現するためには、義弘の協力が不可欠と判断したのだろう。

はたして明徳三年（一三九二）、大内義弘の仲介により、いわゆる「南北朝の合一」が成る。南朝の後亀山《ごかめやま》天皇が帰京し、北朝の後小松《ごこまつ》天皇に三種の神器を引き渡したのである。また、今川了俊を助けて九州でも軍功を重ね、明徳四年、義弘は足利一門に準ずる待遇を与えられた。

応永元年（一三九四）、足利義満は将軍職を嫡男の義持《よしもち》に譲るが、政治の実権は握り続けた。以後、義満は「室町殿」と呼ばれるようになる。

応永二年に九州探題今川了俊が更迭され、後任に斯波義将の娘婿である渋川満頼《しぶかわみつより》がついた。この電撃解任劇には、了俊を排除して国際貿易港・博多を掌握したいと考えていた義弘が一枚噛んでいたと言われている。義満が依然として義弘を高く買っていたことが分かるが、義弘は次第に大功を鼻にかけるようになり、両者の関係はギクシャクし始める。

応永四年、九州で少弐・菊池氏が蜂起した。苦戦する渋川満頼を援護するため、大内義弘は弟の満弘《みつひろ》・盛見《もりはる》を筑紫に派遣したが、満弘が戦死するなど、戦況は好転しなかった。このため義満は、義弘自身が九州に下向するよう命じた。翌五年十月、義弘は京都を出発し、軍勢を率いて九州に入り、少弐・菊池を撃破した。

ところが応永六年十月十三日、大内義弘が数千騎を率いて堺に入った。義弘は鎌倉公方の足利満兼《みつかね》（氏満の嫡子。氏満は前年に死去。二五三頁の系図を参照）を盟主に仰いで謀叛を企てているとのウワサが流れ、京都は騒然となった。

足利義満はあわてて側近の禅僧、絶海中津《ぜっかいちゅうしん》を堺に派遣した。同月二十七日、義弘に対面した絶海は、上洛して義満に申し開きをするよう促した。だが義弘は、義満に対する不満を口にする。軍記物『応永記』によれば、義弘が決起した理由は四つあった。①自分に少弐・菊池討伐を命じておきながら、実は彼らに自分を討伐するよう命じていたこと、②分国の和泉・紀伊は義弘の子々孫々に至るまで支配できると思っていたのに、近いうちに没収されるらしいこと、③戦死した満弘の遺児に対して、いまだ恩賞が与えられていないこと、④自分が上洛したところを誅殺するという計画があるらしいこと、以上である。

①に関しては、興福寺僧の長専《ちょうせん》の日記にも同様の記述があり、このようなウワサが流れていたこと、義弘がそのウワサを信じたことは事実のようである。ただ、そもそも義満が了俊を解任したのは、義弘に九州平定を任せるためであり、わざわざ少弐・菊池を煽る必要があるとは思えない。義満に何か考えがあったとしても、せいぜい九州遠征によって義弘を疲弊させる、といった

程度のものだろう。義満・義弘両者の不和が人々の口の端に上るうちに、話に尾ひれがついて陰謀論が語られるようになったのではないか。

次の②は、大いにあり得る話である。前述のように、義満は紀伊・和泉両国を南朝攻略のための前線基地と位置づけていた。南北朝合一が成った以上、いつまでも義弘に預けておく理由はない。一方、義弘にとって両国は、明徳の乱において命がけで戦ったことによって与えられた恩賞であり、子孫が世襲するのが当然と考えていた。この認識のギャップが両者の対立を生んだ可能性は高い。ただし、これとて現時点ではウワサに留まり、義満の側が具体的に行動を起こしたわけではない。③は副次的な動機にすぎず、④は疑心暗鬼にとらわれた義弘の被害妄想だろう。

土岐氏の乱や明徳の乱の時と異なり、今回、足利義満は一族離間策を行っていないし、大内義弘に対して謀叛を思いとどまるよう説得を試みている。義弘は将軍の座を狙う関東の足利満兼とも提携しており、義満に勝利への確信があったわけではなかった。義満が義弘を挑発して、筋書き通りに合戦に引きずり込んだという従来の推測は当たらないだろう。

絶海は、①~④は誤解であると必死に説くが、既に義弘は挙兵を呼びかける檄文を宮田時清《ときよ》(山名氏清の嫡男)ら各地の武士に送っており、今さら引き返せなかった。翌二十八日、絶海は説得失敗を義満に復命する。十一月、義満は諸大名に召集をかけ義弘討伐軍を編成する。

義弘は堺に城郭を築いて籠城し、足利満兼の援軍を待つことにした。だが、関東管領上杉憲定《のりさだ》が強硬に出兵に反対したため、満兼軍は下野足利《しもつけあしかが》(現在の栃木県足利市)で進軍をストップしてしまった。義満は八幡に本陣を布き、諸大名に堺城攻撃を命じた。一月近くに及ぶ籠城戦の末、城は陥落し、義弘は討死した。これを応永の乱という（当時は「堺合戦」と呼ばれた）。義弘の末弟・弘茂《ひろしげ》は、幕府軍に抗戦したにもかかわらず、降伏を許され、周防と長門の守護職を安堵された。大内氏の本国である防長二国にまで軍を進める余力が、幕府にはなかったのである。足利満兼も義満に恭順を誓うことで地位を保つことができた。これまた、関東遠征が困難であるという幕府の苦しい事情によるものだった。

他方、遠江半国守護の今川了俊は乱への関与を疑われ、上洛して謝罪するも政界からの引退を余儀なくされた。了俊は『難太平記』で、弱きをくじき強きを助けるのが「今の御所」（義満）の政治手法だという義弘の言葉を借りて皮肉っているが、今回の戦後処理においても、そのような傾向が見られる（もっとも、了俊は冤罪ではなく、実際に荷担していた可能性が高いが）。

ともあれ義満は、紀伊・和泉を大内氏から取り上げ、畿内近国を自分に忠実な大名たちで固めた。これは義満にとって、そして室町幕府にとって大きな成果であった。以後、「室町殿」が自ら兵を率いて戦うことは途絶える。義満はついに内乱の時代に幕を引いたのである。

### 弓矢よさらば

応永六年（一三九九）十一月一日、大内義弘と絶海中津の会談がもの別れになり、畿内での合戦が避けられなくなっていた頃、義弘の分国の一つである石見国において、周布《すふ》氏・益田《ますだ》氏ら地元の武士たちが一揆を結んだ。その一揆契状の主要部分を左に掲げる（「周布家文書」）。

（前略）右、趣《おもむき》は、我々両三人の間においては、何事も同心《どうしん》の上は、自然当知行《しぜんとうちぎょう》の地にいたって、公方《くぼう》・私、いささか煩《わずら》いあらば、まず事始めのところにおいて、一心に事の子細を守護人《しゅごにん》に嘆き申すべく候、なおもって異儀に及ばば、直《じか》に京都へ申すべく候、たとい弓矢に及ぶというとも、同心の一命を捨つべく候、そのほかの事は万事談合を加えて申し定むべき也（後略）。
（右の誓いの内容は次のようなものである。私たちの間では、どんな時でも心を一つにすると決めた以上、万一、私たちが現在支配している所領について、公的なものにせよ私的なものにせよ、外部から干渉があったならば、まず初めに、みなで心を一つにして詳しい事情を守護に訴えるべきである。それでも干渉が止まない場合は、直接京都に訴えるべきである。仮に合戦になったとしても、心を一つにして命を捨てて所領を守るべきである。その他の事については、どんな内容であれ、みなで相談して、どう対処するか決めるべきである）

おそらく「公方」の煩いというのは、幕府・守護など公的な存在からの不当な所領召し上げ、「私」の煩いというのは、一揆メンバー以外の領主による侵略行為を指すと思われる。

足利義満は絶海から交渉決裂の報告を受けると、すぐさま大内義弘討伐のため西国の武士たちに上洛を命じている。一方、足利満兼も諸国の武士に参戦を呼びかけている。今まさに、中央で一大決戦が始まろうとしているのに、周布氏らは自分たちの所領を守ることにしか関心がない。しかも戦闘を一応は念頭に置いているものの、権利を侵害された場合の主な対抗措置は、幕府――守護に対する提訴である。

こんな事例もある。紀伊国隅田荘《すだのしょう》（現在の和歌山県橋本市）を根拠地とする武士団である隅田《すだ》一族と政所《まんどころ》一族は、南北朝期には南朝方として活動していたが（『花営三代記《かえいさんだいき》』）、山名義理《よしまさ》の進出により幕府に帰順する。この両一族は応永二十二年（一四一五）、下山《しもやま》氏と対立し、その問題の解決のために一揆契状を作成した（「隅田家文書」）。

その中では、隅田一族と政所一族がそれぞれ、京都に住む紀伊守護畠山満家《みついえ》のもとに使者を派遣して、訴訟を起こすことが決議されている。京都での滞在費や訴訟にかかる費用などを、どのように分担するか、ということまで細かく定められている。そして使者が京都に到着する前に、下山氏に有利な裁定が出た場合は、一人残らず上洛して共同で抗議する、もし参加しない者がいたら一揆から追放するという。トラブルを解決するに際して軍事力を用いず、あくまで訴訟という〝平和的な〟手段にこだわる。武力闘争ではなく法廷闘争。これは、南北朝時代には見られなかったスタイルである。

第四章で明らかにした通り、国人一揆《こくじんいっき》は軍事同盟として成立した。だが「平和」が訪れたことで、一揆の目的は「共に戦う」から「共に訴える」へと転換したのである。

どうして、そうなったのか。これは内乱の収束を機に、武士たちが戦闘態勢を解除したことと関わりがある。彼らの関心は外から内へ、軍事的課題から日常的課題へと移った。

戦乱の時代、武士たちにとって一番大事なのは、どんな形であれ生き抜くことである。目の前の戦いを乗り切ることに必死で、他のことを考える余裕などない。だが、世の中が落ち着いてくると、長い内戦を経て勝ち取った所領を自分の財産として確定させたいと考えるようになる。所領経営にも気を配り始める。要するに、守りに入るのだ。

そして、室町幕府の権力が確立するにしたがって、武力による実効支配だけでなく、将軍や守護のお墨付きも、所領保全のための重要な条件になる。となると、裁判が大事になる。この時代の裁判では、誰がその土地の所有者かということを確定するにあたって、証拠文書はもちろんのこと、近隣住民の証言も重視された。だから近所の武士と一揆を結ぶのは、幕府—守護に提訴する上で非常に効果的だった。かくして一揆は、戦争互助機関から訴訟互助機関へと変化していくのである。

このような武家社会の情勢変化を踏まえると、大内義弘の敗死は必然だったように思われる。もはや乱世は過ぎ去り、武士たちの安定志向が強まっていた。今川了俊が批判するように、足利義満の人事は公正なものとは言いがたく、部下を使い捨てにすることもままあった。だが、手段はどうあれ、結果的に義満が「平和」を招来したことも、また事実である。いくら義弘が義満の悪政に非を鳴らし「天下万民のために戦うのだ」と宣言しようとも、武力によって将軍の首をすげ替えるような大変革を、武士たちはもう望んでいなかった。

応永四年（一三九七）、北山第《きたやまてい》（その一部が今に残る金閣である）の造営にあたって、足利義満が諸大名に人夫や材木の提供を命じた時、大内義弘一人が「自分は弓矢によってお仕えしているのだから、土木作業に関わるつもりはない」と拒否したという逸話は有名だ（『臥雲日件録跋尤《がうんにっけんろくばつゆう》』）。〝戦後社会〟においては、大名は軍事活動ではなく造営事業を通じて将軍に奉仕しなければならない。それに気づかず、時流に乗り遅れたことが、義弘の悲劇だったと言えよう。

# 終章 〝戦後レジーム〟の終わり

## 妥協の産物としての「室町の平和」

前章で見たように、足利義満《あしかがよしみつ》は有力守護家を討伐し、足利将軍家の権威を高めた。武家も公家も寺社も、義満の権力の前にひれ伏したかに見えた。このため「足利義満は専制君主だった！」と指摘する論者は少なくない。

しかし、義満の「絶対権力」は、繰り返し挙行される派手なイベントによって演出されたものでしかなかった。現実の義満は、多くの妥協を強いられていた。前述の通り、応永の乱において謀叛の構えを見せた鎌倉公方足利満兼《みつかね》の罪を、義満は不問に付した。

大内氏処分についても、更なる妥協を強いられた。前章で述べたように、応永の乱の後、義満は大内義弘《よしひろ》の末弟・弘茂《ひろしげ》に対して周防・長門の守護職を安堵した。ところが留守を預かっていた弘茂の兄・盛見《もりはる》が弘茂の家督相続に反発して挙兵する。応永七年（一四〇〇）、弘茂は山口に下って盛見を攻撃、盛見は九州に逃れ、豊後の大友氏を頼る。だが翌年、盛見は大友氏の支援を得て反撃に転じ、長門に上陸、弘茂を討ち取った。

幕府は以後も盛見討伐作戦を継続するが、盛見の勢力は拡大する一方で、ついに義満は盛見の家督継承を認めた。応永十年には周防・長門の、翌十一年には豊前の守護職が盛見に与えられた。義満の決定に公然と異を唱えた盛見を許すことは、義満にとってたいへんな屈辱であったに違いない。しかも盛見は以後も上洛せず（応永十九年にようやく上洛）、幕府に対して半ば自立的な姿勢をとり続けた。九州攻略の尖兵であった大内氏が幕府のコントロールから離れたことで、九州平定作戦も頓挫した。

この時期になると、全国の守護は京都に常駐することを義務づけられ（二五一頁）、守護は本国の経営を守護代に委任した。地方勢力のまとめ役である守護たちを将軍のお膝元＝京都に集めることで、守護の地方軍閥化を防止し、幕府の求心力を高めたのである。これを「守護在京制《しゅございきょうせい》」というが、これには例外があった。奥羽は守護不設置であり（二七七頁の地図参照）、関東と九州の守護は上洛せずに本国に居続けたのである（これを「在国《ざいこく》」という）。

これらの在国勢力は表面上、幕府に服していたが、必ずしも幕府の命令に従順ではなかった。だが、遠征軍の派遣に困難を感じていた義満は、「遠国《おんごく》」の諸勢力の半独立的な性格を容認することで、「平和」を達成した。近年の学界では、これを「室町の平和」と呼んでいる。

応永十五年に足利義満が亡くなると、嫡子の足利義持《よしもち》が後を継いだ。生前の義満に疎んじられていた恨みから、義持は義満を否定するかのごとき政治を展開した、と一般には言われている。義満が築いた北山第（単なる別荘ではなく、「北山新都心」とでも呼ぶべき政庁群であった）の解体、義満が始めた日明貿易の中止などが、その典型としてしばしば挙げられる。だが、「遠国放任策」

という義満の基本的な政治方針は、義持も継承している。

たとえば足利満兼の後を継いだ鎌倉公方足利持氏《もちうじ》は、たびたび幕府に対して反抗的な姿勢を見せ、幕府内でも幾度となく持氏討伐が議題として挙がったが、結局、本格的な討伐軍が編成されることはなく、持氏の謝罪を受け入れている。一方、関東問題に忙殺された結果、幕府の九州進攻作戦は完全にストップし、菊池・少弐《しょうに》の蜂起を鎮圧するために大内盛見が九州に下ったのは応永三十二年になってからであった。

さて、こうした遠国問題を議論する際の基本的構図は、遠征軍派遣など強硬策に傾きがちな義持の意向を、細川満元《みつもと》・斯波義淳《よしあつ》・畠山満家《みついえ》・山名時熙《ときひろ》・一色義範《よしのり》・赤松義則《よしのり》といった諸大名（彼らは複数の国の守護を兼ねる有力な在京武士である）が、表向きは同調するように見せて、より穏便な方針へと軌道修正する、というものである。

この時代の室町幕府には、遠国の問題に関しては、室町殿が独断で政策を進めることはできず、諸大名の同意が必要、という不文律があった。そして、諸大名は負担の大きい遠征の実施には概して消極的であった。このため最高権力者であるはずの足利義持は、しばしば我慢を強いられたのである。

## 足利義持と諸大名の〝手打ち〟

もっとも義持は、ただ忍耐を続けていたわけではなく、状況の打開を図ったこともある。すなわち、側近を重用して、諸大名の力を削ごうとしたのである。最初に取り立てた側近は、富樫満《とがしみつ》成《しげ》だった。義持政権初期に権勢をふるったのは、義持の家督継承を支持した斯波義将《よしゆき》であったが、応永十七年に義将が没すると、満成が将軍と諸大名との間の取り次ぎ役として頭角をあらわす。応永二十一年には斯波満種《みつたね》が義持の怒りを買って加賀守護職を解任され、富樫満成・満春《みつはる》兄弟が加賀国を半分ずつ与えられた。

応永二十三年十月、義持の弟で生前の義満にかわいがられていた（一時は義満の後継者と目されていた）義嗣《よしつぐ》に謀叛の嫌疑が持ち上がり、満成が捜査を指揮した。応永二十五年正月には、幽閉されていた義嗣が、義持の密命を受けた満成の部下によって殺害された。父・義満という後ろ盾を失った義嗣に謀叛を起こすだけの力が残っていたとは思えない。当時、関東では上杉禅秀《ぜんしゅう》の乱という戦乱が発生しており（応永二十四年正月に鎮圧される）、義持は乱への対応に専念するために、義嗣という潜在的な危険分子に謀叛の罪をなすりつけて処分したのだろう。

だが事件はこれで終わらなかった。満成による捜査の結果、畠山満慶《みつのり》（満家の弟）・山名時熙・土岐康政《やすまさ》（故人。康行の子）に対し、義嗣の謀叛計画に参加していた疑いがかけられたのである。康政の息子の持頼《もちより》は父親の罪により伊勢守護職を解任され、所領数ヶ所を没収された。山名時熙は満成から幕府への出仕停止を言い渡された。諸大名が義嗣を担いで義持に反旗を翻すとは考えにくく、義嗣事件を利用して諸大名を弾圧しようとする義持の内意を受けて、満成が嫌疑をでっちあげた可能性が高い。幕府中枢は、相互不信によって機能不全に陥った。

しかし応永二十五年十一月、事件は急転直下し、満成が義持によって追放される（後に畠山満家によって殺害される）。全ては満成の陰謀であり、満成が義嗣に謀叛をそそのかし、それが発覚

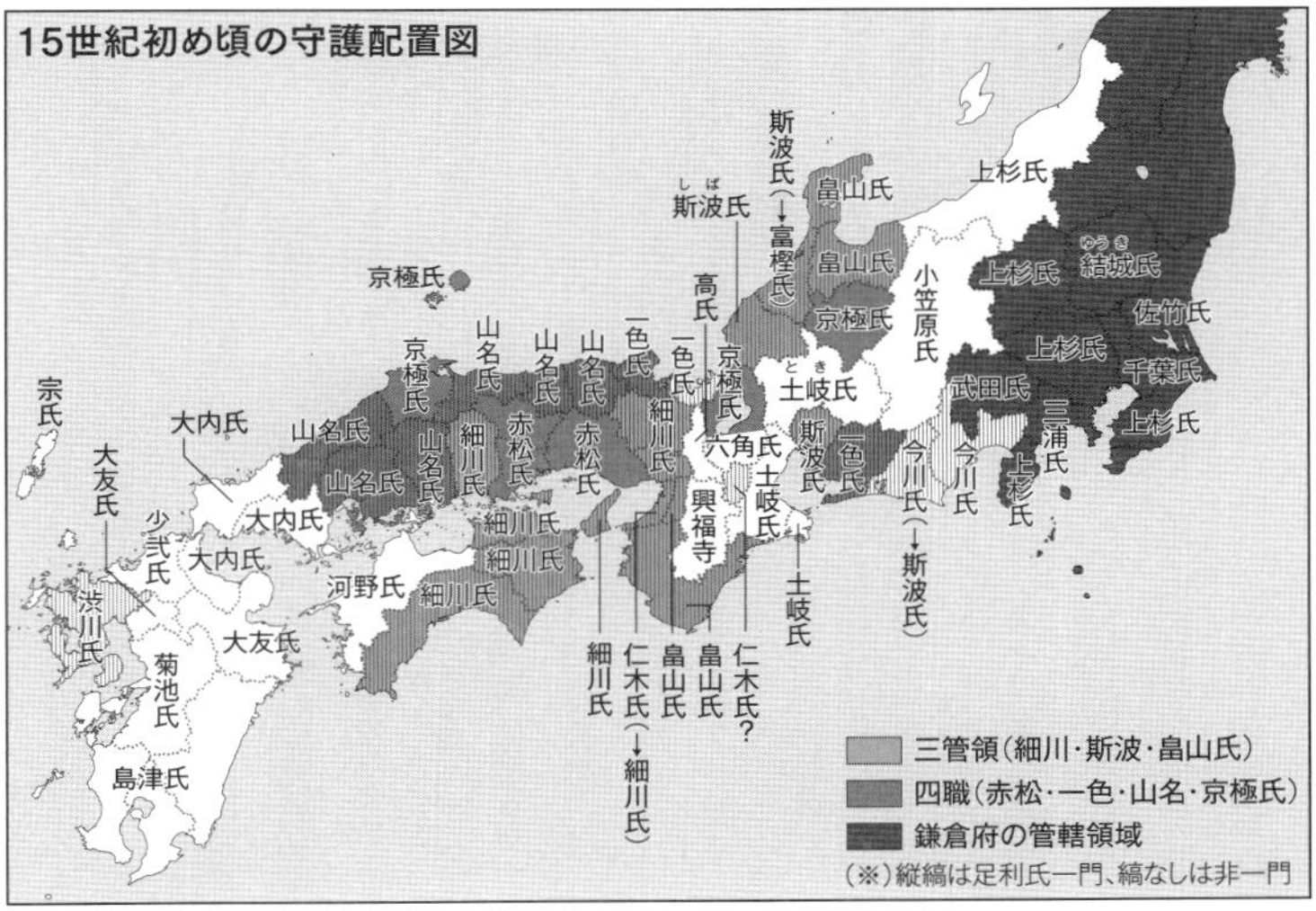

15世紀初め頃の守護配置図

しそうになったので口封じのために勝手に義嗣を殺した、ということにされた（『満済准后日《まんさいじゅごうにっ》記《き》』『看聞《かんもん》日記』）。義持は諸大名の力を削ろうとしたが、諸大名の反発が予想以上に強かったため、トカゲのしっぽ切りよろしく、満成に全ての責任を押しつけて葬り去ったのであろう。

続いて台頭した側近が、赤松持貞《もちさだ》である。持貞は赤松氏の傍流（次頁の系図参照）であったが、満成の失脚後、義持の第一の側近として権勢をふるうようになる。有力守護を牽制するために傍流を取り立てるという政治手法は、義満のそれに学んだのだろう。

応永三十四年九月、赤松氏の惣領である義則が七十歳で死去すると、嫡男の赤松満祐《みつすけ》が後を継いだ。すると、義持は満祐から播磨守護職を取り上げ、持貞に与えた。十月二十六日、激怒した満祐は自身の屋敷に火をかけ、無断で播磨に帰ってしまった。前述の通り、この時期の守

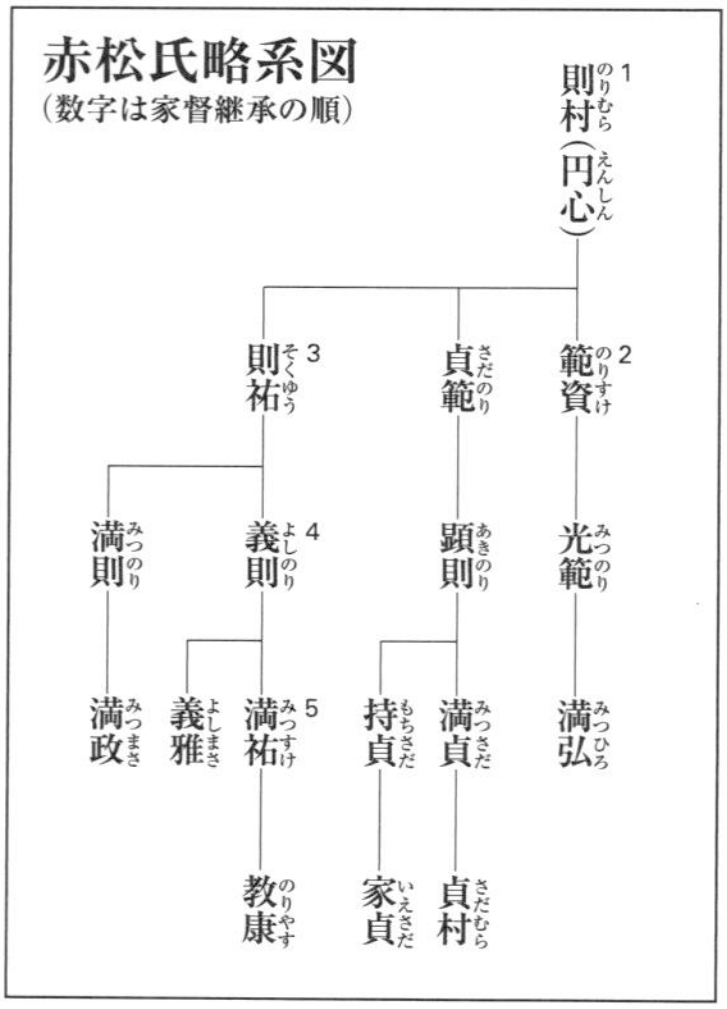


護は在京を義務づけられており、許可を得ずに分国に下ることは幕府への反逆を意味した。

代替わりの機会をとらえて有力守護家の中をかき回すという右の策略は、かつて義満が土岐氏・山名氏に対して行ったことと似通っている。しかし、義満が重用した土岐満貞《みつさだ》や山名氏清《うじきよ》は、それぞれ一門内の有力者であった。それに対して持貞は赤松一族において庶流のそのまた庶流であり、義持の信任だけによって台頭した成り上がり者にすぎない。満祐に代わって持貞を赤松氏の惣領にするという義持の措置はいかにも強引で、無理があった。

義持は諸大名に満祐討伐を命じたが、畠山満家ら諸大名は満祐に同情的で、即時開戦を主張したのは、この機に乗じて赤松氏の分国を奪おうともくろむ山名時熙一人であった。この時期、諸大名は既に〝保守化〟しており、勢力地図の大幅な改変を望んでいなかった。彼らは自分の分国を維持することに専心していたのである。

討伐戦が延び延びになっている間に、大どんでん返しが起こった。十一月十日、義満の側室だった高橋殿《たかはしどの》が、持貞の女性スキャンダル三件を義持に密告したのである。翌十一日、義持は持貞のもとに使者を派遣して事の真偽を問いただした。持貞は無実を主張し、起請文を提出すると返答したが、義持は「今さら弁明は無用」と態度を硬化させた。十二日、持貞は義持の政治顧問である醍醐寺座主（トップ）の満済《まんさい》にとりなしを求め、満済は義持に持貞の助命を申し入れたが、義持は応じず、十三日、持貞を切腹させた（『満済准后日記』）。赤松満祐は翌十二月には赦免され、幕府の政治に参画する大名として復帰した。

足利義持は短気であったことで知られるが、女性スキャンダルに激昂して側近を抹殺するほど単純な人間ではあるまい。実は富樫満成の失脚も、満成と密通していたという義嗣の元愛人の密告がきっかけだった。満成にしても持貞にしても、罪状はでっちあげだろう。諸大名の思わぬ反発を受けて、義持は赤松満祐の討伐を断念し、側近の赤松持貞をスケープゴートにすることで、事態の収拾を図ったものと思われる。

足利義持と赤松満祐は、軍事衝突の寸前まで行ったにもかかわらず、その後は何事もなかったかのように、主君と家臣としての関係を保った。桜井英治氏が指摘するように、彼らは「けっして恨みを忘れたりはしないが、同時に礼節を尽くすことも忘れはしない。恨みをいだいているその相手と平然と語りあい、ともに笑いあえる」のである。

タテマエとホンネを使い分ける権力者たちの嫌らしさは、見ていて愉快なものでは全然ない。だが、将軍や諸大名が自己抑制に努めたからこそ、決定的な破局を回避し、薄氷の上の「平和」を保つことができたのである。

## 〝ハト派〟の重鎮、畠山満家

将軍の威令は全国の武士に行き届く。これはあくまでタテマエであって、かの足利義満でさえ、タテマエと割り切っていた節がある。実情はともかく、このタテマエだけは守る、という統治体制こそが、足利義満が築いた〝戦後レジーム〟であった。

だが、この〝戦後レジーム〟による「平和」に欺瞞を感じ、タテマエを現実のものにしようと考える指導者が現れた。足利義持の後を継いだ足利義教《よしのり》（義持の弟）である。

永享《えいきょう》二年（一四三〇）、将軍足利義教は、右近衛大将《うこのえだいしょう》に任命された御礼を述べるため、行列を組んで内裏に向かうことにした。将軍が右大将拝賀を行う際、諸大名は「大名一騎打」といって、それぞれが馬に乗ってお供をする。すると、一色義貫《よしつら》（義範から改名）は、諸大名の先頭を望んだ。しかし、畠山持国《もちくに》（満家の嫡男）が先頭で、その次が一色義貫と決定した。これに対し義貫は「義満公が右大将拝賀をした時は、私の祖父の詮範《あきのり》が先頭だったのに、今回二番手にされるとは、家の恥辱である」と怒り狂い、仮病を使って欠席した。

義貫のボイコットを問題視した義教は、畠山満家・山名時熙の両宿老に、義貫に対する処分を諮問した。山名時熙は「しばらく義貫の出仕を停止し、所領一、二ヶ所を一時的に没収してはいかがでしょうか」と答申したが、畠山満家は「お怒りはごもっともですが、不問に付すべきです」と答えた。これを聞いた義教は「満家は、トラブルが発生すると、毎回『無為《ぶい》の儀《ぎ》』によって処分を差し控えろと言う」と不快感を示した。

この「無為の儀」とは、要するにハト派的な穏健路線のことである。だが、将軍の権威を天下に知らしめようと意気込む義教には、満家の宥和政策は軟弱なものにしか映らなかった。

義教は満家に対し「義貫の罪を不問に付せというのは、その場のもめ事を避けるための事なかれ主義にすぎないのではないか。将軍の命にそむく者を処罰しなければ、関東や九州の武士たちに侮られ、将軍の権威が損なわれるのではないか」と迫ったが、満家は「赦免すべきです」と頑として譲らなかった（『満済准后日記』）。

結局、畠山満家が、他の大名たち（当初、処罰論を唱えていた山名時熙を含む）の協力をとりつけて、共同で義貫赦免を嘆願したため、義教もしぶしぶこれを受け入れた。満家は、応永三十四年（一四二七）にも赤松満祐討伐に強く反対し、満祐の政界復帰をお膳立てしている（ちなみに桜井英治氏は、赤松持貞失脚の筋書きを書いたのも満家と推測している）。将軍（室町殿）の怒りを買った大名をかばって、将軍と大名の決定的な対立を防ぐ。それが満家の基本的な行動原理であった。応永の乱にも参戦したこの老臣には、将軍と諸大名との信頼関係さえ維持できれば幕府は安泰である、という確信があった。

満家の穏健的な政治姿勢は、遠国問題においても明示された。足利義持の後を継いで将軍になるという野心を抱いていた鎌倉公方足利持氏（義持の烏帽子子であった）は、義教の将軍就任に反発し、京都では「持氏が軍勢を率いて上洛する」とのウワサも流れた。幕府内に緊張が走る中、正長《しょうちょう》二年（一四二九）九月、持氏と不仲である陸奥の足利満直《みつただ》（持氏の叔父。二五三頁の系図を参照）が、①持氏に代わって関東を統治することを認めてほしい、②東国武士たちに「満直に従い持氏を退治せよ」と命じてほしい、と幕府に申し入れてきた（『満済准后日記』）。

この満直の提案に対し、山名時熙・赤松満祐は賛成、一色義貫は②には賛成だが①には反対であったが、管領の斯波義淳と前管領の畠山満家は①・②ともに反対であった。斯波義淳が反対したのは、遠江という関東に近い国の守護を務めているため、幕府が関東方面で戦端を開いた場合、自分も出陣を命じられる可能性があるという個人的な理由によるものだろう。だが満家は、「無為の儀」という自らの政治信念に基づいて反対したと考えられる。

結局、義教は山名・赤松の積極論を採用し、満直の要求を認めた。だが、幕府内に満家ら慎重論者がいたため、関東遠征計画はなかなか具体化せず、幕府と鎌倉府のにらみ合いが続いた。

幕府が着々と関東包囲網を築きつつあることに脅威を感じた持氏は、永享三年(一四三一)三月、謝罪のための使者を京都に派遣する。義教は、使者を引見し持氏の謝罪を受け入れるべきかを諸大名に諮問した。山名時熙は「まずは管領の斯波義淳が使者に会って、使者の言い分を聞いてから判断しては」と答申したが、畠山満家の弟で右腕的存在である満慶は「持氏の罪は問わず、早々に御対面なさるべきです。義満公の時代から、鎌倉公方が少々問題を起こしても寛容に接するのが幕府の伝統です。今回もそうなさるべきです」と主張した(『満済准后日記』)。

ここから分かるように、畠山満家・満慶兄弟は、足利義満が構築した〝戦後レジーム〟の信奉者であった。義教は使者との対面になおも消極的であったが、七月になってようやく、大名たちに押し切られる形で使節と対面した(『満済准后日記』)。皇族の伏見宮貞成《さだふさ》親王は、この対面を知って、これで天下は「無為」になるだろうと胸をなでおろしている(『看聞日記』)。

一方、同時期に九州でも緊急事態が発生していた。永享三年六月、幕府の命令で大友・少弐討伐作戦を遂行していた大内盛見が戦死したのである。これにともない、大内氏の家督の座をめぐって大内持世《もちよ》と持盛《もちもり》が争うという内紛が勃発した。

この家督争いに関して、大内氏の分国である周防・長門と境を接する安芸・石見を支配している山名時熙は、大内持世に対して軍事支援を行うべし、とたびたび主張した。けれども畠山満家は、幕府の軍事介入が大友・少弐を刺激して、かえって事を大きくする危険性を指摘し、山名の強硬策に反対し続けた。

満家の政治信条を端的に示す発言が、「どうか上様におかれましては、御自制いただき、「天下無為」になるよう、お取り計らいいただければ幸いに存じ上げます。遠国については、少々、上様のお考え通りにならなくても、『よきにはからえ』と容認するのは、今に始まったことではなく、尊氏公以来、代々の政治方針であると、うかがっております。今回もそうなさるのが最善と存じ上げます」というものである（『満済准后日記』）。

今までの章では、幕府が遠征軍を派遣することの困難さを指摘してきたが、これは地方勢力の側に関しても言える。つまり、幕府に反抗的な「遠国」の武士たちが京都まで攻め上るのは非常に難しいのだ。したがって、地方で少々反乱が起こったとしても、幕府の屋台骨が揺らぐことはない。むしろ、不用意に地域紛争に首をつっこんだ結果、軍事的成果を挙げぬまま疲弊した時こそ、幕府は危機に瀕する。満家が「遠国放任策」を唱えたのは、大乱が勃発することを避けるためには、それが最も有効な政策と信じていたからである。

当時、畿内近国や瀬戸内地方、中部地方などに存在する在京守護の分国は、将軍＝室町殿の支配が強く及ぶ国々であるため、「室町殿御分国《ごぶんこく》」と呼ばれた。ここから外れる奥羽・関東・九州などの「遠国」に関しては、ゆるやかな支配に留め、在国勢力の自主性を尊重する、というのが〝戦後レジーム〟であった。

足利義教は、この〝戦後レジーム〟を突き破って、名実ともに将軍が全国を支配する体制に改変しようとしたが、〝戦後レジーム〟の護持を主張する畠山満家に、たびたび阻まれた。義教にとって、満家は煙たいガンコジジイだっただろうが、義教が満家を遠ざけることはなかった。幕府政治を円滑に進めるには、諸大名を束ねる満家の指導力は必要不可欠だったからだ。

永享五年九月、畠山満家は六十二歳で没した。常に「天下」を思い、義教への「諫言」をはばからなかった満家の死を、貞成親王は日記で嘆いている（『看聞日記』）。陰惨な南北朝内乱を経験した最後の世代だった〝ハト派〟の重鎮の死は、足利義教政権の軍事政策が強硬路線に舵を切る契機となったのである。

## 「戦後レジームからの脱却」を目指して

畠山満家が亡くなる前後から、義教政権の武断的性格が顕著になってくる。それはまさに、義持の時代から将軍の意思を拘束してきた〝戦後レジーム〟への挑戦であった。

まず北九州だが、幕府軍による大友・少弐討伐作戦が本格化するのは永享五年（一四三三）八月になってからである。また同年には幕府と近江の比叡山延暦寺（山門）との関係が悪化、翌永享六年十一月、幕府軍は延暦寺の門前町である坂本を焼き払った。この永享の山門騒乱は、永享七年二月、反幕府派の山僧らが延暦寺の根本中堂に火をかけて自害するという悲劇的な形で幕を閉じた。比叡山の権威を恐れなかったという意味で、義教は織田信長の先輩である。

この頃、大和でも戦乱が続いていた。大和は南北朝の争いの最前線だったことが災いし、南北朝合一後も、紛争が収まる兆しを見せなかった。歴代の室町幕府将軍は守護の設置すら断念し、大和武士同士の争いを傍観してきた。だが永享四年、足利義教はこの聖域＝タブーに足を踏み入れた。筒井氏と越智《おち》氏の抗争に、筒井氏支援という形で介入したのである。この「大和永享の乱」は室町幕府にとっての〝ベトナム戦争〟と言えるだろう。

大和の隣国である河内・紀伊の守護を務める畠山満家が軍事介入に否定的だったため、満家が生きている間は幕府軍の作戦行動は限定的であった。けれども満家の死後、永享六年八月に筒井覚順《かくじゅん》が戦死するという情勢悪化もあり、義教は本格介入を検討し始める。永享の山門騒乱が終結し、永享七年六月に大和進攻に批判的だった満済（二七九頁参照）が没すると、同年九月、いよいよ義教は越智維通《これみち》討伐軍を編成する。

越智維通は軍事的才幹に恵まれた武将で、幕府軍が進撃してくると山間部に撤退し、京都に凱旋すると再び蜂起するというヒット・アンド・アウェイを繰り返し、幕府軍を大いに悩ませた。小勢といえども敵が天嶮に拠ってゲリラ戦を展開した場合、これを撃破することが困難であることは、かつての対南朝戦が証明していた。戦争の長期化は避けられなかった。

畠山持国や一色義貫が大和に出陣した結果、京都に残る有力大名は、管領の細川持之《もちゆき》（細川満元の次男。兄・持元《もちもと》の急逝により家督を継承）、山名持豊《もちとよ》（時熙の三男で時熙の後を継いだ）、赤松満祐の三名だけとなった（斯波氏は惣領の早世が続き、幕政に関与できる状態ではなかった）。しかも山名・赤松両氏は、上昇志向が強いためか好戦的な意見を述べることが多かった。

唯一の慎重派は、永享四年十月から管領に就任していた細川持之であったが、義教よりも年下で政治経験の浅い持之一人では、義教の強硬路線を食い止めることは困難だった。かくして、諸大名の結束が形骸化していくのに比例して、義教の独裁は加速していったのである。

それでも細川・山名・赤松のトリオは、義教の暴走に歯止めをかける上で一定の役割を果たした。永享九年、越智維通討伐戦が一向に進展しないことにいらだった義教は、自身の出馬を宣言したが、細川らによって諫止されている（『看聞日記』）。

## 室町幕府の「終わりの始まり」

一方、関東問題も緊迫度を増していた。一時は和解した足利義教と足利持氏であったが、二人とも我の強い野心家のため、対立が再燃していった。

関東遠征反対派だった畠山満家と斯波義淳が永享五年に相次いで没すると、義教は鎌倉府の管轄国である甲斐での紛争に介入するなど、持氏との対決姿勢をはっきりと示すようになる。

これに対し鎌倉公方の足利持氏も、室町幕府の管轄国である駿河・三河の武士たちを勧誘するなど、反幕府的行動を繰り返した。関東管領の上杉憲実《のりざね》は、幕府との関係悪化を恐れ、たびたび持氏に対して自重を説いた。憲実がストッパーの役割を果たしたことで、足利義教と足利持氏の軍事衝突は何度となく回避された。

だが、憲実が持氏を諫めれば諫めるほど、持氏は憲実を疎ましく思うようになり、両者の関係は険悪化した。永享九年（一四三七）、足利持氏は信濃守護小笠原氏を退治すると称して、側近の上杉憲直《のりなお》を大将に任命し軍勢を集めさせた。しかし憲直の真の目的は上杉憲実討伐であるとのウワサが流れ、憲実派の武士が鎌倉に集まり、一触即発の事態に陥った。持氏は憲直を鎌倉から遠ざけ、憲実に対し関東管領の職に復帰してほしいと頼んだ。憲実がやむなく了承したので、当面の危機は去ったが、軍事衝突の寸前まで行った両者の関係はもはや修復不可能であった（『鎌倉持氏記』）。

足利持氏が上杉憲実を討伐しようとした右の事件は、幕府に大きな衝撃をもたらした。憲実は持氏の暴走を制止できる唯一の存在と目されており、持氏と憲実の決裂は、憲実を通じて持氏を封じ込めるという穏健路線の破綻を意味した。以後、幕府内は主戦論一色となり、上杉憲実と連絡を密に取りつつ、武力介入のタイミングをうかがった。

永享十年八月十四日、再び持氏による憲実討伐のウワサが流れ、憲実は鎌倉を脱出し、分国の上野に向かった。持氏は憲実討伐軍を上野に派遣し、自身も武蔵府中に進み、高安寺《こうあんじ》に布陣した。

しかし、持氏による憲実討伐を予期していた幕府の対応は迅速であった。義教は事前に、「憲実が上野に下国したら出陣せよ」と陸奥の足利満直や駿河の今川範忠《のりただ》らに命じていた。八月二十二日、上杉教朝《のりとも》（父の禅秀が持氏に討たれていた）を大将とする先遣隊が京都を出発した。同二十八日には後花園《ごはなぞの》天皇から持氏討伐の綸旨を獲得し、持氏に朝敵の汚名を着せた。

この時、まだ大和永享の乱が続いており、幕府は二正面作戦を強いられた。義教は、大和で戦っていた斯波持種《もちたね》（斯波氏の庶流。惣領の斯波義健《よしたけ》が幼少のため後見役を務めた）・甲斐常治《じょうち》（斯波氏の家老）らを京都に呼び戻し、九月十六日、錦の御旗を与えて関東征伐に向かわせた。さらに義教は自分も関東に出陣しようとしたが、細川・山名・赤松トリオに説き伏せられ、思いとどまった（『看聞日記』）。

九月二十七日、早川尻（現在の神奈川県小田原市。二三四頁の地図を参照）の戦いで、上杉憲直を大将とする持氏軍は、幕府軍に敗れた。持氏は上杉憲実討伐よりも幕府軍への対応を優先することにし、相模の海老名に移った。この時、持氏に対し憲実との和睦を再三主張するも容れられなかった千葉胤直《たねなお》が離脱している（『鎌倉持氏記』）。

十月・十一月の戦闘経過については、残念ながらはっきりしない。『鎌倉持氏記』と『看聞日記』との間で、記述の食い違いが多いのだ。『鎌倉持氏記』は、足利持氏の側近で永享の乱時に自害した浅羽《あさば》下総守の縁者と見られる浅羽民部少輔《みんぶのしょう》が、宝徳《ほうとく》三年（一四五一）に書き記した軍記物である。作者は永享の乱に関して詳しい情報を持っていたと考えられるが、脚色の可能性は否定できない。一方、京都の伏見宮貞成親王（後花園天皇の実父）の日記『看聞日記』は同時代の史料ではあるが、永享の乱については関東からの伝聞情報に基づいて記述しており、全幅の信頼は置けない。ほぼ確実なのは、この二ヶ月の間に、幕府軍が鎌倉を攻略し、足利持氏が降伏を願い出たということである。

一般に、この「関東永享の乱」は、室町幕府と鎌倉府の全面戦争として叙述される。だが、足利持氏の当初の軍事行動は、あくまで上杉憲実討伐を目的としたものであり、幕府軍との決戦を想定していなかった。それは、持氏が不用意に本拠地の鎌倉を離れたことからも明らかだろう。幕府は足利義持の時代から、しばしば関東包囲網を築いて持氏に圧迫を加えたが、結局関東に進攻することはなかった。これまでの経験から、幕府軍の参戦はないと、持氏はタカをくくっていたのではないだろうか。しかし、持氏が憲実を討とうとしたことは、一線を越えた行為と幕府からみなされていた。持氏は、その見通しの甘さゆえに、自滅の道を歩んだのである。

上杉憲実は足利義教に対し、出家し政界引退を表明した持氏の助命を嘆願したが、義教は許さず、憲実に持氏の抹殺を命じた（「小笠原文書」）。翌永享十一年二月十日、義教からの再三の催促に抗しきれなくなった憲実は、持氏が謹慎していた鎌倉の永安寺を攻撃し、持氏は自害した（『東《とう》寺《じ》執《し》行日記《ぎょうにっき》』『師郷記《もろさとき》』）。同月二十八日には持氏の嫡子である義久《よしひさ》も鎌倉の報国寺で自害した（『鎌倉持氏記』）。ここに関東永享の乱は終結した。

持氏の死を確認して安心した義教は、翌三月に大軍を大和南部に送り込んだ。一〇年にわたって幕府を苦しめてきた越智維通はついに討たれた（『大乗院日記目録』）。以後も残党の掃討作戦が行われるが、大和永享の乱は維通の死によって一応幕を閉じたと見て良いだろう。

偉大なる父・義満でさえ断念した関東と大和の平定を達成した足利義教は、得意の絶頂にあったに違いない。だが、かつての後醍醐天皇がそうであったように、難敵を滅ぼしたことにともなう高揚感は、義教の政権運営から慎重さ、細心さを奪っていった。義教はますます独裁的性格を強め、諸大名を無視した政治を行うようになる。それは一見、「将軍権力の強化」に映るが、その実、幕府の自壊を防止するための安全弁を自ら除去することを意味したのである。

## 追いつめられた赤松満祐

将軍足利義教が赤松満祐に殺害された嘉吉《かきつ》の変は、高校の日本史教科書にも載っている有名な事件なので、ご存知の方も多いだろう。ただし、誤解されがちであるが、義教と満祐は最初から仲が悪かったわけではない。

かつて、南朝軍による京都占拠により播磨国に避難していた当時四歳の義満をなぐさめるために、赤松の家臣たちが田舎踊りを演じたことがあった。これは後に「赤松ばやし」と呼ばれ、赤松円心の命日である正月十三日に毎年赤松邸で開催された。義教が将軍になると、赤松ばやしを赤松邸ではなく室町殿（将軍御所）で行うよう命じ、幕府の公式行事となった（『満済准后日記』）。このように、当初、二人の関係は良好だったのである。

義教政権初期の満祐の功績としては、小倉宮《おぐらのみや》（のちに出家して聖承《せいしょう》を名乗る）を京都に帰還させたことが特筆される。聖承は南朝の後亀山天皇の孫にあたり、正長元年（一四二八）、南朝再興のために京都を脱出し、伊勢の北畠氏（北畠親房の三男・顕能《あきよし》の子孫）にかつがれて反乱を起こしたのである。幕府から派遣された伊勢守護土岐持頼によって北畠氏の乱は鎮圧されるが、聖承は依然として北畠氏にかくまわれていた。永享二年、赤松満祐は北畠氏と交渉し、北畠氏の罪を問わないことを条件に聖承を差し出させた。以後、聖承は幕府の監視下に置かれた。反乱軍の〝みこし〟になりうる南朝皇胤を取り戻し、旧南朝勢力の北畠氏を幕府に恭順させたことで、満祐の幕府内での発言力は高まった。

また永享四年、越智氏討伐に消極的な畠山持国をしり目に、赤松満祐の弟である義雅《よしまさ》は大和で六〇〇人もの戦死・戦傷者を出す奮闘を見せ（『看聞日記』）、越智勢に大打撃を与えた（前述のように永享六年には越智氏は勢いを盛り返すが）。そして畠山満家、山名時熙の両宿老が亡くなると、義教が満祐に諮問する回数も増え、満祐の政治的地位はさらに高まった。

雲行きがあやしくなってくるのは、永享九年からである。二月、赤松満祐の分国である播磨・美作が召し上げられるとのウワサが立った。この時は、義教が世間の憶測を打ち消すため、すぐさま赤松邸を訪問して猿楽を見物、赤松との関係が良好であることをアピールした（『看聞日記』）。この義教の迅速な対応は、当時、大和と信濃が戦乱状態となっており、反幕府勢力に幕府内の結束を示す必要があったからと考えられる。

だが関東・大和・北九州の戦乱が鎮定されると、義教の諸大名への姿勢は苛烈なものになっていく。永享十二年（一四四〇）三月、義教は義雅の所領を全て没収し、赤松満祐・細川持賢《もちかた》・赤松貞村《さだむら》の三人に配分した。だが満祐は、義教が摂津小屋野《こやの》（現在の兵庫県伊丹市昆陽《こや》）の地を貞村に与えたことに抗議した。満祐によれば、小屋野は赤松惣領家が代々支配してきた土地であり、庶流の貞村に渡すわけにはいかない、というのである（『建内記《けんないき》』）。だが、貞村は義教のお気に入りの近臣であり、義教は満祐の抗議にとりあわなかった。

同年五月、大和の陣から撤収しようとしていた一色義貫と土岐持頼が、武田信栄《のぶひで》（安芸武田氏）・細川持常《もちつね》（細川讃州家）らによって謀殺された。その直後、京都では義貫の甥である一色教親《のりちか》が、義貫の屋敷を襲撃し、義貫の家臣たちを討ち取った。

一色義貫の分国のうち、丹後は一色教親に、若狭は武田信栄に、三河は細川持常に与えられた。土岐持頼が持っていた伊勢守護職も一色教親に与えられた。

武田信栄・細川持常・一色教親は、いずれも足利義教の側近であり、この事件が義教による粛清であることは明白だった。以前から義教は守護家の自立性を弱め、将軍家に従属させるべく、様々な施策を行ってきた。しかし、今までのそれは、せいぜい守護家の代替わりに際して、嫡子をしりぞけて、その弟を家督にすえる、といった程度であり、今回の謀殺事件とは次元が違う。一色義貫は大和永享の乱の功労者であり、土岐持頼も北畠氏の乱を鎮圧するなど、義教政権を支えた功臣である。その二人を問答無用で殺害するなど、常軌を逸している。

けれども、義教の暴挙を諌める大名は皆無だった。義教に命がけで諫言した満家のような硬骨漢がいない、という大名たちの資質の問題もあるが、幕府の構造が変容しつつあったことも無視できない。

義満以来の〝戦後レジーム〟とは、あわよくば将軍に取ってかわらんという野望を持つ鎌倉公方に警戒を払いつつも過度に刺激することを避ける体制であった。共通の外敵を意識した時、人々の結束力は最も高まる。これは人間社会における普遍的な真理であるが、室町幕府においても例外ではなかった。鎌倉公方の脅威こそが、利害の対立を抱える将軍と諸大名を一致団結させてきたのである。その団結は決してなれ合いではなく、将軍の暴走が幕府を危機に陥れようとしていると諸大名が判断すれば、彼らは共同で抗議することも辞さなかった。

しかし、鎌倉府との〝冷戦〟の終結により、大名たちは幕府に結集する動機を失い、保身に走るようになった。我が身を危険にさらしてまで他の大名をかばう者など、望むべくもなかった。

右の謀殺事件は、赤松満祐を震撼させた。なにしろ彼は、つい先日、足利義教―赤松貞村と対立したばかりだったのである。翌六月には、早くも「赤松満祐が危ない」とのウワサが京中に流れた（『公名公記《きんなこうき》』）。恐怖にかられた満祐は心神に変調をきたし、赤松家臣団は療養のためと称して満祐を家臣の屋敷に押し込めた（『建内記』）。

もっとも、外出が不可能なまでに満祐が精神錯乱状態だったかどうかは疑わしい。満祐の頭がおかしくなったことにすれば義教からの処罰を避けられる、と踏んだ家臣団の作戦だった可能性が高い。かくして赤松惣領家は、当座の危機を回避したが、抜本的な解決ではないことは明らかである。満祐嫡子の教康《のりやす》にしても、とりたてて義教の信任を得ていたわけではなく、赤松貞村に地位を奪われる危険性はなお潜在していた。

その後、義教と赤松惣領家との関係は小康状態を保った。だがこれは、当時、関東で戦乱が起こっていたことと無関係ではない。下総の結城氏朝《うじとも》が持氏の遺児である春王丸《はるおうまる》・安王丸《やすおうまる》を擁して決起したのである（「結城合戦」という）。義教は討伐軍を派遣して、結城城を包囲するが、各地から集まった諸将の寄り合い所帯である幕府軍は足並みがそろわず、城はなかなか陥落しなかった。このため義教には、赤松惣領家と事を構えている余裕はなかったのである。

しかし翌嘉吉元年四月中旬、結城城は落城した。春王丸・安王丸は京都へ護送される途中、美濃垂井の金蓮寺（現在の岐阜県不破郡垂井町に所在）で処刑され、その首は五月十九日に京都に到着した（『師郷記』）。

六月十八日、加賀守護の富樫教家《のりいえ》（満春の子）が突如、義教の怒りを買い、追放された（『建内記』『基恒日記《もとつねにっき》』）。それは、結城合戦に対処するため一時手控えていた守護家粛清の再開を告げるものだった。いよいよ赤松満祐・教康親子は追いこまれたのであった。

## 将軍犬死

嘉吉元年六月二十四日、赤松教康は、戦勝の祝宴を開きたいと称して、足利義教を自邸に招いた（『建内記』）。この時期、大名や公家、僧侶たちは、足利義教のご機嫌を取るため、競って戦勝祝賀会を開催し、義教は連日のように酒宴に明け暮れていた。祝勝ムードにひたっていた義教は、この誘いにホイホイと乗って、諸大名や側近たちを従えて赤松邸におもむいた。よもや教康が恐るべき陰謀をたくらんでいようとは、誰も思わなかったのである。

宴もたけなわ、奥の方からドドドと音が響いた。義教が「何事だ」と周囲の者に尋ねると、義教のお気に入りの公家である三条実雅《さねまさ》が「雷鳴ではないでしょうか」とのんきに答えた。すると、義教の後ろの障子がガラリと開き、甲冑をつけた武士数十人が乱入し、あっという間に義教を討ち取ってしまった（『建内記』『看聞日記』）。

とっさに三条実雅は義教の前に置かれていた赤松からの引出物の太刀を取って抵抗したが、なにぶん武芸に通じているわけではないので、たちまち斬り伏せられた。この時、諸大名の多くは抗戦せずに遁走したので、世間の人々は彼らの卑怯未練を陰であざわらった。

ただ、完全武装の武者を相手に、諸大名が刀をとって戦っても、勝てる道理はない。実際、現場に残って戦った山名熙貴《ひろたか》・細川持春《もちはる》・大内持世《もちよ》ら数名は即死、重傷、もしくは負傷が元で亡くなっている。おそらく赤松満祐・教康親子の目的は、将軍殺害だけでなく、諸大名を一網打尽にして、京都を武力制圧することにあったはずだ。諸大名が我が身かわいさで逃げ散ったことは、結果的には赤松氏のクーデターを失敗へと導いた。

京都に残るのは危険と判断した満祐らは、本国播磨に落ちのびることにした。義教の首を剣先に刺しての堂々たる行軍であった。この時、赤松本邸のほか、満祐の弟である義雅・則繁《のりしげ》の屋敷、家臣たちの屋敷にも火がかけられた。これを嘉吉の変という。

播磨へと下っていく赤松勢を追撃する者は誰もいなかった。突然の大事件に気が動転してしまい状況を把握できなかったということもあるが、最大の原因は、諸大名が疑心暗鬼にとらわれていたことにあった。これほどの大陰謀を赤松氏が単独で実行したとは思えず、他の大名がひそかに赤松と結託しているのではないかとの疑いから、容易には動けなかったのである。

さて貞成親王は、諸大名のふがいなさにあきれていたが、かといって義教の死をいたむことはなかった。義教の非業の最期を「自業自得」と突き放し、「将軍がこのように犬死するという例は、かつて聞いたことがない」と冷たく論評している（『看聞日記』）。貞成は割と義教に気に入られており、色々と便宜をはかってもらっていたのだが、神経質な義教の機嫌を損ねないよう、ずいぶん気を使っていたらしい。義教が死んで、思わずホンネが飛び出したのだろう。

いずれにせよ、貞成の「犬死」という表現は、事件の本質を鋭く突いている。嘉吉の変の翌日、諸大名は会議を開いて、義教の嫡男である千也茶丸《ちやちゃまる》を後継者に決定した。千也茶丸はわずか八歳だったため、管領の細川持之が政務を代行した。だが、義教からの指示を待つのが習い性になっていた気弱な管領に、混迷する政局をさばく器量はなかった。義教に押さえつけられていた不満分子が反乱を起こすことを恐れた持之は、義教時代に処罰された人々に対し一斉に恩赦を与えたが、この〝太陽政策〟がアダになり、各地で不穏な動きが見られるようになった。細川持常《もちつね》らが率いる赤松討伐軍が京都を出発したのは、七月十一日になってからで、しかも播磨との国境手前の摂津西宮で進軍を停止した。

要するに、将軍権力の絶対化と室町幕府の強化に狂奔した足利義教の治世は、将軍の権威失墜と幕政の停滞という皮肉な結末を招いたのであった。それはまぎれもなく「犬死」だった。

## 「幕府を、取り戻す」

赤松満祐は分国である播磨・備前・美作三ヶ国の軍勢を播磨一国に集中して防備を固めた。一方の幕府であるが、諸大名の会議によって決定された討伐軍の編成・作戦によれば、東の摂津から細川持常・赤松貞村・赤松満政《みつまさ》らが播磨に進攻、北の但馬から山名持豊《もちとよ》が播磨に進攻、そして山名教清《のりきよ》が西の伯耆から美作を経て播磨に進攻、という手はずになっていた。

ところが、事実上の総司令官である山名持豊がなかなか但馬に下ろうとしない。そればかりか、赤松討伐戦の軍費調達と称して、部下を京都の金融業者のもとに派遣して、金品を強引に取り立てた。管領の細川持之は再三使者を送って持豊に略奪行為を停止するよう命じたが、持豊は「部下が勝手にやっていることで私は関係ない」ととぼけた。激怒した持之が持豊を討とうとしたため、持豊はあわてて謝罪して事なきを得たという（『建内記』）。七月末、持豊はようやく京都を発って、但馬へと向かった。

おのれの指導力の欠如を痛感した持之は、後花園天皇に赤松満祐・教康親子討伐の綸旨を申請した。綸旨は八月一日に発給された。綸旨の効果のほどは不明だが、その後、赤松討伐戦は順調に進み、九月九日、赤松義雅は同族の満政に降伏し、息子を託して切腹した。翌十日、幕府軍は満祐のこもる城山城（現在の兵庫県たつの市に所在）に総攻撃をかけ、満祐は自害した。赤松教康は城を脱出し、姻戚関係にある伊勢の北畠氏を頼ったが、拒まれ自殺した。

どうにか反乱を鎮定した室町幕府だが、それで幕府が元通りに戻ったわけではない。嘉吉の変が残した爪痕はあまりにも大きかった。嘉吉元年八月に千也茶丸は義勝《よしかつ》と改名し、翌年には元服し、将軍に任命された。だが体裁を整えたのも束の間、嘉吉三年七月に義勝は病没してしまう。諸大名の会議の結果、後継者は義勝の同母弟、三春《みはる》と決まった。後の足利義政《よしまさ》、当時八歳であった。政務は、持之の後を受けて管領に就任した畠山持国が代行することになった。

この実質的な将軍不在状況は、諸大名の権力闘争をもたらした。義教時代には、将軍義教の判断によって守護家の家督は決定された。だが嘉吉の変によって、この仕組みが解体したため、各守護家において家督候補者が並立し、二派に分かれて激しく争うという状況が一般化した。

彼らは家督争いを有利に展開するため、幕政の中核にいる管領家と結びつこうとした。管領に就任できる家は、斯波・細川・畠山の三家だが、斯波氏は惣領の相次ぐ早世によって弱体化し、この時期は細川・畠山の二家によって占められた。畠山持国は剛直な性格で知られる豪腕政治家だが、やや気分屋のところもあり、しばしば周囲を振り回した。細川氏の本家である京兆家《けいちょうけ》では、嘉吉二年に持之が没すると、嫡子の勝元《かつもと》が後を継ぐが、まだ十三歳であったため、叔父の持賢（細川典廐家《てんきゅうけ》の祖）が後見した。幕政は細川氏と畠山氏の対立を軸に展開し、各守護家では細川派と畠山派が厳しく争った。

足利義満が若年の時期も、細川派と斯波派の対立が激しかったと言われているが、細川頼之にしても、その後を受けた斯波義将にしても、管領在任期間は一〇年を超え、〝長期政権〟であった。派閥抗争よりも対南朝戦を優先するという合意が諸将の間で形成されていたからだろう。

これに対し足利義政が若い頃は、畠山持国と細川勝元が三、四年で管領を交代し、しかも管領が交代すると、守護人事や対関東政策などの重要な決定が覆った。両派の激しい主導権争いの結果、第一次畠山持国内閣→第一次細川勝元内閣→第二次畠山持国内閣と、〝短命内閣〟が続き、政局の混乱に拍車をかけたのである。

文安《ぶんあん》六年（一四四九）、三春は元服して足利義成《よししげ》（のちに義政と改名）と名乗り、朝廷から将軍に任命された。以後、義政は政治意思を発揮していくようになる。足利義政というと、一般には「文化活動には熱心だが政治への関心は薄い」というイメージが強いが、それは応仁の乱前後の話である。将軍就任当初の義政は、内部抗争によって失われた幕府の威信を回復すべく、積極的に政務に関わった。

足利義政は、畠山持国を支援することで、細川勝元を牽制しようとした。しかし享徳《きょうとく》四年三月（一四五五。七月に康正《こうしょう》に改元）に畠山持国が亡くなると、以前からくすぶっていた畠山氏の御家騒動が激化し、畠山氏の勢力は大きく後退する。このため、義政は勝元との関係を修復する一方で、側近勢力の育成を進める。

その代表が、伊勢貞親《さだちか》である。伊勢氏は代々、足利将軍家の家政という私的業務を取り仕切ってきた家で、幕府政治という公的な領域には元来関わってこなかった。しかし嘉吉三年、管領畠山持国のバックアップを受けて、貞親は義政の養父と定められ、義政の成長にともない貞親の権限も拡大していく。当初、貞親の主な仕事は将軍家の財産管理であったが、持国が没した頃から、幕府の財政・司法・軍事などに深く関わるようになっていく。その背後に、義政の意向があったことは明らかである。

このように義政は、伊勢貞親の抜擢を通じて将軍権力の拡大を図った。だが貞親の台頭は、管領の地位の相対的低下につながり、必然的に細川勝元の反発を呼んだ。以後、細川勝元と伊勢貞親の権力闘争が激化していく。

## 空洞化する京都

足利義政が伊勢貞親を重用した理由の一つとして、「戦争をやりたかった」ということがある。義政元服前の管領政治期には、赤松満祐の反乱や徳政一揆による京都襲撃といった、幕府の存亡を揺るがす緊急事態が発生した時にしか、諸大名の軍隊は出動しなかった。これは、諸大名が軍事負担を嫌い、自己の利益に直結しない軍事活動への参加に消極的だったからである。結果として、守護以外の武士に軍事負担が集中することになった。

だが義政が政務を開始すると、守護軍の地域紛争への投入が増加する。義政は「強い将軍」だった父・義教にあこがれており、大規模な軍事行動によって幕府の威信を取り戻そうと考えていたのである。義政は貞親と相談して軍事方針を決定し、それを諸大名に下達した。

けれども、足利義教期以来の度重なる軍事動員により、武士たちの疲弊は限界に達していた。一例として、安芸の毛利氏を見てみよう。義教の時代、毛利光房《みつふさ》は九州に三回出陣した。これは安芸の武士たちの中でも最多記録であった。これでお役御免かと思いきや、再び北九州情勢が緊迫し、安芸の武士は例外なく九州に出陣せよ、との幕命が下った。老齢の光房は病を押して出陣したが、永享八年に陣中で没した。

代わりに嫡男の熙元《ひろもと》が出陣しなければならないが、熙元が病気のため熙元の弟が出陣して豊後を転戦、永享九年に帰国した。すると、将軍足利義教の弟である大覚寺《だいかくじ》義昭《ぎしょう》が越智維通の誘いに乗り謀叛を起こしたとのウワサが流れ、熙元はただちに上洛、永享十年から三年間大和を転戦した。嘉吉の変の後、熙元は赤松満祐討伐戦に参加し、その後、再び京都に戻った。

管領政治期の一〇年足らずの間に、熙元は伊予に三回出陣した（代官の派遣も含む）。その後、再び在京活動を始めたが、康正元年（一四五五）、今度は足利義政の命令で大和に出陣することになったのである。

歯止めなき戦線拡大に起因する軍事動員の連続は、〝低所得層〟の上にこそ、より重くのしかかる。毛利熙元は安芸にいる一族に対し、上京して共に大和へ参陣するよう命じたが、一人も上洛してこなかったため、やむなく自分だけで出陣したという（「毛利家文書」）。同じく安芸の小早川熙平《ひろひら》も、大和出陣のために国元から一族を呼び寄せようとしたが、病気や経済的困窮を理由に誰も上洛せず、出陣を断念した（「小早川家文書」）。軍役の配分をめぐる惣領と庶子の利害対立は、地域における軍事衝突の種にもなった。皮肉なことに、戦乱平定のための義政の努力が、地域紛争を再生産したのである。

大和国の伝統とも言える筒井vs越智の抗争と連動する形で、畠山氏の内紛はますます激しさを増していった。この結果、在国の一族のみならず、在京して将軍の側近くで働いてきた惣領たちも、ついに音を上げ始めた。大和・河内などへの出陣を拒否しづらく、生活費や交際費がバカにならない京都での生活を捨て、自分の所領に戻っていったのである。もちろん、弛緩しつつある一族支配を再強化するという意味合いもあった。武士たちは、将軍に奉仕し、その歓心を買うことよりも、在国することにメリットを見出すようになったのだ。義政の意を受けた伊勢貞親は必死で彼らを呼び戻そうとするが、思うようにいかなかった。

寛正《かんしょう》二年（一四六二）、伊勢貞親は、安芸の平賀弘宗《ひろむね》・小早川盛景《もりかげ》が病と称して上洛しようとしないことに立腹し、小早川熙平らを通じて「上洛せずに、河内の陣に直行せよ。病気は陣中で療養せよ」と命じた。この際、貞親は、①病気を理由に在国していた者たちに対し、陣中で病気の真偽を検査する、②別の理由で河内に来られない者については、京都で弁明を聞く、③なおもサボタージュする者は厳罰に処す、という方針も伝えている（「小早川家文書」）。

前章で触れたように、貞治・応安年間の軍事的安定を受けて、守護を中心に在京奉公する武士が増加した。その後、明徳の乱や応永の乱を経て、京都に常住する武士の家はほぼ固定化する。

京都大学の山田徹《とおる》氏は彼らを「在京直臣」と命名している。もちろん在京直臣は全国の武士のうち、ごく一握りにすぎない。将軍と密接な関係を持つ在京直臣は様々な特権を持っており、在京していることは一種のステータスであった。したがって在京直臣の在国志向は〝戦後的価値観〟が崩れつつあることを意味する。

さて、平賀弘宗・小早川盛景が畿内に行こうとしなかったのは、安芸で大内氏と軍事行動を共にしていたからだった。幕府は大内氏の所領である安芸東西条《とうざいじょう》（現在の東広島市）を没収し、安芸武田氏に与えた。これに反発した大内教弘《のりひろ》が弘宗・盛景らに命じて東西条の鏡山城《かがみやまじょう》を攻めさせたため、幕府方の小早川煕平は「後攻《うしろぜめ》」として盛景の本拠である竹原荘《たけはらのしょう》を攻撃した。

竹原荘（現在の広島県竹原市）を本拠とする小早川盛景にとって、幕府との関係よりも、地域の有力者である大内氏との関係の方が重要になりつつあった。沼《ぬ》田荘《たのしょう》（現在の広島県三原市）を本拠とする小早川煕平が幕命に従うのも、将軍への忠誠心からというより、安芸武田氏、そして細川氏との関係によるところが大きかった。沼田小早川氏と竹原小早川氏は長年の因縁により対立しており、細川氏と大内氏は瀬戸内海の支配をめぐってライバル関係にあった。この二つの対立が結びついて、沼田は細川氏を、竹原は大内氏を頼ったのである。

応仁の乱が勃発すると、小早川煕平は細川勝元を総帥とする東軍に、小早川弘景《ひろかげ》（盛景の子）は大内政弘《まさひろ》（教弘の子）が属する西軍に加わった。応仁の乱の根底には、各地で発生していた近隣武士間の争いが伏在していたのである。

京都の義政は、現地の実情を把握しないまま、地域紛争に過剰なまでに介入したが、遠征負担に耐えきれなくなった在京直臣は次々と下国してしまった。そして、京都の〝空洞化〟は、幕府の求心力を弱め、中央からの制御を失った地域社会は弱肉強食の戦国時代へ突入していく。

## 山名宗全と〝戦後レジーム〟

室町時代の戦乱は、前後の時代と比べて影が薄いが、「応仁の乱」だけは別格的に知名度が高い。それは、この乱が戦国時代の幕を開けた、と一般に考えられているからだが、その割に応仁の乱が起きた理由については最近まで良く分かっていなかった。

教科書では、足利将軍家で後継者問題が発生し、これが以前から問題になっていた畠山・斯波氏という両管領家の家督争い（畠山政長《まさなが》vs畠山義就《よしひろ》、斯波義敏《よしとし》vs斯波義廉《よしかど》）と結びついた結果、発生した大乱、と説明される。息子のいない足利義政は弟の義視《よしみ》を後継者に指名したが、その後で義政正室の日野富子《とみこ》が男児を産む（のちの義尚《よしひさ》）。富子が実子義尚を将軍とすべく、山名持豊（この時期は出家して「宗全《そうぜん》」と名乗っていた）を義尚の後見人とし、これに対抗して義視が宗全のライバルである細川勝元を頼り、乱が勃発した、というのである。

しかし、近年の家永遵嗣《じゅんじ》氏の研究によると、日野富子と山名宗全の提携というのは同時代史料には見られず、後世の軍記物『応仁記』の創作であるという。我が子かわいさで大乱を引き起こした悪女、という日野富子のイメージも実はここから来ている。現実の宗全はむしろ義視と親しく、義視が将軍になることは宗全にとって望ましかった。実際、応仁の乱の前年に発生した文正《ぶんしょう》の政変で、宗全は義尚の乳父《めのと》（養育係）である伊勢貞親を追い落とし、義視をアシストしている。

これにより義視の将軍職継承はほぼ確定したので、将軍後継問題は応仁の乱とは無関係である。乱の直接の引き金となったのは、一四六七年正月の足利義政の決定である。すなわち義政は、細川方の畠山政長を畠山氏惣領の座から引きずり下ろし、山名方の義就を新惣領と認定した。これに抗議して政長が管領職を辞すると、後任に宗全の娘婿である斯波義廉をすえた。

この一連の政変を仕掛けたのは、言うまでもなく山名宗全であった。山名宗全・斯波義廉・畠山義就は京都に大軍を集めていたので、クーデター的な性格を持っていたと評価できる。山名宗全は足利義尚を将軍にするためではなく、政権掌握という自らの野望のために動いたのであり、これに対し細川勝元が反撃に出たことで、諸大名は応仁の乱へとなだれこんでいった。その意味では、宗全こそが応仁の乱の火付け役、張本人だったと言えよう。

なぜ山名宗全は、右のような強引な手法に訴えたのだろうか。それを知るには、山名氏の歴史を振り返ってみる必要がある。

山名氏は明徳の乱で叩かれ、分国を但馬・因幡・伯耆という山陰三ヶ国に限定されたが（二六五頁）、再浮上の時期は意外に早かった。応永の乱と大内盛見討伐戦での活躍を評価され、山名時熙とその一族が備後・石見・安芸の守護職を獲得したのである。なお石見・安芸は、大内氏の分国である周防・長門と境を接しており、以後、山名氏は大内氏の膨張を封じる役割を担うことになった。

嘉吉の変後の赤松討伐戦でも山名宗全とその一族が大きな戦功を挙げ、赤松氏の分国であった播磨・備前・美作を獲得した。ただし播磨国のうち明石郡・美嚢《みのう》郡・加東《かとう》郡の三郡は将軍家の御料所とされ、戦功のあった赤松満政が代官として三郡を預かることになった。

しかし、播磨は始祖・赤松円心以来、赤松氏が治めてきた国であり、播磨守護職を山名氏に奪われたことは満政にとって我慢がならなかった。一方、山名宗全も播磨国全土を掌握できなかったことに不満を抱いていた。その後、管領の畠山持国は播磨国三郡を満政から召し上げ、宗全に与えた。反発した満政は反乱を起こしたが、宗全によって鎮圧された。ただし、生き延びて牢人となった赤松氏の一族・家臣は何度も御家再興を図り、宗全を悩ませた。

以上の経緯により、山名宗全は旧赤松氏分国を完全に吸収し、最強大名である細川氏に匹敵する実力を築いた。かつて幕府は、南朝方の山名氏を押さえ込む役目を細川氏と赤松氏に与えたが、その体制は山名氏の幕府帰参後も続いていた。赤松氏滅亡により、〃山名シフト〃は崩れ、幕府が山名氏の突出を押さえることは難しくなってしまった。

けれども、宗全は実力に見合った地位を得られず、むしろ、その横暴なふるまいゆえに義政から嫌われた。ただし、山名氏が幕府内で非主流派に甘んじることになったのは、宗全の粗暴な性格だけが原因ではない。かつて南朝方として幕府をさんざん苦しめた山名氏は、いわば〃旧敵国＝敗戦国〃であり、帰参後も山名氏は幕府から警戒されたのである。

足利義満が明徳の乱で山名氏を沈めたのは、そのためであるし、応永の乱での恩賞も、山名氏を同じ〃旧敵国＝敗戦国〃である大内氏にぶつけて、互いに牽制させる遠謀であった。山名宗全にとって、義満が築いた〃戦後レジーム〃は、足利義教とは別の意味で、克服の対象だったのである。

## 足利義政の錯誤

そこで山名宗全は、一族の娘たちを自分の養女とした上で大内教弘（持世の養子）・細川勝元に嫁がせ、幕府による対山名包囲網を無効化した。当時、大内氏は少弐氏との、細川氏は畠山氏との争いを抱えており、宗全との提携を喜んで受け入れた。山名氏を中心に大内・山名・細川の三国同盟が締結されたわけだが、やがて大内氏と細川氏は瀬戸内海水運をめぐって対立することになる。

細川勝元は畠山持国、ついで伊勢貞親と幕政の主導権をめぐって争うが、その間に山名宗全は着々と力をたくわえていった。勝元も宗全の急激な台頭に不安を感じたようで、長禄《ちょうろく》二年（一四五八）には赤松義雅の孫にあたる政則《まさのり》を加賀北半国守護に推薦し、山名氏の仇敵である赤松氏の再興に一肌ぬいでいる。ただし赤松氏再興に最も尽力したのは、赤松氏出身の禅僧で義政の政治顧問を務めていた季瓊真蘂《きけいしんずい》であり、政界入りした政則は勝元よりも伊勢貞親や季瓊真蘂に接近した。また勝元は、義政の怒りを買って追放された斯波義敏の赦免を実現したが、政界復帰した義敏はやはり伊勢貞親や季瓊真蘂に近づいた。

文正元年（一四六六）、伊勢貞親は足利義視に謀叛の罪を着せて抹殺しようとしたが、細川勝元・山名宗全ら諸大名の反撃を受けて失脚した（文正の政変）。この時、貞親のみならず季瓊真蘂・斯波義敏・赤松政則ら義政の側近グループも一掃された。手足をもがれた足利義政は、以後、政務への関心を失っていく。

こうして細川勝元は山名宗全と一時手を組むことで、義政側近との長年の抗争に終止符を打った。だが、この状況は、義政と相性が悪かった宗全にとっても政権を奪取する絶好のチャンスであった。前述の通り、宗全はこの機を逃さず、公然と細川派の排除に動き出すのである。

応仁の乱という大乱を招き室町幕府を傾けた最大の責任者は足利義政だ、という意見は良く耳にする。確かに、細かいことにまで口を出し、しかも指示が二転三転する義政には、リーダーの資質が欠落している。とはいえ、「義政が無能だったから応仁の乱が起きた」では、歴史学の研究にならない。義政がしでかした数々の失敗のうち、最大の判断ミスは何か、という問題を考える必要があるだろう。

義政の失策は、「京都しか視野に入っておらず、山名宗全の脅威を軽視した」点に尽きる、と私は考えている。中央政界における主導権争いという狭い範囲での政治力学を考えた場合、義政が親政を進める上での最大の障害物は管領＝幕府ナンバー2の細川勝元である。この時期、幕府は守護家の家督争いに積極的に介入したが、将軍足利義政と管領細川勝元が支持する家督候補者が異なるという〝ねじれ〟がしばしば見られた。義政は〝ねじれ解消〟にこだわったが、幕府政治の本当の争点はそこにはなかった。

かつて醍醐寺座主の義賢《ぎけん》（満済の後継者）が、細川持之・畠山持国は「礼儀を存ずる輩」であるが、山名持豊（のちの宗全）は「濫吹《らんすい》を表す輩」だと評したことがある（『建内記』）。これは個性の問題というより、各家の立場の違いを表している。

多くの既得権を持つ細川・畠山の両管領家は、現状維持を望む傾向が強く、伝統的な秩序を重

『真如堂縁起絵巻』（部分）「応仁の乱」時の足軽（京都・真正極楽寺）

んじ、公家・寺社とも協調的である。これに対し、〝戦後レジーム〟の中で〝旧敵国＝敗戦国〟と位置づけられ、どんなに実力があっても管領になれない山名氏は、多少の無理をしてでも成り上がろうという現状打破のメンタリティーを持っている。まして山名氏は初代の時氏《ときうじ》以来、圧倒的な軍事力によって周囲を黙らせてきた実績を持つ〝ジャイアン〟的な家系である。

したがって、室町幕府にとって最も危険な存在は、既存の体制内での権力拡大を目指す細川勝元ではなく、〝戦後レジーム〟を根本から覆そうと試みる山名宗全なのだ。義政はそのことにあまりにも無自覚だった。義政が勝元との政治ゲームに興じた結果、宗全が漁夫の利を得て勢力を拡張し、応仁の乱へとつながった。一〇年にわたって継続した戦乱は京都を焼け野原にし、〝ゲーム盤〟そのものをひっくり返したのである。

## 足軽と土一揆

応仁の乱の特徴としては、足軽の横行が挙げられる。「疾足《はやあし》」とも呼ばれた彼らは、機動力に富んだ軽装の雑兵《ぞうひょう》で、諸大名に雇われて京都での市街戦で活躍した。しかし一方で足軽は、戦費や軍需物資を調達するという名目で、寺社や土倉《どそう》（八二頁参照）などの富裕層から金品や資財を強奪した。

雇われていると言っても、大名から金をもらっているのは、足軽たちを束ねる足軽大将だけで、足軽たちは無給であるから、略奪によって生活するしかない。というより、実態としては、大名たちは「略奪許可」をエサに足軽たちを軍事動員していたのである。摂関家の一条兼良《かねよし》は、足利義尚に提出した政治指南書『樵談治要《しょうだんちよう》』の中で、戦闘よりも略奪に精を出す足軽たちを批判している。

問題は、こうした足軽たちの素性である。突然、足軽がふってわいたはずはない。どのような人たちが足軽として戦争に参加していったのかを考える必要があろう。応仁の乱で活躍した足軽大将に、骨皮道賢《ほねかわどうけん》という男がいる。彼は応仁の乱以前には幕府の侍所《さむらいどころ》（京都の治安を守る警察組織）に雇われて犯罪捜査に協力していた。江戸時代の目明かし（岡っ引き）がそうであったように、彼も元来は犯罪者であり、ゆえに京都の裏社会の事情に通じていたと考えられる。応仁の乱が始まると、道賢は京都の内外の悪党・盗賊を三〇〇人ほど集めて、伏見の稲荷神社の裏山に陣取った。そして東軍に雇われて、西軍の後方攪乱に従事したという。

何百人もの犯罪者が簡単に集まるという京都の劣悪な治安状況には驚くばかりだが、その背景には土《つち》一揆の度重なる京都襲来があった。土一揆とは土民《どみん》（一般民衆）を主体とする一揆のことで、徳政の実現を目指す一揆が多いことから、学界では「徳政一揆」とも呼ばれる。

享徳三年（一四五四）から応仁の乱の前年にあたる文正元年（一四六六）に至るまで、八回の土一揆が史料上、確認できる。つまり、二年に一回を上回るペースで土一揆は京都を襲っているのである。京都住民の感覚としては、ほとんど毎年恒例のイベント（？）だったであろう。

土一揆・徳政一揆というと、土倉・酒屋などの高利貸資本から借金した人々が債務破棄のために徳政令を求めるというイメージが強い。だが前著『一揆の原理』で指摘したように、京都を襲う土一揆の主体は京都の住民ではなく、むしろ土倉に対して債務を負っていない京都近郊の農村の百姓であった。

また土一揆は、幕府の徳政令によらずに、実力によって債務破棄・売却地の取り戻しを強行することも多かった。当時、これを「私徳政《しとくせい》」と呼んだ。もっともらしい言葉だが、要は土倉や酒屋を焼き打ちして質物を強引に奪っていくという行為であり、金融業者の側から見れば強盗・悪党と変わらない。つまり事実上の略奪と言える。

この時期は飢饉が頻発しており、窮乏した民衆が富の集中する京都へと押し寄せてきた。そうした窮民の一部は京都で物乞いを行ったが、中には食糧や財物を強奪する者もいた。このような京都に出て富を奪おうとする飢餓難民の動きを組織化したものが土一揆なのである。もちろん、村でつまはじきにされたアウトロー、ならず者が一旗揚げようと京都に出てきて、悪党になるケースもある。かくして京都では強盗や悪党が日常的に出没するようになり、放火や略奪が相次いだ。悪化の一途をたどる京都の治安状況が足軽誕生の前提になったことは明らかだろう。
幕府・守護に仕えている下級武士や主家の没落によって失職した牢人たちも土一揆に加わった。こうした「大将」に指揮された土一揆の戦闘力は侮りがたいものがあった。土一揆の標的になる土倉や寺社は自衛のため、腕に覚えのある者たちを集めて用心棒とした。言うまでもなく、こういった連中は、場合によっては、土一揆に参加して土倉や寺社を襲撃する側に回りかねない。だが、京都の治安が乱れに乱れている状況では、そういうあやしげな傭兵たちに頼るしかなかったのである。

このような悪党への依存は、土一揆を鎮圧する側の幕府や守護についても見られる。京都の犯罪を取り締まる任務を担う侍所が骨皮道賢という犯罪者を起用していることが象徴するように、土一揆に組織されてもおかしくないような悪党たちを、幕府や守護は足軽として積極的に取り込んでいった。真っ向から対立しているかに見える土一揆と土一揆鎮圧軍は、どちらも京都の闇社会を人員の供給源としている意味ではつながっているのである。

文正の政変では、山名宗全や斯波義廉の重臣・朝倉孝景《たかかげ》（のちに独立し、「最初の戦国大名」と称される）の軍勢が、伊勢貞親の庇護を受けていた土倉・酒屋を襲撃して、放火・略奪を行った（『大乗院寺社雑事《だいじょういんじしゃぞうじ》記《き》』など）。土一揆を弾圧するために足軽を抱え込んでいった守護軍は、いつしか宿敵である土一揆とそっくりの姿へと変貌していったのである。

応仁の乱が繰り広げられている間、土一揆は京都から姿を消すが、土一揆の原因である飢饉が収束したわけではないし、民衆の暮らしが良くなったわけでもない。生活苦から土一揆に参加して京都で略奪を行っていた人々が、今度は足軽として京都で略奪を行うようになったにすぎない。つまり土一揆の武力が、足軽という形で諸大名に吸収されたのである。

応仁の乱は単なる権力闘争、武力抗争ではなく、その底流には、それまで四〇年近くにわたって続いた窮民の京都流入という深刻な社会問題があった。室町幕府は度重なる土一揆の蜂起に場当たり的に対処するだけで、食糧問題・貧困問題を解決するための抜本的な対策をとろうとはしなかった。その結果、幕府は応仁の乱という破局を迎えるのである。

### 村の〝集団的自衛権〟

第三章で論じたように、南北朝期の軍隊は、武士から成る正規軍と、「野伏役《のぶしやく》」によって村々から徴発してきた百姓から成る「野伏」部隊の二本立てであった（一四〇～一四一頁）。

この構成は、室町時代になっても基本的に変わらない。永享六年（一四三四）十一月、比叡山攻撃のため、山名時熙《ときひろ》は正規軍三〇〇騎と野伏二〇〇〇～三〇〇〇人、美濃守護の土岐持益《もちます》（土岐頼忠の孫）は正規軍一二〇～一三〇騎と野伏一〇〇〇～二〇〇〇人を動員している（『満済准后日記』）。

しかし一方で、南北朝時代の戦争には見られない新しい動向も現れてきている。そもそも山名時熙らの山門への攻撃は、前月の山門の嗷訴《ごうそ》、すなわち神輿をかついだ山法師たちの京都襲来（結果的には幕府軍によって阻止された）に対する報復であった。

幕府は嗷訴に備えて、斯波・細川・畠山・山名・赤松・一色・小笠原といった守護勢を各所に配置して迎撃態勢を整えた。だが幕府は、それだけでなく、醍醐・山科・伏見など京都近郊の村々にも動員をかけた。守護軍が山法師たちを撃退したら、比叡山へと逃げ帰ろうとする彼らの退路を断て、というのだ。

この命令を受けた貞成親王の荘園である伏見荘では、三木氏、小川氏ら名字を持つ侍身分の者七名、彼らの下人（使用人）計五〇名、他に船津村六三名、三木村一〇〇名、山村三〇名、森村一五名、石井村一〇名、野中村一〇名の計二二八名の百姓、つまり総勢三〇〇人近い人々が出陣した。伏見荘の侍のうち、三木氏は畠山氏と、小川氏は山名氏と主従関係を結んでおり、両者はライバル関係にあった。だが、このような緊急時においては、主人の動きとは関わりなく、三木氏も小川氏も伏見荘現地の指導者層として、一致団結して軍事指揮を行ったのである（『看聞日記』）。

右の事例では、守護軍が村から百姓を徴発して補助戦闘員として連れて行くという従来の方式とは異なり、村に軍事行動を一任するという形をとっている。ここから、室町時代には守護軍から独立した村の軍事組織が成立していたことが分かる。

なぜ、室町時代の村は、明確な指揮系統を有した軍事集団としての顔を持っていたのか。第三章で論じたように、南北朝時代には、武士たちが戦費調達を口実に荘園に進駐して略奪を行うことが少なくなかった（一三一頁）。このため村は自衛のため武装するようになる。

こうした武装状況は、南北朝内乱が終結した後も継続した。かつての「階級闘争史観」では、守護軍など権力の〝暴力装置〟と戦うための武装という性格が強調された。そういう側面がなかったとは言わないが、近年の研究では、むしろ隣接する村との合戦のために武装する必要があったことが指摘されている。隣り合う村同士では土地の境界争いや山の木・川の水の利用権をめぐる争いが多発し、武力衝突に発展することも珍しくなかった。

文安二年（一四四五）から三年にかけて、近江湖北の菅浦荘《すがうらのしょう》と大浦荘《おおうらのしょう》が、両荘の中間にある日差《ひさし》・諸河《もろかわ》の領有権をめぐって争った。両荘の小競り合いはやがて互いに矢を射合うような本格的な戦闘に移行し、しかも菅浦方・大浦方双方に周辺の侍や村が加勢したため、琵琶湖岸全域を巻き込む大規模な合戦へと発展した（「菅浦文書」）。

村同士のケンカの際、銭で刺客を雇うこともあった。いわば傭兵であり、応仁の乱で活躍した足軽に通じるところがある。まさに映画『七人の侍』の世界だが、お侍に頼りきりだった『七人の侍』の村と異なり、現実の村は右に見たように自前の武力も有していた。

以上の状況を踏まえた場合、室町幕府が村の軍事力に期待するのは当然だったと言えよう。ただし、村とて好きで合戦をしているわけではない。村の武力発動は基本的に、自衛、そして同盟を結んだ村を守るための〝集団的自衛権〟の行使に限定されていた。永享の山門騒乱の際に幕命に応じて伏見荘が出陣したのも、自衛の延長上の行為と解される。したがって、幕府が村の軍事力を、地域防衛とは関係のない遠征に駆り出すことは不可能だった。

応仁の乱が始まると、東軍も西軍も、京都近郊の村々を味方につけようと競って働きかけた。両軍が村々に求めたのは、兵粮の提供もさることながら、村の軍事力による交通路の掌握だった。すなわち敵軍が村々を通過しようとした場合はこれを妨害し、自軍が通過する場合にはこれを援護することを要請したのである。

たとえば応仁二年（一四六八）、山科の一六の村々は、東軍の命令を受けて東山通路を封鎖し、西軍が東の大津方面から京都に侵入しようとするのを阻止している（『山科家礼記《やましなけらいき》』）。この功績に対し東軍は村々に恩賞を約束しているが、この種の戦功に対する報酬の多くは「半済《はんぜい》」だった。ここでいう「半済」は年貢の半分免除を意味する。南北朝時代、武士たちが恩賞としてもらっていた「半済」を、ついに村の百姓たちが手にするようになったのである。

なお東軍は山科の村々に対して、宇治に進出した西軍を撃退するよう命じたが、山科は宇治への出兵を拒否した。百姓たちは自分たちの生活の場である山科の防衛には全力を尽くすが、故郷を離れて遠征することには否定的だったのである。

応仁の乱以降は、「半済」をエサに村の武力を動員するという形態の戦争が一般化する。その具体的な検討は本書の範囲を超えているが、軍事史の立場から見ても応仁の乱が転換点であったことは指摘しておきたい。ちなみにベトナム戦争中は、山城国一揆などを例に（『一揆の原理』参照）民衆の反戦運動を強調する議論があったが、それが成立しないことは明白だろう。

## 勝者なき戦争

応仁の乱の前哨戦と言える文正二年（一四六七、三月に応仁と改元）正月の御霊合戦《ごりょうがっせん》で畠山義就が畠山政長に勝利した。ここまでは山名宗全の思惑通りだったと言えよう。細川方、いわゆる東軍が反撃に転じるのは、五月になってからで、室町殿を占拠して足利義政・義尚・義視ら〝玉〟

を確保した。八月に大内政弘が上洛すると、宗全を総帥とする西軍も盛り返すが、反乱軍の汚名を着せられている状態は痛手だった。

応仁二年十一月、義政が伊勢貞親を呼び戻したことに激怒した義視は、西軍に身を投じた。西軍諸将は大義名分を確立するため、義視を事実上の将軍に仰いだ。こうして二つの幕府が並立することになったのである。義視を将軍とする新しい幕府を、学界では「西幕府」と呼ぶ。西幕府は独自に守護の任命も行ったため、一つの国で二人の守護が競合することになった。

文明《ぶんめい》五年（一四七三）三月に宗全が、五月に勝元が、相次いで病没した。翌年四月には、宗全の後継者である山名政豊《まさとよ》と勝元の嫡子である細川政元《まさもと》が、諸将の同意を得ずに単独講和を行った。しかし、戦乱はその後もダラダラと続いた。これは一つには、略奪や放火を繰り返す足軽たちの無軌道な行動を諸大名が制御できなくなっていたことが原因だろう。

最近、本郷和人《かずと》氏は、従来の研究は東軍と西軍のどちらが勝ったかを明らかにしてこなかったと批判した。そして、応仁の乱の本質が幕政の主導権をめぐる細川氏と山名氏の争いである以上、乱後の幕政が細川氏によって担われていることを重視し、東軍の勝利とみなすべきだと主張したのである。

本郷氏の言い分は一理あるが、これまでの研究も、文明九年に西幕府＝西軍の解散という形で応仁の乱が終結したことを指摘している。足利義政は将軍の地位を保ち、その後は足利義尚が継ぎ、西軍にかつがれていた足利義視は義尚が亡くなるまで亡命生活を余儀なくされた。したがって、「あえて勝ち負けをつけるとしたら、東軍の勝ち」という認識は学界で共有されていると考える。

しかし私は、「東軍の勝ち」と判定することに虚しさを感じずにはいられない。細川氏は地位・実力ともにトップの大名であり、〝戦後レジーム〟における〝勝ち組〟であった。しかし、細川氏が西軍の攻勢から命がけで守ろうとした〝戦後レジーム〟は、応仁の乱が展開された一〇年の間に、内側から壊れていった。

第一に、守護在京制の崩壊である。乱前から在京直臣の京都離脱は進んでいたが、幕政を担う大名たちは京都に残っていた。しかし乱中から乱後にかけて、在京守護が相次いで分国に下ってしまい、文明十四年（一四八二）後半には、わずかに細川政元・武田国信《くにのぶ》・一色義直《よしなお》らが在京しているにすぎなくなった。やがて武田・一色も下国し、細川政元とその一門数人だけが残った。

前述したように、南北朝内乱の収束＝「平和」を受けて、幕府は守護たちを将軍のお膝元に集めて、守護代以下が分国の経営を担うという政治体制を築いた。これが、〝戦後レジーム〟の根幹たる守護在京制であるが（二七四頁を参照）、言うまでもなくこの体制は京都の求心性を前提にしている。在京して幕府政治に参加する方が、在国して地域支配に専念するよりもメリットがあると判断したから、これまで守護たちは京都に駐留していたのである。

けれども、幕府の威信は地に墜ち、その政治決定は地域において受容されなくなった。もはや京都に残る意味はない。守護たちは京都を、将軍を見限ったのである。その現状を前にして、いくら「幕政を細川氏が牛耳《ぎゅうじ》った！」と熱弁をふるっても、空々しく響くだけである。むろん、以後の幕府が全く有名無実なものになったわけではないが、幕府が全国政権としての実質を失ったことは否定できない。

そもそも細川政元が京都に居残ったのは、幕政を掌握するためではない。政元は管領に短期間就任して辞職するという行為を繰り返しており、この時期の幕政を担っていたのは伊勢貞宗《さだむね》（伊勢貞親の嫡男）であった。政元は摂津・丹波の両分国を確保することを最優先しており、そのためには両国の結節点に位置する京都を拠点とするのが最善の策だったのである。

一方、細川氏の庶子家は次第に在国志向を強め、細川政元のコントロールから離れていく。細川氏本家たる京兆家の分国は土佐・讃岐・摂津・丹波である。四ヶ国というのは確かに多いが、他の大名を圧するほどではない。京兆家の強みは、阿波守護家（讃州家）・備中守護家・和泉上《かみ》守護家・和泉下《しも》守護家・淡路守護家などの庶子家を統率している点にあった。これら一門の分国を合わせると、細川氏の分国は八ヶ国に達し（讃州家が永享十二年に獲得した三河も加えると九ヶ国）、この「同族連合体制」によって細川京兆家は幕府内において他大名に対する優位を確立していたのである。

守護職は幕府から任命されるものであるから、細川庶子家が守護職を安定的に世襲していくためには、幕府政治に深く関与している京兆家の後援が重要であった。だが応仁の乱によって幕府の権力が弱まり、幕府から守護職を拝領することよりも分国の武士たちを実力によって従えることの方が重要になると、庶子家が京兆家の下に結集する意味は失われた。同族連合体制は解体し、京兆家の影響力が及ぶ地域は著しく縮小した。これが「東軍の勝利」の内実であった。やはり応仁の乱は「勝者なき戦争」だったと見るべきだろう。

## 墓穴を掘って下剋上

〝戦後レジーム〟の自壊を象徴する第二の現象が、守護家の凋落《ちょうらく》に代表される身分秩序の解体、いわゆる「下剋上《げこくじょう》」である。もともと足利義政は、斯波義敏の家老である甲斐常治、京極持清《きょうごくもちきよ》の重臣である多賀高忠《たがたかただ》、赤松政則の重臣である浦上則宗《うらがみのりむね》などの陪臣（家来の家来）に対し、直接の主君である守護の頭越しに指示を下すことが多かった。これは、守護たちが自分の命令になかなか従おうとしないために義政が編み出した苦肉の策であったが、将軍を頂点とする武家社会の身分秩序を自ら破壊する行為とも言える。

こうした傾向は応仁の乱の発生により、いっそう顕著なものとなる。文明二年（一四七〇）七月、西幕府は大和の越智家栄《いえひで》を和泉守護に任命した。一介の武士にすぎない越智氏を守護にするなど、今までの常識では考えられない抜擢である。大喜びした家栄は、八月四日、河内に出陣して東軍の誉田城《こんだじょう》（現在の大阪府羽曳野市《はびきのし》誉田に所在）を攻撃している。慎重な家栄は、応仁の乱が始まってからも大和を離れず、西軍の援軍要請に対しても軍勢を派遣するだけに留めていたが、今回は自身が出陣したのである（『大乗院寺社雑事記』）。抜擢人事の効果は抜群であった。

同様の抜擢人事は東幕府も行った。文明三年、足利義政・細川勝元は、西軍の有力武将、朝倉孝景（斯波義廉の重臣）を寝返らせようとした。この誘いに対し孝景は、東軍に寝返る条件として越前守護への任命を要求した。東幕府の越前守護には既に斯波義敏が就任しており、義敏を解任して孝景を新守護に任ずることなどできない相談だった。だが、どうしても孝景を味方につけたい義政・勝元らは、「後に正式な任命書を送る」と約束することで、孝景を引き抜いた（『朝倉《あさくら》家記《けき》』）。結局、この約束は履行されなかったが、将軍や大名がこの種の家格破壊に抵抗感を持たなくなってきたことは注目される。

身分・家格が低くても実力のある者に一国の支配を任せる。これは「下剋上」を容認する思想に他ならない。明応《めいおう》二年（一四九三）、細川政元はクーデターを決行し、十代将軍の足利義材《よしき》（義稙《よしたね》）を廃立、新将軍を擁立した（これを「明応の政変」という）。その政元も永正《えいしょう》四年（一五〇七）、家臣の香西元長《こうざいもとなが》に暗殺され、元長は政元の養子の澄之《すみゆき》を新当主に擁立した（「永正の錯乱」という）。

足利義政や細川勝元は、おのれの利益のために下剋上の風潮をあおったが、それによって勢いを増した下剋上の嵐は、やがて将軍家や京兆家をも飲み込んでいったのである。

## 平和は「きれい」か

このように室町幕府の歴史を概観してみると、「平和」というものが、いかにたやすく失われてしまうか、改めて痛感させられる。

足利義教や義政が、関東や大和に対して軍事介入に踏み切り、〝抵抗勢力〟を徹底的に排除しようとしたことに対し、戦後の歴史家は厳しく批判してきた。だが、将軍の命令に従おうとしない反抗的な勢力をそのまま放置することで得られる平和など、かりそめの平和にすぎない、という義教や義政の政治理念は、それなりに筋の通ったものである。畠山満家の弱腰をなじった義教は、きっと自分の方針こそが「真の平和」を導くと思っていたのだろう。ところが、義教や義政の理想は遠隔地への出陣に後ろ向きな武士たちの現実を無視した絵空事であったため、かえって乱を招いてしまった。

逆に、南朝に一時的に降参した足利尊氏、幕府に終始はむかってきた大内・山名氏をあっさりと許した足利義詮などは、信念のかけらもない機会主義者にも見える。また、足利義満の築いた「平和」は、幾多の謀略の上に築かれたものだった。足利義持は、諸大名との全面的な武力抗争を回避するために、側近を切り捨てた。彼らは猜疑心が強く酷薄な人間であり、あまり大した理想を抱いていたようにも思えないが、結果的に「まずまずの平和」を実現した。

なぜ、このようなことを強調するのかというと、大げさに言えば、現代日本の「平和主義」を捉え直すきっかけを作りたいからである。憲法改正が現実味のある話になってきた昨今、憲法論議も熱気を帯びてきた。現在、改憲論の焦点は憲法改正の手続きに関する規定である憲法九六条にあり、加えて自民党の改憲案に対して「基本的人権の尊重」という日本国憲法の精神を損なうものとの批判も出ている。だが、憲法改正問題の最大の論点として長らく注目を集めてきたのは、言うまでもなく憲法九条である。

私は憲法九条の改正（国防軍の保持を明記）を不要と考えているが、憲法九条を過度に美化し、九条さえ守っていれば日本は平和だと言わんばかりの護憲派の主張には違和感をおぼえる。戦争放棄など平和主義条項を憲法に盛り込んでいる国は多いが、それら全ての国々が完全な平和を達成しているわけではない。

近年は、日本国憲法を「アメリカから押しつけられた憲法」として唾棄する保守派の発言ばかりが目立つが、昔は「左」の人々の中にも、「戦後民主主義」を〝生ぬるい〟ブルジョア的観念として批判し、「共産革命」によってこれを打破しようと考える者が少なくなかった。文芸評論家の加藤典洋《のりひろ》氏は一九九八年に発表した論考『戦後を戦後以後、考える』で、かつて全共闘運動に関わっていた人々が、湾岸戦争への反対声明に際して、それまで「馬鹿馬鹿しい」ものとして嘲笑してきた「平和憲法」を急に持ち上げだした欺瞞を鋭く批判した。

加藤氏が説いたように、日本国憲法が高らかに謳う平和主義の理念が日本国民に広く共有されたかどうかは疑わしく、「戦争はもうこりごりだ」とか「今の生活を守りたい」とか、その程度の素朴な心情によって、九条は今まで維持されてきたと見る方が自然である。ついでに付け加えるならば、アメリカの軍事力の傘に入ることで得られた戦後日本の平和が、他国に胸を張れるほど立派なものかどうかも一考の余地があるだろう。

十数年前に話題になった漫画家の小林よしのり氏の『戦争論』は、「平和だ……あちこちがただれてくるよな平和さだ」という印象的なナレーションで始まる。戦後日本の平和がダサくてカッコ悪いものとして描かれ、それに対置する形で特攻隊が純粋で崇高な存在として賞賛される。「戦後民主主義」が至上の価値を置いてきた「平和」を否定的に扱った点に『戦争論』の意外性があった。あの本の事実誤認を列挙していくことは難しい作業ではないが、「戦後日本の平和はダサい」というメッセージが一定の共感を集めたという事実は軽視できない。

俗に言う「ネット右翼」の主張の根底にも、右のような戦後観、平和観が横たわっている。これは理屈ではないので、説得するのは難しい。ぱっと見では、ハト派的な「平和外交」よりもタカ派的な「断固たる措置」の方が魅力的に映るのは当然であり、カッコ良さで張り合っても護憲派に勝ち目はない。事実、反戦を唱えてきた戦後の中世史研究者でさえ、南北朝内乱や応仁の乱といった戦争の悲惨さを語る一方で、その革命的な側面に注目し、『半沢直樹』のような「下剋上」のドラマとしてカッコ良く叙述してきたのである。

断っておくが、だから「戦後レジーム」から脱却しなければならない、九条改正は不可欠だ、と主張したいのではない。たとえ「ただれてくるよな平和」であろうと、自衛隊を国軍化して朝鮮戦争やベトナム戦争に派兵するような勇ましく毅然とした(?)仮想の日本よりも、戦後日本の歩みの方が断然マシであった、と私は思っている。

そうではなくて、「一点の曇りもない清らかな平和」を語るのはやめよう、ということである。人類は太古の昔からずっと戦争をしてきたのであり、平和を愛しているとは言いがたい。ついつい戦争にカッコ良さを求めてしまう人間の暴力的な衝動に正面から向き合う必要がある。平和をことさらに賛美するから無理が生じるのであって、ダサくてカッコ悪くても戦争よりは良い、という身も蓋もないスタンスが望まれる。『敗戦後論』(一九九七年)での加藤典洋氏の言葉を借りれば、「清く潔白な」観点から「汚れ」を断罪するという、保守も革新も共有してきた政治姿勢から卒業する、ということである。

世界の歴史において、しばしば「恒久平和のための戦争」というレトリックが使われてきたことからも分かるように、〝完璧な平和〟を追い求めることは、かえって戦争を招き寄せる危険がある。後醍醐天皇も、足利義教も、政権の身の丈を超えた理想を追求したために破滅した。

本当に平和を創造・維持しようと思うのなら、現実主義に立脚すべきである。善隣友好やら友愛やらといった美辞麗句を並べるだけでは「ほどほどの平和」も保てない。畠山満家は「無為《ぶい》」をスローガンとする平和主義者だったが、諸大名の勢力均衡を維持するためには富樫満成や赤松持貞といった義持側近を殺害することすらためらわない冷酷な一面を有していた。

戦うことが仕事の武士たちでさえ、無益な戦争は望まなかった。それは平和主義ではなく、単なる損得勘定にすぎないが、そういう〝不純な〟厭戦気分がしばしば戦争を抑止したことも、また事実である。

護憲派の主張は、改憲派から「お花畑」「平和ボケ」と揶揄されることが少なくない。多分にレッテル貼りの側面はあるが、日本の「平和主義」が、現実よりも理念に傾いていることは否定できないだろう。なにしろ戦後のアカデミズムは反戦を旗印としておきながら、戦争や軍隊を正面から検討することを長らく敬遠してきたのだから。

與那覇潤《よなはじゅん》氏が指摘しているように、九六条があるおかげで、九条の改正を阻止するだけなら、それほどの努力は必要なかった。それによって護憲派が現状に安住してしまった部分は確かにある（だからこそ新左翼は「戦後民主主義」を批判したのである）。そこには、平和は不断の努力によって保たれるもの、という緊張感がない。「大東亜共栄圏」のような非現実的なスローガンをぶちあげるのはタカ派のやることであり、ハト派こそがリアリズムに徹するべきである。そのために歴史学が貢献できることは、まだまだあると思っている。

# 参考文献

※新装版・増補版・文庫版といった形で何度かリニューアルされている本については、入手しやすい最新の書誌を掲載している。論文も初出時ではなく最新の収録媒体を提示している。副題は原則として省略した。

## 全体に関わるもの

市沢哲編『太平記を読む』（吉川弘文館、二〇〇八年）
小林一岳『日本中世の歴史4　元寇と南北朝の動乱』（吉川弘文館、二〇〇九年）
小林一岳・則竹雄一編『戦争Ⅰ　中世戦争論の現在』（青木書店、二〇〇四年）
櫻井彦『動乱の東国史4　南北朝内乱と東国』（吉川弘文館、二〇一二年）
佐藤和彦『南北朝内乱史論』（東京大学出版会、一九七九年）
佐藤進一『日本の歴史9　南北朝の動乱』（中公文庫、二〇〇五年）
高橋典幸ほか著『日本軍事史』（吉川弘文館、二〇〇六年）
田中大喜『中世武士団構造の研究』（校倉書房、二〇一一年）
新田一郎『日本の歴史11　太平記の時代』（講談社学術文庫、二〇〇九年）
村井章介編『日本の時代史10　南北朝の動乱』（吉川弘文館、二〇〇三年）

拙著『一揆の原理』（洋泉社、二〇一二年）
拙稿「南北朝～室町期の戦争と在地領主」『歴史学研究』八九八、二〇一二年

## はじめに

川合康『鎌倉幕府成立史の研究』（校倉書房、二〇〇四年）
藤木久志『雑兵たちの戦場』（朝日選書、二〇〇五年）
同右『戦国の作法』（講談社学術文庫、二〇〇八年）
藤本正行『信長の戦争』（講談社学術文庫、二〇〇三年）

## 第一章

荒川秀俊「文永の役の終りを告げたのは台風ではない」『日本歴史』一二〇、一九五八年
同右「文永の役の終末について諸家の批判に答う」『日本歴史』一四五、一九六〇年
石井進『鎌倉びとの声を聞く』（ＮＨＫ出版、二〇〇〇年）
石井正敏『ＮＨＫさかのぼり日本史　外交篇８　鎌倉「武家外交」の誕生』（ＮＨＫ出版、二〇一三年）
太田弘毅『蒙古襲来─その軍事史的研究─』（錦正社、一九九七年）
筧雅博『日本の歴史10　蒙古襲来と徳政令』（講談社学術文庫、二〇〇九年）
川合康『源平合戦の虚像を剝ぐ』（講談社学術文庫、二〇一〇年）
近藤成一編『日本の時代史９　モンゴルの襲来』（吉川弘文館、二〇〇三年）
佐伯弘次『日本の中世９　モンゴル襲来の衝撃』（中央公論新社、二〇〇三年）
関周一「鎌倉時代の外交と朝幕関係」（阿部猛編『中世政治史の研究』日本史史料研究会、二〇一〇年）

瀬野精一郎『鎮西御家人の研究』(吉川弘文館、一九七五年)
高橋典幸『鎌倉幕府軍制と御家人制』(吉川弘文館、二〇〇八年)
高橋昌明『武士の成立　武士像の創出』(東京大学出版会、一九九九年)
同右「日本中世の戦闘―野戦の騎乗者を中心に―」(松木武彦・宇田川武久編『人類にとって戦いとは2　戦いのシステムと対外戦略』東洋書林、一九九九年)
張東翼「一二六九年「大蒙古国」中書省の牒と日本側の対応」『史学雑誌』一一四―八、二〇〇五年
服部英雄「文永十一年・冬の嵐」(同『歴史を読み解く』青史出版、二〇〇三年)
本郷和人『新・中世王権論』(新人物往来社、二〇〇四年)
村井章介『北条時宗と蒙古襲来』(NHK出版、二〇〇一年)
湯浅治久『動乱の東国史3　蒙古合戦と鎌倉幕府の滅亡』(吉川弘文館、二〇一二年)

## 第二章

悪党研究会編『悪党の中世』(岩田書院、一九九八年)
同右編『悪党と内乱』(岩田書院、二〇〇五年)
網野善彦『蒙古襲来』(小学館文庫、二〇〇一年)
石井進『中世の村を歩く』(朝日選書、二〇〇〇年)
石母田正『中世的世界の形成』(岩波文庫、一九八五年)
市沢哲『日本中世公家政治史の研究』(校倉書房、二〇一一年)
大田由紀夫「一二―一五世紀初頭東アジアにおける銅銭の流布」『社会経済史学』六一―二、一九九五年
同右「一四・一五世紀の渡来銭流入」『歴史の理論と教育』一二八、二〇〇八年

小川弘和「播磨国矢野荘海老名氏考―鎌倉末～南北朝期を中心に―」『地方史研究』二九四、二〇〇一年
海津一朗『中世の変革と徳政』（吉川弘文館、一九九四年）
熊谷隆之「鎌倉幕府支配の展開と守護」『日本史研究』五四七、二〇〇八年
黒田俊雄『日本の歴史8　蒙古襲来』（中公文庫、二〇〇四年）
小泉宜右『悪党』（教育社、一九八一年）
近藤成一「悪党召し捕りの構造」（永原慶二編『中世の発見』吉川弘文館、一九九三年）
桜井英治『贈与の歴史学』（中公新書、二〇一一年）
清水亮「了珍房妙幹と鎌倉末・南北朝期の常陸国長岡氏」『茨城県史研究』八九、二〇〇五年
高橋一樹『中世荘園制と鎌倉幕府』（塙書房、二〇〇四年）
高橋典幸「荘園制と悪党」『国立歴史民俗博物館研究報告』一〇四、二〇〇三年
永原慶二『日本の中世社会』（岩波書店、二〇〇一年）
東島誠『自由にしてケシカラン人々の世紀』（講談社選書メチエ、二〇一〇年）
細川重男『鎌倉幕府の滅亡』（吉川弘文館、二〇一一年）
本郷恵子『蕩尽する中世』（新潮選書、二〇一二年）
松本新八郎『中世社会の研究』（東京大学出版会、一九五六年）
山陰加春夫「「悪党」に関する基礎的考察」（佐藤和彦・小林一岳編『展望日本歴史10　南北朝内乱』東京堂出版、二〇〇〇年）
吉田賢司「山中両物領家の活動」（『甲賀市史2　通史編』二〇一二年）

## 第三章

伊藤俊一『室町期荘園制の研究』（塙書房、二〇一〇年）

漆原徹『中世軍忠状とその世界』（吉川弘文館、一九九八年）
小林一岳『日本中世の一揆と戦争』（校倉書房、二〇〇一年）
近藤好和『中世的武具の成立と武士』（吉川弘文館、二〇〇〇年）
鈴木眞哉『鉄砲と日本人』（ちくま学芸文庫、二〇〇〇年）
西股総生『戦国の軍隊』（学研パブリッシング、二〇一二年）
羽下徳彦『中世日本の政治と史料』（吉川弘文館、一九九五年）
兵藤裕己『太平記〈よみ〉の可能性』（講談社学術文庫、二〇〇五年）
松永和浩「軍事政策としての半済令」（同『室町期公武関係と南北朝内乱』吉川弘文館、二〇一三年）
松村劭『ゲリラの戦争学』（文春新書、二〇〇二年）
峰岸純夫『足利尊氏と直義』（吉川弘文館、二〇〇九年）
安田次郎『日本の歴史7　走る悪党、蜂起する土民』（小学館、二〇〇八年）
エルネスト・チェ・ゲバラ著・甲斐美都里訳『ゲリラ戦争』（中公文庫、二〇〇八年）
クラウゼヴィッツ著・清水多吉訳『戦争論』（中公文庫、二〇〇一年）
マーチン・ファン・クレフェルト著・佐藤佐三郎訳『補給戦』（中公文庫、二〇〇六年）

## 第四章

新井孝重『悪党の世紀』（吉川弘文館、一九九七年）
石井進「家訓・置文・一揆契状」（石井進ほか編『中世政治社会思想』上巻、岩波書店、一九九四年）
伊藤一美『武蔵武士団の一様態―安保氏の研究―』（文献出版、一九八一年）
榎原雅治「一揆の時代」（同編『日本の時代史11　一揆の時代』吉川弘文館、二〇〇三年）

小川信「南北朝期における在地領主の実態と合戦の一断面―高幡山金剛寺不動明王像胎内文書にみる―」『國學院大學大學院紀要―文学研究科』二二、一九九一年
亀田俊和『室町幕府管領施行システムの研究』（思文閣出版、二〇一三年）
岸田裕之『大名領国の構成的展開』（吉川弘文館、一九八三年）
西田友広「石見益田氏の系譜と地域社会」（高橋慎一朗編『列島の鎌倉時代』高志書院、二〇一一年）
服部英雄「周防国仁保庄の荘園地名」（同『景観にさぐる中世』新人物往来社、一九九五年）

## 第五章

網野善彦『無縁・公界・楽』（平凡社ライブラリー、一九九六年）
伊藤喜良『東国の南北朝動乱』（吉川弘文館、二〇〇一年）
岡野友彦『北畠親房』（ミネルヴァ書房、二〇〇九年）
川添昭二『今川了俊』（吉川弘文館、一九八八年）
佐藤和彦『日本中世の内乱と民衆運動』（校倉書房、一九九六年）
田代誠「軍陣御下文について」『国史談話会雑誌』二八、一九八七年
新名一仁「康暦・永徳期の南九州情勢」『都城地域史研究』一〇、二〇〇四年
松本一夫『東国守護の歴史的特質』（岩田書院、二〇〇一年）
同右「南北朝内乱期における軍事情報の伝達」『日本歴史』七〇五、二〇〇七年
村井章介「結城親朝と北畠親房」（同編『中世東国武家文書の研究』高志書院、二〇〇八年）
山田貴司「南北朝期における武家官位の展開」『古文書研究』六六、二〇〇八年
吉田賢司「武家編制の転換と南北朝内乱」『日本史研究』六〇六、二〇一三年

拙稿「軍勢の「勧進」」『ぶい&ぶい』二〇、二〇一一年

## 第六章

市川裕士「南北朝動乱と山名氏」『中国四国歴史学地理学協会年報』九、二〇一三年
今谷明『日本の歴史9　日本国王と土民』（集英社、一九九二年）
小川剛生『足利義満』（中公新書、二〇一二年）
久保田順一『上杉憲顕』（戎光祥出版、二〇一二年）
黒田基樹編『足利基氏とその時代』（戎光祥出版、二〇一三年）
松岡久人『大内義弘』（戎光祥出版、二〇一三年）
山田徹「南北朝期の守護在京」『日本史研究』五三四、二〇〇七年

## 終章

家永遵嗣『室町幕府将軍権力の研究』（東京大学日本史学研究室、一九九五年）
同右「軍記『応仁記』と応仁の乱」学習院大学文学部史学科編『歴史遊学』、二〇〇一年
石田晴男『戦争の日本史9　応仁・文明の乱』（吉川弘文館、二〇〇八年）
伊藤喜良『足利義持』（吉川弘文館、二〇〇八年）
今谷明『土民嗷々』（東京創元社、二〇〇一年）
加藤典洋『戦後を戦後以後、考える』（岩波書店、一九九八年）
同右『敗戦後論』（ちくま文庫、二〇〇五年）
川岡勉『山名宗全』（吉川弘文館、二〇〇九年）

蔵持重裕『中世　村の歴史語り』（吉川弘文館、二〇〇二年）
酒井紀美『応仁の乱と在地社会』（同成社、二〇一一年）
桜井英治『日本の歴史12　室町人の精神』（講談社学術文庫、二〇〇九年）
末柄豊「細川氏の同族連合体制の解体と畿内領国化」（石井進編『中世の法と政治』吉川弘文館、一九九二年）
田辺久子『関東公方足利氏四代』（吉川弘文館、二〇〇二年）
早島大祐『足軽の誕生』（朝日選書、二〇一二年）
藤木久志『村と領主の戦国世界』（東京大学出版会、一九九七年）
同右『飢餓と戦争の戦国を行く』（朝日選書、二〇〇一年）
本郷和人『戦いの日本史』（角川選書、二〇一二年）
森茂暁『満済』（ミネルヴァ書房、二〇〇四年）
同右『室町幕府崩壊』（角川選書、二〇一一年）
山田邦明『日本中世の歴史5　室町の平和』（吉川弘文館、二〇〇九年）
山田徹「室町領主社会の形成と武家勢力」『ヒストリア』二二三、二〇一〇年
横井清『室町時代の一皇族の生涯』（講談社学術文庫、二〇〇二年）
吉田賢司『室町幕府軍制の構造と展開』（吉川弘文館、二〇一〇年）
與那覇潤『中国化する日本』（文藝春秋、二〇一一年）
渡邊大門『赤松氏五代』（ミネルヴァ書房、二〇一二年）
拙稿「室町期武家の一族分業」（阿部猛編『中世政治史の研究』日本史史料研究会、二〇一〇年）

# あとがき

前著『一揆の原理』を上梓した後、拙著に注目して下さった何人かの編集者の方と、お茶をご一緒する機会が幾度かあった。その時に必ずきかれたのが「次回作の構想はあるか?」だった。私は「構想というほどのものはないが、もし書くとしたら、日本中世の戦争について論じたい」とお答えした。

私は軍事史の専門家ではないし、ミリオタ(ミリタリーオタク)でもない。にもかかわらず中世の戦争を取り上げようと思ったのは、この分野の研究が一番遅れているからだ。大学に入学し日本史を本格的に勉強するようになって、日本史学という学問の奥深さに感銘を受けた。その思いは今も変わらない。しかし一方で、かつての「階級闘争史観」を引きずった説明にしばしば出くわし、その度に疑問を抱いたことも事実である。特に軍事史研究に接した際、「納得できない」という印象をぬぐえなかった。

とはいえ、その違和感は私の中で明確な像を結ぶことはなかった。出版社の編集者の方々とお話した時も、「なんか違う」と漠然と語ることしかできなかった。このため先方は「ああ、本当に次回作の構想はないんだな」と判断されたらしく、その後は連絡が途絶えた。

ただ、新潮社学芸出版部の今泉眞一氏だけは興味津々といった面持ちで食い下がり、「構成案を作成してほしい」と言ってきた。その熱意に押されて構成案をとりあえず作ってみたところ、いつの間にか新潮選書から本を出すことになっていた。けれども構想が煮詰まっていなかったため、調べたり考えたりしながら少しずつ執筆を進める羽目になり、ずいぶんお待たせすることになってしまった。今泉氏には本当に申し訳なく思っている。

本書では「階級闘争史観」を厳しく批判しているが、それは「階級闘争史観なんて無価値だ」と私が考えているからではない。あくまでこれは〝戦略〟である。「階級闘争史観」という〝足枷〟をいったん外せば視野を広げられるのではないか、という一つの試みにすぎない。

ついでに付け加えておくと、「マルクス主義に感化された昔の研究者と違って、オレ様は先入観や偏見を持つことなく、客観的に分析できるのだ！」とうぬぼれているわけでもない。意図的に「階級闘争史観」的な見方を排除しているという意味では、むしろ本書は非常に偏っている。本書での議論は一種の思考実験であり、「階級闘争史観」を全否定するつもりはない。

いわゆる「新しい歴史教科書」関係の書籍を例に挙げるまでもなく、堅実な概説書よりも「今までの歴史観は間違い！　真相はこうだ!!」と煽る〝逆説本〟の方が、サプライズが大きいから売れる。だが、結論の目新しさだけがウリの本は、仮に書かれている内容が妥当だとしても、教育的効果に乏しい。なぜなら、読者は〝宗旨替え〟をするだけで、「自分で考える力」を身につけることはできないからだ。

前著『一揆の原理』に対しては「説明がくどい」との批判もあった。そう思った人たちが本書を読めば、おそらく前著以上に論証が煩雑だと感じるだろう。しかし私は回りくどさにあえてこだわった。結論に至るまでのプロセス、思考の軌跡を読者諸賢にお見せするためである。「正しい歴史認識」ではなく、歴史学の思考法こそを知ってもらいたい——これが私の願いである。大それた野望であるが、わずかなりとも右の目的が実現されれば、己の実力を省みずに無謀なテーマに挑戦した甲斐があったと言えよう。

だから読者の皆さんには、「階級闘争史観」が染みついている通説を疑うと同時に、通説に批判的な本書の主張をも疑ってほしい。巻末に掲げた参考文献リストからは研究論文や専門書を極力省いたので、紹介されている文献は入手しやすく平易な一般書が中心である。本書をとっかかりにして、自分の頭で日本中世の戦争、そして現代の戦争について思索を深めていただければ、著者として望外の幸せである。

二〇一三年十一月四日

呉座　勇一

新潮選書

# 戦争《せんそう》の日本中世史《にほんちゅうせいし》——「下剋上《げこくじょう》」は本当《ほんとう》にあったのか

著　者………………呉座勇一《ござゆういち》

発　行………………2014年1月25日
12　刷………………2023年12月15日

発行者………………佐藤隆信
発行所………………株式会社新潮社
〒162-8711 東京都新宿区矢来町71
電話　編集部 03-3266-5611
　　　読者係 03-3266-5111
https://www.shinchosha.co.jp
印刷所………………錦明印刷株式会社
製本所………………株式会社大進堂

乱丁・落丁本は、ご面倒ですが小社読者係宛お送り下さい。送料小社負担にてお取替えいたします。
価格はカバーに表示してあります。

ISBN978-4-10-603739-9 C0321